KREUZER SEGELN

MARESCA

KREUZER SEGELN

Kielbootsegeln wurde verfaßt, redigiert und gestaltet von Dorling Kindersley Limited, 9 Henriette Street, London, WC2E 8PS

Redaktion	Susan Berry
Graphik	Bob Gordon
Gestaltung	Julia Goodman
Art Director	Roger Bristow

Titel der englischen Originalausgabe
Bond CRUISER HANDLING
First published in Great Britain 1983

Deutsche Übersetzung: Hans G. Strepp
ISBN 3-7688-0419-4

Printed in Italy 1983
by A. Mandadori, Verona

Inhalt

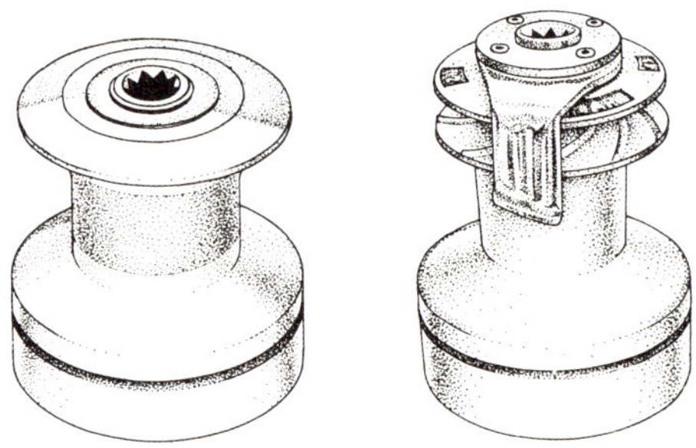

Ein Wort voraus

Das Fahrtensegeln zieht viele Menschen aller Altersgruppen in seinen Bann, Menschen mit sehr unterschiedlicher seglerischer Erfahrung. Manche beginnen mit dem Segeln gleich auf einem Kielboot. Andere wiederum haben bereits beträchtliche Kenntnisse als Jollensegler erworben. In heutiger Zeit, in der es hochentwickelte elektronische Navigationshilfen gibt und zahlreiche mechanische Arbeitserleichterungen zur Handhabung des Bootes, mag vielleicht jemand auf den Gedanken kommen, daß es gar nicht mehr notwendig sei, sich besondere Basiskenntnisse des Kielbootsegelns anzueignen. Aber die sind absolut lebensnotwendig für jeden, der in einiger Entfernung von der Küste segelt. Er muß sein Boot genau kennen und auch mit einer plötzlich auftretenden Notlage fertig werden können. Immerhin wird der Kielbootsegler vielbefahrene Schiffahrtsrouten kreuzen, er kann mit einem unvorhergesehenen Wetterumschwung konfrontiert werden und muß - in zunehmendem Maße - mit seinem Boot in überfüllten und engen Häfen manövrieren.

Wir haben versucht, unsere jahrelange Segelerfahrung mit Kielbooten in dieses Boot einzubringen, um Neulingen auf Kielbootplanken einen leichtverständlichen Leitfaden für die Beherrschung ihres Schiffes an die Hand zu geben. Viele Fotos und Zeichnungen erläutern und veranschaulichen den Text.

Wir hoffen, daß dieses Buch dem Skipper und seiner Crew eine verläßliche Grundlage für eine gute Seemannschaft ist. Darüber hinaus mag es auch dem erfahrenen Segler hier und dort dazu dienen, seine Kenntnisse aufzufrischen.

Da Fahrtensegeln in wachsendem Maße von einer großen Anzahl von Familien praktiziert wird, hoffen wir mit unserem Buch bei Eltern und ihrem seglerischen Nachwuchs gleichermaßen Anklang zu finden. Es soll dazu beitragen, allen noch mehr Freude bei der Ausübung ihres Hobbies zu vermitteln und Risiken weitgehend auszuschließen.

Mast- und Schotbruch

Bob Bond
Steve Sleight

Die Entwicklung des Segelsports

Segeln ist in den meisten Teilen der Welt eine rasch wachsende Sportart; freilich erst in jüngerer Zeit. Im 18. und 19. Jahrhundert war Segeln Sport der Fürsten und sehr Reichen. Erst die Großserienfertigung von Booten aus Glasharz nach dem Zweiten Weltkrieg hat diesen Sport unter die Leute gebracht.

Zwar hat die See den Menschen seit Tausenden von Jahren fasziniert, und er hat Mittel gefunden, sie zu seinem Vorteil zu nutzen. Mit beachtlichem Verstand baute er Boote aus jedem geeigneten Material, das zur Hand war, für die Gegebenheiten seines Reviers. Flüsse und Seen waren ihm nicht nur Nahrungsquellen, sondern übersichtliche Verkehrswege durch eine oft gefährliche, dicht bewaldete Landschaft. Man kann deshalb fast sicher sein, daß die ersten Wasserfahrzeuge eher für Binnengewässer, denn für die offene See geschaffen wurden, zumal der Mensch keinerlei Navigationskenntnisse, dafür aber Furcht vor der grenzenlosen Weite des Meeres hatte.

Die allerersten Boote waren vermutlich einfache Baumstämme, fortbewegt von der Strömung; später zusammengebunden zu Flößen und vorwärtsgetrieben durch staken oder roh behauene Paddel. Wo Holz fehlte, bündelte man Binsen, wie am Nil und hoch in den Anden am Titicacasee, oder töpferte Boote, wie auf dem indischen Subkontinent. Mit der Entdeckung des Feuersteins und der Erfindung des Steinbeils begann der Mensch, Baumstämme auszuhöhlen, und so ihre Tragkraft zu erhöhen – eine in Afrika, Südamerika und auf den Salomonen noch immer praktizierte Bootsbaukunst.

Segelantrieb

Etwa zur Bronzezeit entstand das aus Brettern zusammengefügte Schiff, und man trieb es bei günstigem Wind durch ein Segel an. Man glaubt, daß es die Form eines Modellschiffs hatte, das man als Grabbeigabe 1906 in einer ägyptischen Gruft fand. Es stammt aus dem Jahr 2400 v. Chr. und trägt an einem mittschiffs stehenden Mast ein Rahsegel. Als Steuerruder hat es ein seitlich achtern gezurrtes großes Paddel. Die Ägypter blieben eine Weile bei diesem Rigg, das sich allmählich nach Osten ausbreitete, wo man es heute noch auf malaiischen Booten findet. Das Lateinerrigg ist vermutlich auch eine arabische Erfindung – ein trapezförmig bis dreieckig geschnittenes Segel an einer schräg vor dem Mast gefahrenen Segelstange (Antenna), das eine technische Revolution war, weil mit ihm noch bei Wind schräg von vorn – „am Wind" – und, natürlich, auch vorm Wind gesegelt werden kann; heute noch. Das Lateinersegel treibt arabische Daus, portugiesische Sardinen- und mallorquinische Calamaresfischer und ist der Vorläufer aller heutigen Schratbesegelungen, also auch der üblichen Yachtbesegelung. Von den Chinesen stammt das Dschunkenrigg, ein Sektionssegel aus einer mit Bambusstäben ausgesteiften Tuchbahn, die an einer hinter dem Mast gefahrenen Rah aufgeheißt

Traditionelle alte Takelungen von Arbeitsbooten, die heute noch in Gebrauch sind. Das Dschunkensegel fahren auch einige Yachten.

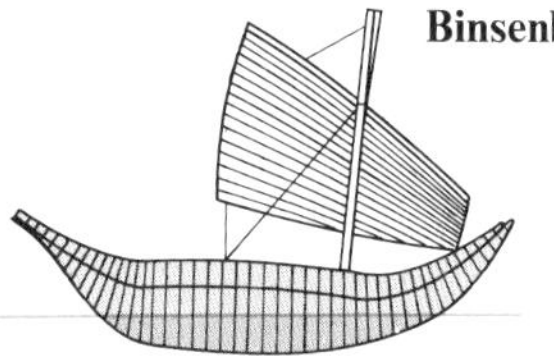
Binsenboot

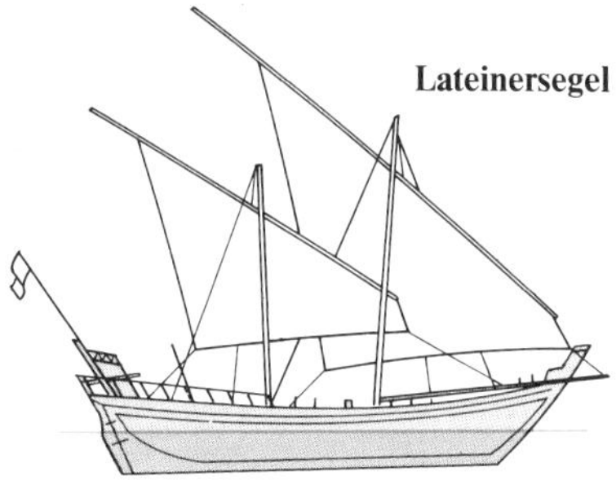
Lateinersegel

Dschunkenrigg

wird. Durch Herablassen der Rah mit dem Fall, klappen die Sektionen zwischen den Bambussteifen nacheinander zusammen; eine patente Methode der Segelverkleinerung bei starkem Wind.

Zum Verständnis eines modernen Segelbootes ist eine Kenntnis der früheren Rumpf- und Riggkonstruktionen nützlich, weil einiges davon in heutige Konstruktionen übernommen wurde. Es ging den Bootsbauern immer um Geschwindigkeit, und schon früh war ihnen der Zusammenhang von Antriebskraft und Segelgröße bewußt – je größer die Segelfläche, um so schneller das Boot. Allerdings sind große Segel unhandlich und unwirtschaftlich im Gebrauch, wo es keine billigen Arbeitskräfte gibt. Die Bootsbauer, besonders die in der westlichen Welt, unterteilten deshalb die Segelfläche in mehrere kleine Segel, die an mehr als einem Mast gesetzt wurden.

Diese Rahtakelung auf einem breiten, festen Rumpf mit hohem Freibord war für einige Jahrhunderte der für Handels- und Kriegsfahrt bevorzugte Typ. Mit der Entdeckung neuer Ozeane wurde er in immer größerer Zahl gebaut zur Erschließung der neuen Märkte.

An den nördlichen Küsten Europas herrschten jedoch andere Bedingungen, die zu einer Vielzahl von Takelungen führten, um den örtlichen Gegebenheiten zu genügen. Die Rahsegler waren vorzüglich vor den ozeanischen Winden, besonders den Passaten, aber die Küstenfahrt verlangte ein anpassungsfähigeres Rigg. Es wurde eine Kombination von Rah- und Längsrigg entwickelt, eine Modi-

Rechts einige Beispiele zur Gaffeltakelung, die auf allen kleineren Arbeitsbooten bis zum Dampfzeitalter üblich war.

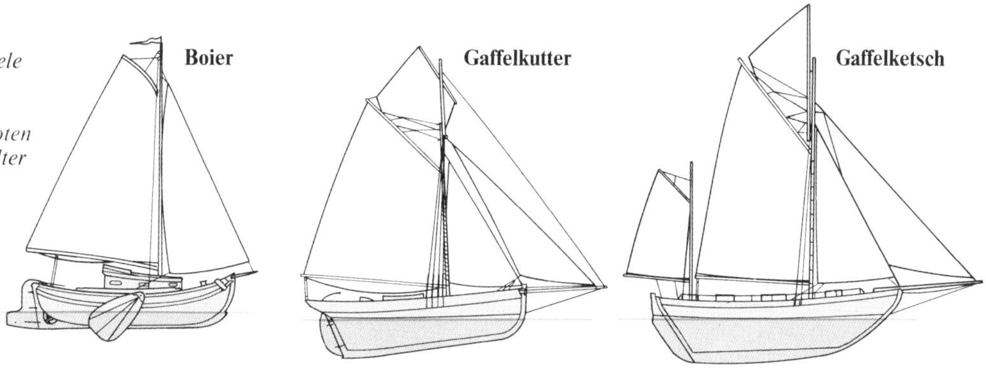

Das Hoch- oder Bermudasegel löste das Gaffelsegel ab und beherrscht heute die Takelage der Yachten.

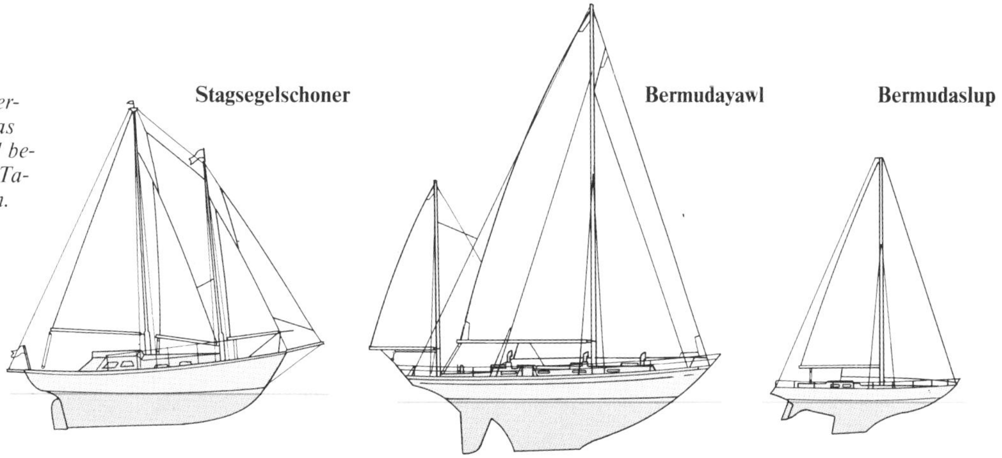

fikation des Lateinerriggs, mit dem die Boote gut am Wind segeln konnten. Barken, Barkentinen, Briggs und Brigantinen, Schnaus, Schoner und Ketschen pflügten die Küstengewässer Europas – jeder Typ für die Frachten und Reviere entworfen, mit und auf denen er segelte.

Im 19. Jahrhundert wurden die großen Frachtschiffe technisch verbessert und schnittiger. Der Wettbewerb auf den Handelsrouten nach Fernost und Australien regte die Konstrukteure an, ihre Aufgabe wissenschaftlicher anzufassen. Revolutionär waren da die aus Amerika kommenden Klipper, deren erster die *Rainbow* von 1845 war. Ihr Skipper meinte, man könne kein Schiff bauen, das sie schlagen könne. Seine Zuversicht war falsch, aber auch verständlich, denn die Klipper brauchten die halbe Reisezeit der herkömmlichen Schiffe. Sie hatten einen sehr schlanken Bug und einen strömungsgünstigen Rumpf, und ihr Rigg war eine Kombination von Rah- und Schratsegeln.

Mit der industriellen Revolution begannen bald auch die ersten Versuche, Dampfmaschinen in Schiffe einzubauen. Doch die Segelschiffskapitäne verachteten sie, zumal die moderne Technik die ersten Jahrzehnte von Pannen verfolgt wurde. Zur Jahrhundertwende aber hatte sich das Maschinenschiff im Überseeverkehr mit Passagieren und Fracht durchgesetzt. In der Küstenfahrt dagegen und in der Küstenfischerei hielt sich der Segelantrieb noch recht lange.

Der Ottomotor und nach dem Ersten Weltkrieg vor allem der zuverlässigere Dieselmotor schafften die berufsmäßige Segelei praktisch ab. Dafür wendeten sich aber immer mehr Menschen der Segelei, zum Sport und zur Erholung, zu. Teils waren aufgelegte Küstensegler zu günstigem Preis zu haben und wurden von Amateuren zu Kreuzfahrtbooten umgerüstet.

Die Holländer segelten schon im 17. Jahrhundert Jachten zum reinen Vergnügen und schenkten König Charles II. von England die Jacht *Mary*. Unter Kaiser Wilhelm II. erst setzte sich in Deutschland die englische Schreibweise mit Y für das friesische Wort durch. Die heutigen Yachten sind nicht nur schneller und sicherer, sondern auch leichter zu handhaben. Nicht wenige von ihnen segeln über Ozeane und um die Welt.

Links: Die zur Beherrschung einer solchen Rennyacht nötige Technik und Seemannschaft hat viele Erkenntnisse zur Verbesserung von Sicherheit und Gebrauchswert aller Yachten gebracht.

Links: Die an unverstagten Masten gefahrenen, von Wishbonebäumen gestreckten Segel der Ketsch vom Typ Freedom 40 haben eine einem Flugzeugflügel annähernd ähnliche Qualität, und das Rigg ist einfach zu bedienen.

Fahrtenseglers Traum – warmes Wasser, leichter Passat und die Westindischen Inseln.

Die feine Art des Yachtsports

Gleichzeitig mit der Entwicklung der großen Handelssegler wuchs ein Interesse an der Nutzung kleiner Arbeitsboote zum Vergnügen. Einer der ersten belegbaren Fahrtensegler war der ehrenwerte Roger North im 17. Jahrhundert. Sein Spaß an der Sache war kaum anders als bei heutigen Fahrtenseglern: „Ich saß mit meinem Freund, Mr. Chute, vorm Mast in der Niedergangskappe mit Teleskop und Büchern, dem Vorrat an Proviant und mit einem Jungen zum Feuermachen, Brutzeln und Teekochen. Und so, von einem Thema zum nächsten überwechselnd, saßen wir acht ganze Stunden draußen und hatten kaum bemerkt, wie die Zeit vergangen war. Denn es war kühl, der Wind frisch, die Luft klar, und nichts Lästiges störte uns, keine Formalitäten störten uns. Wir kamen der Vollkommenheit angenehmen Lebens näher, als ich es mir auf andere Weise je hätte vorstellen können."

Der Ausdruck „Yacht" bürgerte sich 1665 in der englischen Sprache ein, und in Dr. Johnsons Wörterbuch wird dazu definiert: „Ein kleines Schiff, das Personen befördert."

Die Niederländer waren die ersten Yachtsmen. Sie statteten die Kajüten ihrer kleinen Handelssegler hübsch und wohnlich aus und benutzten die Boote auch zum Vergnügen. Britenkönig Charles II. war ein begeisterter Segler und beließ es nicht bei der von den Holländern geschenkten Yacht; er ließ 30 weitere bauen, und alle wurden nach seinen Kurtisanen benannt. Gegen seinen Bruder segelte Charles II. von Greenwich nach Gravesand um die Wette und steckte, weil er gewann, 100 Pfund von seinem Bruder ein.

Der erste Yachtclub wurde zwar 1720 in Cork, Irland, gegründet. Es dauerte aber noch hundert Jahre bis der Yachtsport populärer wurde. Der Yacht-Club von Cowes wurde 1812 gegründet und 1833 in Royal Yacht Squadron umbenannt, der New Yorker Yacht-Club entstand 1844. 1857 bekam der New Yorker Club den America's Cup, den der Schoner *America* 1851 in England gegen

Unten: Holländische Boier: Grisaille von Willem van de Velde (17. Jahrhundert).

Rechts: JOLIE BRISE, die Siegerin im ersten Fastnet Race.

6

die besten englischen Yachten gewonnen hatte, als internationalen Wanderpreis gestiftet, den der Club bis heute verteidigt hat. Im Ringen um diese Trophäe hat der Yachtbau viel gelernt.
Deutschlands erster Yachtclub, der Segelclub Rhe, wurde 1855 in Königsberg, Ostpreußen, gegründet; er residiert jetzt in Hamburg-Blankenese.
Zur selben Zeit, als der Yachtsport durch die ehrgeizigen und aufwendigen Prestige-Regatten bekannt wurde, hatte eine kleine Gruppe von Amateuren nur im Sinn, sich in der Führung eines Segelbootes auf See, ohne Wettkampf, zu verbessern. Der erste, von dem wir wirkliche Kunde haben, war Richard Turrell McMullen, der 1850, als alle Gentlemen-Skipper mit bezahlter Crew segelten, zeigte, daß ein Gentleman durchaus selbst ein Boot segeln kann. Er hatte es auf die harte Art gelernt – durch Erfahrung. „Auf diese Weise", sagte er, „hinein in die Patsche und wieder heraus, habe ich in ein paar Monaten mehr praktisches Segeln gelernt, als ich in Jahren durch Zugucken bei einem geheuerten Kapitän hätte lernen können."
McMullen trug viel zum Beweis bei, daß ein richtig geführtes kleines Boot nicht minder sicher und seetüchtig ist als ein großes, und er verkündete, was damals noch unerkannt war, daß die Küste der Feind des Seemanns ist, nicht die offene See.
McMullen starb durch Herzversagen 1891 am Ruder seiner Yacht *Perseus* – vier Jahre bevor der Kanadier Joshua Slocum seine Einhand-Weltumsegelung mit seinem Boot *Spray* vollendet hatte. Die Umsegelung des Kap Hoorn mit einem nur zwölf Meter langen Boot galt damals als selbstmörderisch. Was sein Unternehmen so spektakulär machte, war, daß er gegen die vorherrschenden Winde gesegelt war. Es sollte dann 25 Jahre dauern, bis wieder ein kleines Segelboot die Welt umsegelte. Das aber ging durch den Panamakanal und vermied so die Härten der südlichen Breiten von 40 bis 56 Grad mit dem Kap Hoorn.
1880 gründete sich in Großbritannien der erste Kreuzer-Club mit dem Ziel der Förderung guter Seemannschaft, der Navigation und Lotserei. Die

Unten links: Gaffelgetakelte Slup zum Fahrtensegeln. Unten: Skandinavisches Folkeboot, ein kleiner Küstenkreuzer.

Rechts: Klassische Gaffelketsch; Nostalgiker suchen sie in allen Häfen und bringen sie liebevoll wieder in Fahrt.

Mitglieder wurden ermuntert, weniger bekannte Küsten und Häfen zu erkunden und darüber Berichte zu schreiben, die unter anderen Mitgliedern verbreitet werden könnten. 1902 bekam der Club königliche Anerkennung und durfte sich Royal Cruising Club nennen. Fünf Jahre später gründete sich die Cruising Association mit dem Zweck, Informationen über Reviere und Häfen zu sammeln, zu verbreiten und das Kreuzer-Segeln sicher und populär zu machen. Das erste Buch, das sich allein mit der Fahrtensegelei beschäftigte, wurde 1910 von Claud Worth veröffentlicht, der heute in diesem Fach als Klassiker gilt. Rat für Yachtreisen über See, auch einhand, hatte in Deutschland Muchall-Viebrook 1888 in seinem „Seglers Handbuch" veröffentlicht, das 1978 als Faksimiledruck noch einmal zum 75jährigen Jubiläum der Zeitschrift „Yacht" erschienen ist.

Die Pioniere der Fahrtensegelei aus eigenem Können galten seltsamerweise als Exzentriker; nicht jene, die kleine bis mittlere Vermögen ausgaben, um Spezialyachten für eine Regatta bauen zu lassen, die nach dem Rennen, gleich ob siegreich oder unterlegen, schon technisch überholt waren. Das Kreuzer-Segeln fand in Europa aber doch schnell Liebhaber – der Kreuzerverband des Deutschen Segler-Verbandes gründete sich 1911. Auch die Amerikaner kamen allmählich auf den Geschmack; das Gründungsjahr des Cruising Club of America ist 1922. Die Segelkreuzer der frühen Jahre in Europa waren fast alle umgerüstete Berufsboote, aber der heute legendäre norwegische Bootskonstrukteur Colin Archer erkannte schon früh eine Marktlücke. Mit seiner Erfahrung in der Konstruktion seetüchtiger Zoll- und Lotsenboote für sein schwieriges Heimatrevier, konnte er dem Fahrtenskipper tüchtige und angenehme Kreuzer bieten.

Obwohl die Trennung zwischen Fahrten- und Rennseglern am Anfang des 20. Jahrhunderts unüberbrückbar schien, wurde mit der Ausschreibung des ersten europäischen Hochseerennens – es ist eigentlich ein Küstenrennen –, dem Fastnet 1925, ein gut Teil zur Versöhnung der Sparten beigetragen. Die am ersten Fastnet teilnehmenden Boote waren größtenteils umgebaute Arbeitsboote; so die Siegerin, die *Jolie Brise,* ein ehemaliger Lotsenkutter. Gleichzeitig wurde in England der Royal Ocean Racing Club gebildet, der maßgeblichen Einfluß auf die Entwicklung der heutigen Kreuzer-Rennyachten hatte und noch hat. Zwar ist noch immer eine Kluft zwischen den Seglern, die nur rennen, und denen, die nur reisen wollen, aber so unterschiedlich ist die Art der Boote nicht mehr. Dank heutiger Bootsbautechnik sind die Boote schnell, sicher und wenig pflegebedürftig, womit das Fahrtensegeln zur beliebtesten Sparte des Segelsports geworden ist. Die Auseinandersetzung mit den Elementen, die Entdeckung neuer Küsten, die Loslösung von Beruf und Touristenscharen haben viele dazu gebracht, sich im Fahrtensegeln zu versuchen. Man kann sich das passende Boot kaufen, ist selbst Führer seines Schiffes und verantwortlich für dessen Sicherheit und kann frei über Reiseziel und Reiseplan entscheiden. Kein Wunder, daß dies der Sport mit der größten Wachstumsrate seit dem Zweiten Weltkrieg geworden ist.

Rechts: Eine Rival 34 – eine mittlere Fahrtenyacht – vor der Küste der Insel Skye der Inneren Hebriden.

Bootskonstruktion

Jahrhundertelang war Holz das übliche Baumaterial für Boote, aber nun gibt es eine Auswahl an Baustoffen. Die Großserienboote sind meist aus Kunststoff mit Glasfaserverstärkung (GFK). Ohne dies Material hätte die große Nachfrage nach Booten nicht geweckt und gedeckt werden können. Es gibt aber auch noch Liebhaber traditioneller Bauweisen aus Holz. Bauweise und Material sind wichtige Entscheidungen, denn einiges ist haltbarer und leichter zu reparieren und zu pflegen als anderes. Der Rat, der Ihnen gegeben wird, kann aber von Vorlieben des Ratgebers beeinflußt sein.

Klinker und Karweel

Klinkerbauart ist die ursprüngliche für Holzboote im Norden. Schon die Wikinger verwendeten sie, wenn nicht noch frühere Seefahrer. Sie besteht aus einander überlappenden Längsplanken auf einem Rahmenwerk aus vielen dünnen, gebogenen Spanten und einigen Längsstringern. Anfangs wurden die Planken aufgenagelt, heute nimmt man Kupfernieten statt der Holznägel. Die Planken müssen dick sein, damit die Nieten halten. Entsprechend schwer ist das Boot. Die vielen Plankenkanten wirken sich auch nachteilig bezüglich des Wasserwiderstandes des Bootes aus. Kurz: Klinkerboote sind keine Renner. Wegen der hohen Arbeitskosten werden sie heute kaum noch gebaut, sind aber auf dem Gebrauchtbootmarkt zu haben, weil sie robust und langlebig sind.
Auch die Karweelbauart hat Tradition. Das Grundgerüst besteht aus weniger Spanten, die aber kräfti-

Die Klinkerkonstruktion findet man noch bei älteren Arbeitsbooten und Yachten und heutigen Gigs und Tagesseglern für Holzliebhaber.

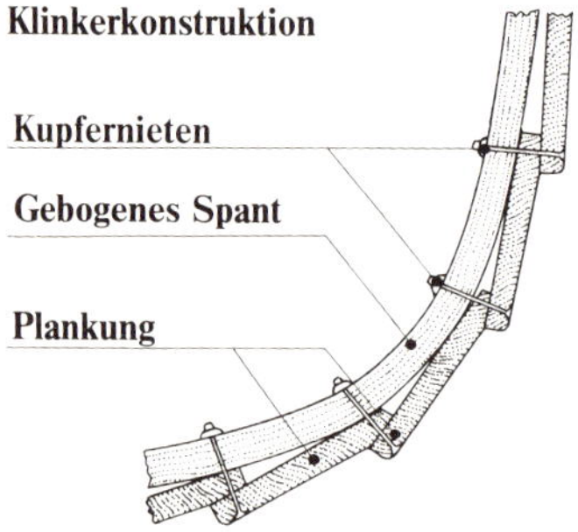

ger sind. Auf sie werden die Längsplanken genagelt (Holz-, Kupfer-, Eisennägel). Die Planken stoßen stumpf aneinander, haben aber leicht gefaste Nahtkanten, in die (gefast) Dichtmasse gedrückt wird. Ursprünglich war das pechgetränkte Baumwolle. Der fertige Bootsrumpf ist glatt, das Boot selbst kräftig und dauerhaft wie ein Klinkerboot, aber etwas leichter. Bei eisengenagelten („eisenfesten") 40 Jahre und äteren Schiffen müssen die Nägel unter den Holzpflöcken geprüft werden.

Eine teure Bauart für komplizierte Bootsformen ist Lattenkarweel mit sehr schmalen Planken, die miteinander verleimt und auf gebogenen Spanten befestigt werden – fest, dicht und leichter als normales Karweel auf gesägten Spanten.

Sperrholzbauten

Die Erfindung des Sperrholzes revolutionierte den Bootsbau aus Holz. Mehrere Furniere werden mit seewasserfestem Leim so aufeinandergeleimt, daß sich die Faserrichtungen kreuzen. Dieses Bootsbausperrholz ist fester und leichter als gewachsenes Holz und quillt und schrumpft nicht.

Sperrholz ist bei Selbstbauern beliebt, hat aber den Nachteil, in nur einer Richtung biegbar zu sein. Das hat zur Knickspantkonstruktion geführt, bei der die Bootshaut aus mehreren Platten besteht, die mit einem Kimmknick aneinanderstoßen. Weil Sperrholz teuer ist, kommt auch diese Bauart aus der Mode. Professionell wird Sperrholz für den Innenausbau verwendet, hier und da auch für Spanten. Klinkerbauten mit Sperrholzplanken, deren Überlappungen mit wasserfestem Dichtungskleber verleimt sind, wurden in den 50er und 60er Jahren recht zahlreich gebaut.

Anfangs baute man mit Sperrholz wie mit Naturholz. Steven, Kiel, Spiegel und Spanten wurden

Die Karweelkonstruktion wird ebenfalls nur noch sehr selten gebaut. Ganz rechts eine Spitzgattgig, unten ein Arbeitsboot bei der Neuplankung, unten rechts ein Tagessegler in Karweelbauweise.

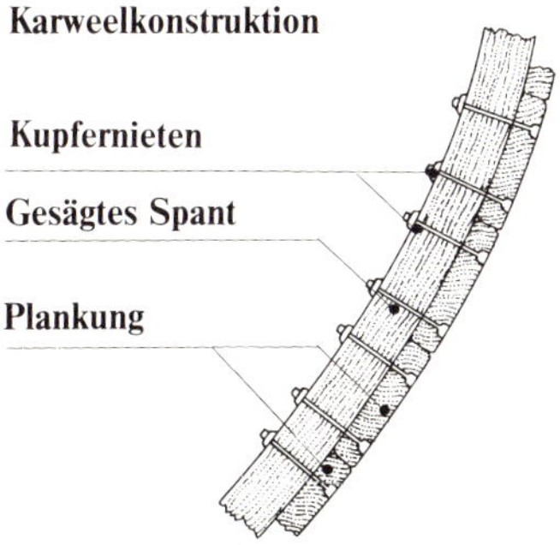

kieloben aufgestellt, ebenso die Kimmstringer und dann wurde aufgeplankt. Inzwischen sind mehrere Bauweisen entwickelt worden, bei denen die Boote auch in Schwimmlage auf dem Helgen stehen und von innen nach außen aufgebaut werden, wobei Schotten, Kojenkästen und Schränke zur Aussteifung des Rumpfes dienen.
Formverleimtes Sperrholz wird aus dünnen Furnieren Lage für Lage gleich auf einer Bootsform verleimt, wobei große Freiheit auch für schwierige Raumkurven besteht. Eine sehr arbeitsaufwendige Bauweise, die nur Fachkräfte beherrschen. Die so gebildete Bootsschale ist sehr fest und leicht und absolut dicht. Das Verfahren wird wegen der Kosten meist nur für Hochleistungsyachten angewendet.
Die Außenfurniere des Sperrholzes sollten aus echtem Mahagoni oder Sipo sein, allenfalls noch Khaya, das aber besser nur für den Innenausbau genommen wird. Hüten muß man sich vor Gabun, zumal manche Sperrholzfabrikanten das mit Ilomba als Kernholz verleimen, einem sehr pilzanfälligen Holz, das nicht mal für den Innenausbau von Booten taugt. Wer sicher gehen will, zieht einen Holzfachmann hinzu, wenn er ein gebrauchtes Sperrholzboot kaufen will. Offenliegende Schnittkanten von Sperrholz müssen zumindest dick und dicht lackiert sein.

Glasharzkonstruktion

Weitaus die meisten Boote werden heute aus faserverstärktem Kunstharz gebaut – mit Glasfaser die gewöhnlichen für Beruf und Sport, mit Carbonfaser oder Kevlar-Faser exotische Leichtbauten. Als Harze werden Polyester oder das teurere Epoxid verwendet. Die Festigkeit des Laminats wird grundsätzlich durch die Größe des Faseranteils bestimmt, und zwar in Volumenprozent. GFK steht für „glasfaserverstärkter Kunststoff" – eigentlich müßte es GvK heißen.
Ein GFK-Boot setzt den Bau eines exakten Prototyps in einer herkömmlichen Bauweise voraus, von dem dann eine Form abgenommen wird, meist auch aus GFK. Das lohnt sich nur, wenn von der Form viele Boote gemacht werden. Jedes Boot wird Schicht für Schicht, abwechselnd Harz und Fasergewebe oder Fasermatte, in der Form aufgebaut, wobei die Faserverstärkung immer in das Harz hineingedrückt und -gerollt werden muß, um Luftein-

Oben: Das ausgeformte GFK-Deck wird auf die GFK-Rumpfschale abgesenkt. Unten: Wenn beide verklebt und geputzt sind, wird eine Scheuerleiste aufgesetzt.

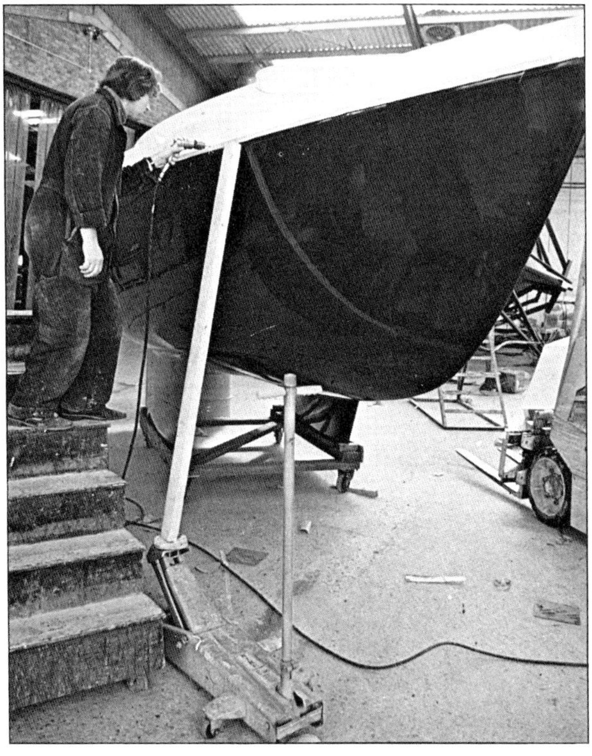

schlüsse zu vermeiden. Als erstes wird in die Formen für Rumpf, Deck und eventuell Aufbauten eine Gelschicht gespritzt, die spätere glänzende und glatte Außenschicht, die immer ein Farbpigment enthält. Bei billigeren Kleinbooten werden Harz und Glashäcksel gleichzeitig in die Form gespritzt, und die Masse wird vor dem Aushärten verdichtet.

In die Decks wird oft Balsaholz zur Isolation und zur Versteifung des Decks ohne großen Gewichtseinsatz einlaminiert. Der Konstrukteur hat jede Freiheit, eine strömungsgünstige Bootsform zu entwickeln. Leicht sind GFK-Boote gewöhnlich nicht, aber billig im Unterhalt, dicht und dauerhaft.

Ferrozement, Stahlbeton

Schon Mitte des 19. Jahrhunderts wurden ein paar Boote aus Beton gebaut, im Ersten und Zweiten Weltkrieg sogar Schiffe. Seitdem haben viele Amateure darin eine preisgünstige Erfüllung ihrer teuren Träume zu erkennen geglaubt. Zahlreiche Bauruinen an allen Küsten der Welt zeugen davon. Die Kenntnisse über die richtige Technologie dieser Bauweise sind noch ziemlich jung, und es gehören schon die Kenntnisse eines Stahlflechters und eines Maurerpoliers oder Verputzers dazu, ein ordentliches Betonboot zu bauen – dann kann es ein sehr dauerhaftes und relativ billiges Boot werden. Zwar ist das ein schwergewichtiger Bau, aber durchaus für größere Kreuzeryachten geeignet. Gefällige Formen sind in Ferrozement einfacher zu erreichen als in Holz. Viel Pflegeaufwand ist auch nicht nötig.

Die Bootsform wird zuerst in einem Geflecht aus Moniereisen erstellt, über das innen und außen Maschendraht als Armierung der Innen- und Außenhaut gespannt wird. Das wird dann mit einem seewasserfesten Zementmörtel ausgefüllt und verputzt.

Die Armierung eines Ferrozement-Bootes besteht aus einem Moniereisengerippe, das von Flechtdraht zusammengehalten und mit Maschendraht überzogen wird. Die gezeigte Armierung ist fertig zum Verputzen.

Segelkleidung

Den befahrenen Fahrtensegler kann man vom unbefahrenen gewöhnlich daran unterscheiden, wie er sich kleidet; er legt mehr Wert auf Komfort als auf Eleganz. Wer in kühlem Klima und oft rauhem Wetter segelt, sollte Kleidung tragen, die ihn trokken und warm hält.

In unserem Klima sind zwei Lagen Kleidung nötig; eine innere zum Warmhalten und eine äußere zum Trockenhalten. Es gibt heute Anzüge, die innen flauschig sind und mit der Luft im Faser- oder Blasenpelz nahe der Haut Auskühlung verhindern, und außen eine wasserdichte Haut haben. Es gibt selbst solche, die Feuchtigkeit von innen nach außen durchlassen, aber nicht umgekehrt, so daß im Inneren kein lästiges Kondenswasser niederschlägt wie bei gewöhnlichem Ölzeug. Solche einlagigen Anzüge sind praktischer als übereinandergezogene Anzüge für innen und außen, in denen man sich oft schlecht bewegen kann. Man denke auch daran, daß zwei dünne Sweater übereinander besser wärmen als ein dicker Troyer, weil die Luftschicht zwischen beiden wärmeisoliert.

Der äußere Schutz muß nicht nur wasserdicht, sondern auch reiß- und scheuerfest sein. Da soll man nicht geizen, sondern das Beste nehmen, was man sich leisten kann. Die Auswahl ist riesig, und man wähle mit Bedacht. Von Overalls bis zu zweiteiligen Anzügen, leicht oder schwer, ist alles zu haben. Wichtig ist die Konstruktion der Knopf- oder Schließleisten, denn an denen kommt am ehesten Wasser herein. Die Hosen sollten bis unter die Achseln reichen; bei freundlicherem Wetter kann man sie ohne Jacke tragen.

Nehmen Sie nicht zuviel Kleidung mit, denn Platz an Bord ist rar: einmal zum Wechseln und leichte Sportkleidung für den Landgang. Ein Plastiksack für die Bordplünnen, im Segelsack verwahrt, hält das Zeug trocken. Der Schlafsack sollte eine schnelltrocknende Füllung haben. Als Gast an Bord fragt man den Skipper, was man mitbringen muß, und um nochmal eingeladen zu werden, staut man seine Plünnen immer sauber weg und hält die Koje aufgeräumt.

Seesack (Zampel)

Wenn Sie erstmalig zu einem Törn an Bord gehen, dann erscheinen Sie nur nicht mit einem festen Koffer – mit dem machen Sie sich beim Skipper unbeliebt. Packen Sie Ihr Zeug in eine Segeltasche aus dichtgewebtem Leinen mit kräftigen Tragbändern und Reißverschluß oder in einen Seesack. Auch zwei Taschen, eine für die Kleidung, eine für Klein- und Waschzeug, sind erlaubt. Koffer passen sich der Enge an Bord nicht an.

Bootsschuhe

Die Schuhe gehören de facto zur Sicherheitsausrüstung. Sie müssen flache Sohlen mit einem rutschsicheren Profil haben. Bootsschuhe trägt man bei warmem Wetter, Stiefel bei nassem und kaltem. Stiefel kauft man eine Nummer zu groß, um dicke Socken darin tragen zu können.

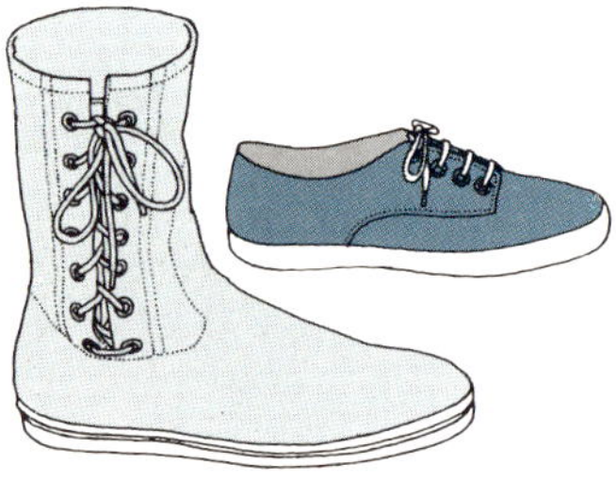

Sohlenkontakt

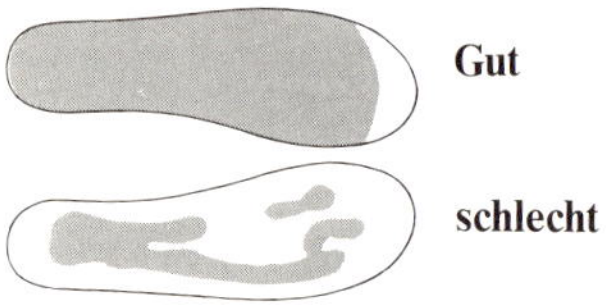

Sohlenprofil

Die Rillen sollen tief und relativ breit sein und soviel Kanten wie möglich haben, damit das Profil auf Deck gut greift.

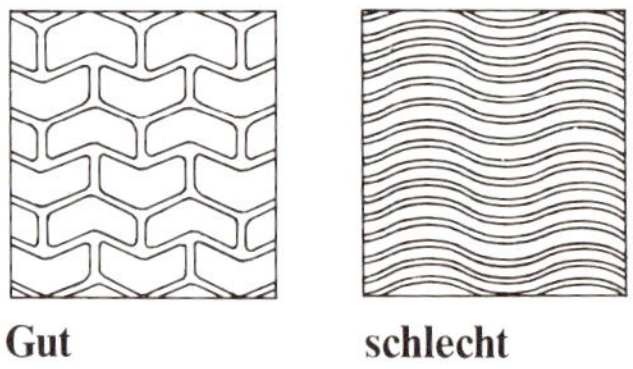

„Ölzeug"

Ein strapazierfähiger wetterfester Anzug mit brusthoher Hose und einer Jacke mit Frontverschluß sind der beste Schutz beim Seesegeln. Hergestellt aus PVC, innen verstärkt mit Futter aus Nylon oder Neopren zur Schwitzwasseraufnahme.

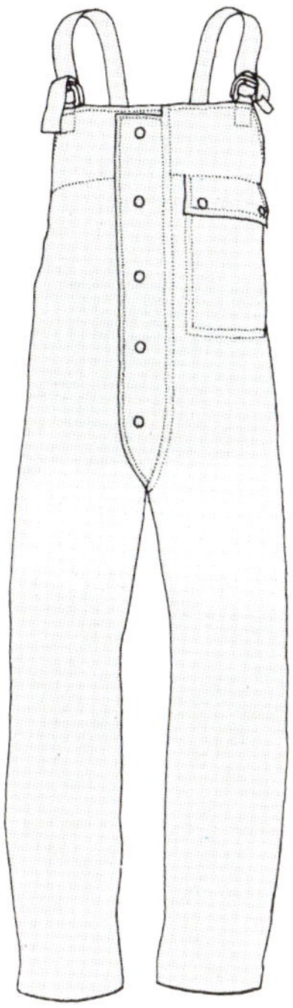

Brusthohe Hose

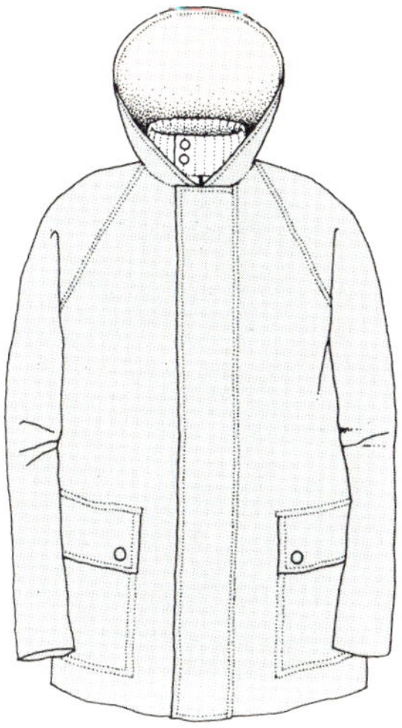

Jacke mit Kapuze

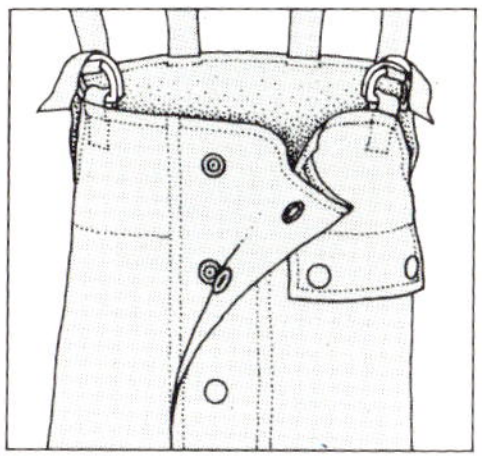

Verschlußzwickel

Der Skipper trägt einen zweiteiligen Anzug mit Nyloneinlage. Manche Jacken haben eingebaute Sicherheitsgurte. Das hat den Vorteil, daß der Gurt, wenn nötig, auch tatsächlich getragen wird. Aber die Jacke verschleißt schneller als der Gurt.

Wetterschutz

Seglerkleidung muß wind- und wasserdicht sein, sonst wird das Segeln ungemütlich. Moderne Spezialkleidung ist leicht mit verschweißten Nähten. Risse sind reparierbar. Man kaufe die beste Qualität. Hosenbeine zieht man über den Stiefelschaft.

Doppelüberlappung hält einigermaßen das Wasser draußen.

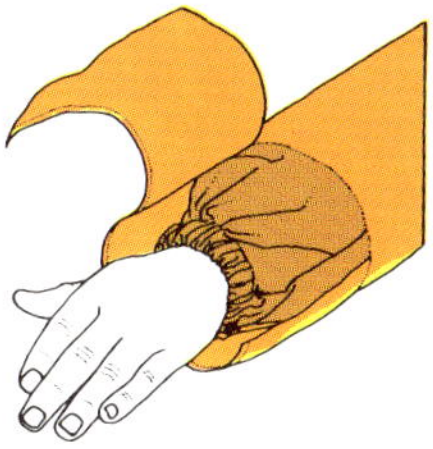

Elastische Sturmmanschetten verhindern, daß Wasser den Ärmel hoch geblasen wird.

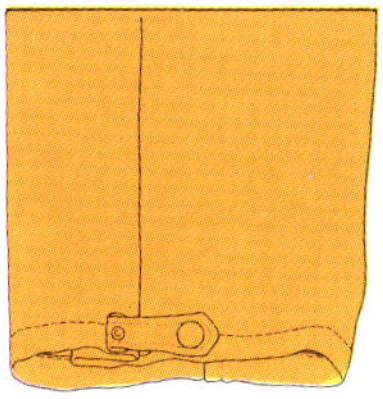

Zurrbünde an den Hosenbeinen schließen um die Stiefelschäfte ab.

Sicherheitsausrüstung

Für jeden an Bord muß eine Rettungsweste und ein Sicherheitsgurt mit Sicherungsleine vorhanden sein. Leichte Schwimmwesten für Jollensegler taugen nichts auf einer Fahrtenyacht. Am praktischsten für jeden, der an Bord arbeiten muß, sind aufblasbare Rettungswesten mit CO_2-Patrone.

Die Sicherheitsgurte müssen vor Beginn der Reise von jedem an seine Körpergröße angepaßt und mit seinem Namen gezeichnet werden, so daß jeder seinen Gurt gleich ohne Suchen und Probieren finden kann. Der Gurt ist an einem leicht und schnell erreichbaren Ort aufzubewahren.

Nachts und bei auffrischendem Wind soll jeder an Deck den Sicherheitsgurt tragen und die Leine an geeigneten Stellen einpicken. Neulinge eindringlich auf die Notwendigkeit dieser Sicherung hinweisen! Sie vorm Übergehen des Baumes und vor plötzlichem Weglegen des Bootes in einer Bö warnen! Bootsschuhe und -stiefel müssen flache rutschsichere Sohlen haben – die mediterrane Barfußlauferei an Deck ist wegen möglicher Zehenbrüche nicht zu empfehlen. Die Decks immer aufräumen, keine losen Gegenstände, vor allem keine losen Enden (Leinen) herumliegen lassen. Es sollten wenigstens zwei an Bord die Yacht führen können, sonst ist der Skipper, wenn er über Bord fällt, in tödlicher Gefahr.

Rettungswesten

Viele sagen, auf Kreuzern brauche man keine Rettungsweste zu tragen, weil man mit Sicherungsgurt und Leine alles tue, um an Bord zu bleiben. Dennoch muß für jeden eine Rettungsweste an Bord sein, die im Nebel anzulegen ist, wenn kein Sicherungsgurt getragen werden darf, um bei einer Kollision nicht ans Boot gefesselt zu sein. Auch bei schwerem Sturm soll die Rettungsweste getragen werden. Am bequemsten sind Aufblaswesten mit CO_2-Patrone und Aufblasautomatik, die auch einen Ohnmächtigen selbständig in die Rückenlage drehen. Nichtschwimmer, Kinder und nervöse Neulinge sollten auch im Hafen Schwimmwesten tragen, eventuell solche mit einer durch Reißleine auslösbaren CO_2-Patrone. Kleinkindern ziehe man eine ohnmachtsichere Schwimmweste mit Festkörperauftrieb an, deren Kragen durch einen Rückengurt, besser noch durch einen Schrittgurt daran gehindert wird, beim Fall ins Wasser über den Kopf zu rutschen. Die Gurte müssen fest genug und nach Gebrauchsanleitung angelegt sein.

Rettungswesten sollten nicht irgendwo im Boot herumfliegen, sondern so aufbewahrt werden, daß sie nicht beschädigt werden. Jede Aufblasweste kann man mit Lungenkraft nachfüllen. Geben Sie alle Westen im Winter zur Inspektion. Im Hafenverkehr mit dem Dingi mögen Schwimmhilfen genügen, das sind aber keine Rettungswesten.

Unten: Aufblas-Rettungsweste ohne Festkörperauftrieb, wird von CO_2-Patrone aufgeblasen. Nachblasen über Mundstück. Rechts: Mundaufblas-Weste mit etwas Festauftrieb.

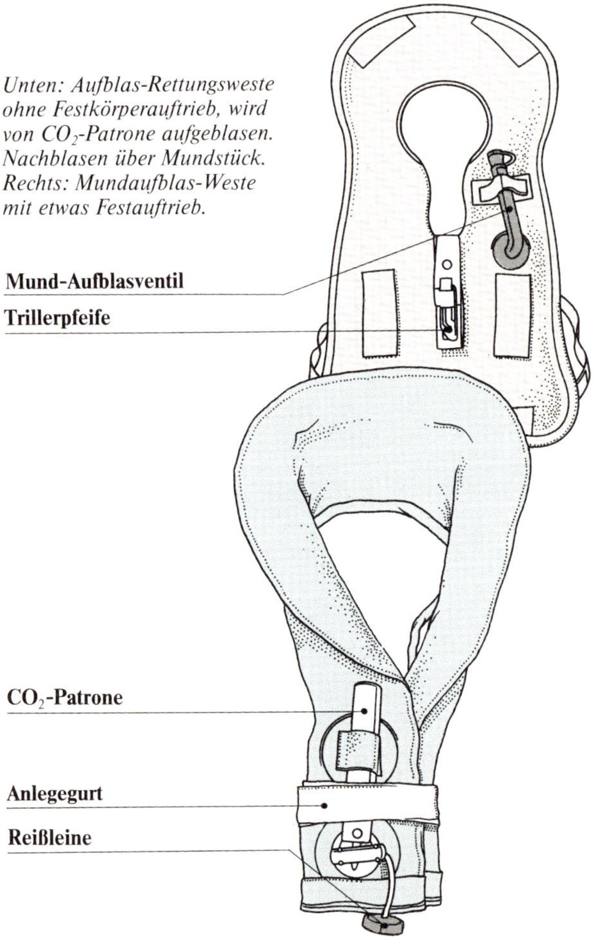

Rettungsweste mit Sicherheitsgurt

Theoretisch erledigt diese Kombination die Diskussion, ob Rettungsweste oder Sicherungsgurt getragen werden soll. Die praktische Frage ist, ob das Aufblasventil noch heil ist, wenn der Sicherungsgurt einmal seine harte Arbeit hat tun müssen, etwa bei einem Brecher, der übers Boot hinwegfegt. Eine Aufblasautomatik würde dann sicher zu Schaden kommen. Man müßte danach noch eine Rettungsweste in Reserve haben.

Kombiniert: Sicherungsgurt und Rettungsweste.

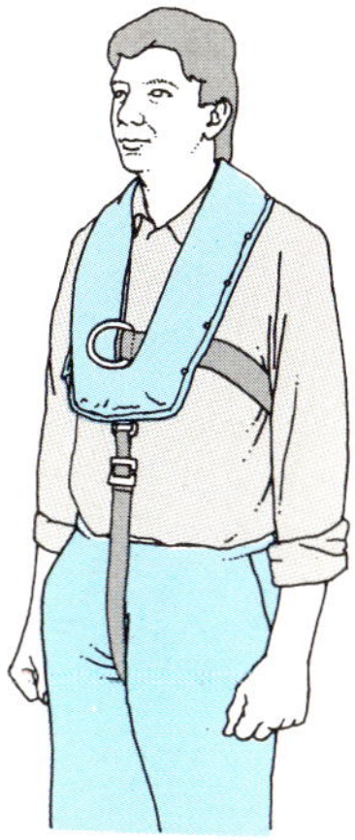

Die Kombination korrekt mit Schrittgurt angelegt.

Sicherheitsgurt und -leine

Ein Gurt, eine Art Schultergerüst, und eine starke Leine mit einem kräftigen Karabinerhaken an jedem Ende sollen Boot und Mann verbinden, damit man auch mit zwei Händen arbeiten kann, und nicht vom Boot wegtreibt, wenn man über Bord fällt oder gespült wird. Weil aber diese Verbindung auch gefährlich werden kann, wenn beispielsweise Mast und Stagen von oben gekommen sind, muß die Leine am Boot und am Gurt schnell und einfach abzuhaken sein. Wichtig ist, daß Ring und Karabinerhaken reichlich dimensioniert sind, 8 mm Stärke aus Edelstahl sind das mindeste. Es gibt auch Wetterjacken mit eingebautem Sicherheitsgurt.

Mit Sicherungsgurt und eingepickter Sorgleine hat man zwei Hände frei zum Arbeiten.

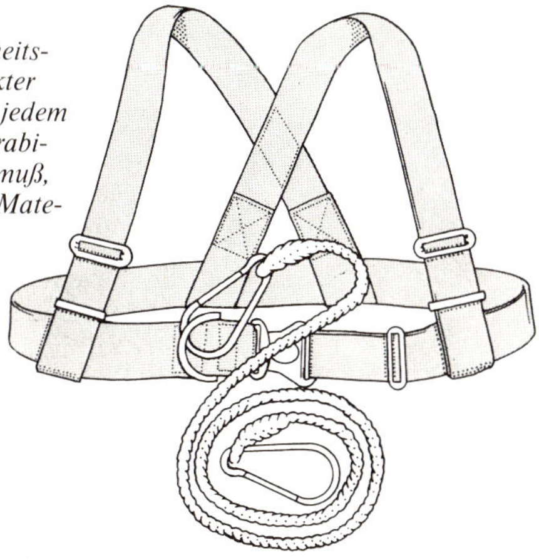

Normaler Sicherheitsgurt mit eingepickter Sorgleine, die an jedem Ende kräftige Karabinerhaken haben muß, Länge etwa 2 m, Material Nylon.

Einklicken des Leinen-Karabiners in den Gurtring

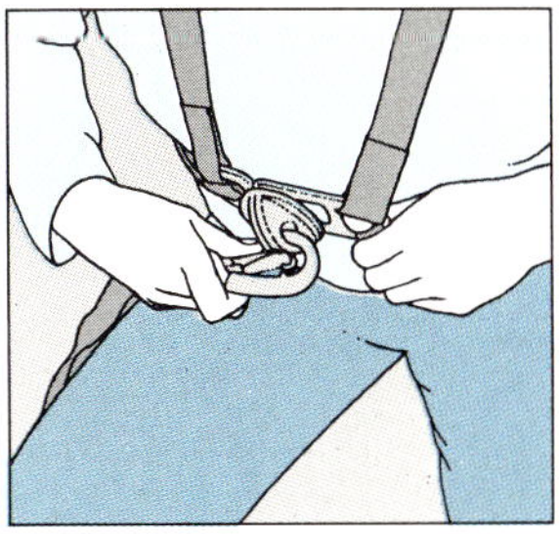

1 *Einpicken eines Karabinerhakens mit Federsperre für das Verschlußstück, ein britisches Fabrikat.*

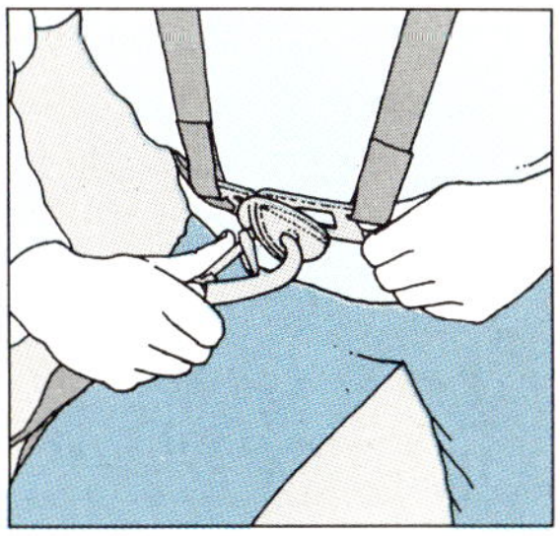

2 *Nicht empfehlenswert, weil er in der Aufregung einer Havarie nicht schnell genug zu öffnen ist.*

Vorm Start zum Kielbootsegeln

Fahrtensegeln bietet ein weiteres und interessanteres Feld als Jollenschippern und spricht jung und alt an, besonders auch Familien, die Gefallen an frischer, staubfreier Luft haben. Man unternimmt etwas gemeinsam, wobei jeder eine Aufgabe hat. Viel des Spaßes hängt zwar davon ab, das rechte Boot zu wählen, wozu die Information auf den Seiten 32/33 nur eine Idee von dem vermittelt, was erhältlich ist. Man hole sich allen möglichen fachlichen Rat, ehe man sich und sein Geld an ein bestimmtes Boot bindet.

Viele entschließen sich zu einem Kielboot, wenn ihnen das Segeln kleiner Boote zu mühsam wird. Wenn sie auch Grundkenntnisse im Segeln haben, so merken sie dann doch, daß noch allerlei für die Handhabung eines großen Bootes dazuzulernen ist. Da gibt's eine Vielzahl komplexer Ausrüstung, die zu handhaben ist, und die Verantwortung, ein großes Boot mit mehreren Leuten an Bord in verkehrsreichem Revier zu führen, ist nicht leicht zu nehmen.

Fast überall werden Befähigungsnachweise verlangt, aber wichtiger ist noch die notwendige Selbstsicherheit in der Kenntnis der Gesetze und Vorschriften, in Lotserei und Navigation, Nachtfahrt, in schlechtem Wetter und in Notfällen. Man wird fremde Häfen anlaufen, Gebiete mit dichter Großschiffahrt durchsegeln. Die Seemannschaft, das Handwerk mit Leinen, Knoten, Spleißen, Segeln, Ankern, Winden und mit dem Hilfsmotor muß beherrscht werden.

Es kann nicht der Zweck dieses Buches sein, Navigationsunterricht zu geben. Der Skipper sollte aber einen Navigationskursus absolviert haben. Besser noch als Mitsegler bei einem erfahrenen Navigator in der Praxis gelernt haben, um Reiseplanung, Reisedurchführung, Positionsbestimmung, Karten- und Handbüchergebrauch (Seite 128) zu beherrschen. Es gibt eine Anzahl guter Lehrbücher über Navigation, auch Abendkurse in Clubs, Schulen und einigen Volkshochschulen. Jeder sei sich klar, daß mangelnde Kenntnisse in diesem Fach in Schwierigkeiten führen – gerade in Küstennähe!

Für Jollensegler bestehen eigentlich keine Schwierigkeiten, sich auf Dickschiffen einzugewöhnen, denn deren Skipper suchen oft eine Crew für einen Törn übers Wochenende oder eine größere Reise. Solche Angebote findet man in Clubs am Schwarzen Brett, in den Anzeigen der Yachtzeitschriften und in den Nachrichten der Kreuzer-Abteilung. Aber geben Sie nie vor, mehr zu können, als Sie können! Auch gibt es zahlreiche Schulyachten, auf denen man ein paar hundert Seemeilen mehr Erfahrung sammeln kann.

Dieses Buch wendet sich an den noch unbefahrenen Segler, der erfahren will, was zum Fahrtensegeln alles so gehört – zuerst mal zu sanften Küstentörns, die sich, Seetüchtigkeit des Bootes vorausgesetzt, zu weiter reichenden Unternehmungen mit wachsender Erfahrung entwickeln mögen.

Bevor es hinausgeht auf die See, muß der Skipper versiert in praktischem Können und navigatorischem Wissen sein.

Törnplanung

Das Vergnügen beim Segeln hat direkt etwas mit Ihrer Fähigkeit zu tun, eine Ausreise sorgfältig und mit Voraussicht zu planen. In Ihrer ersten Segelsaison als Neuskipper werden Sie vermutlich mit Tagesausfahrten beginnen und sich mit wachsendem Können und Selbstvertrauen allmählich weiter vom Heimathafen entfernen.

Eine Ihrer ersten Überlegungen wird sein, wie viele mitsegeln und was sie können sollten. Einige von denen sollten etwas vom Segeln verstehen; einer genug, um für Sie notfalls als „Skip" einspringen zu können.

Eine mit Boot und Aufgaben noch nicht vertraute Crew muß vorher genau eingewiesen werden, damit sie mit vernünftiger Kleidung und ohne Koffer an Bord erscheint. Sie muß erfahren, welche Sicherheitsausrüstung an Bord ist, wo sie ist, und wohin die Reise geht. Den Neulingen muß erklärt werden, was wie funktioniert und bedient wird, was typische Anfängerfehler sind – in einer Leinenbucht stehen, Finger mit der Schot auf die Spilltrommel wickeln, Spillkurbeln lose herumfliegen oder über Bord fallen lassen. Beim Segeln ausführlich und erst mal in Landsprache erklären, was die Neulinge tun sollen, sie aber nicht wie Idioten behandeln. Seien Sie erst mal nachsichtig bei Fehlern, die sie machen. Sollte Ihnen mal der Geduldsfaden reißen, entschuldigen Sie sich nachher mit einer Erklärung, warum vieles an Bord eben immer dringlich klappen muß.

Sind Sie aber in der Rolle einer noch grünen Hand an Bord unter alten Teerjacken, nehmen Sie den rauhen Ton nicht übel und den süffisant gepflegt ironischen an Bord mancher Yachten auch nicht.

Als befahrene Hand sollten Sie wissen, daß nur einer an Deck das Sagen haben kann. Sollten Sie aber Grund haben zu glauben, daß der Skipper Ihr Leben gefährdet, sagen Sie es ihm ruhig, aber bestimmt und bitten Sie ihn, Sie bei nächster Möglichkeit an Land abzusetzen.

Was das Boot betrifft, so muß es seetüchtig, sauber und in jeder Beziehung segelklar sein. Alle Ausrüstung muß vor dem Auslaufen überprüft werden (Checkliste auf Seite 136). Motor- und Kocherbrennstoff, Trinkwasser und Proviant müssen in ausreichender Menge für die Reise bis zum nächsten Ausrüstungshafen vorhanden sein. Ersatzteile und alle nötigen Navigationshilfen sind auf Vollständigkeit zu prüfen. Nichts bleibe dem Zufall überlassen!

Wenn Sie diesem Rat folgen, werden Sie die häufigsten Ursachen für Streit und eine unerfreuliche Reise vermieden haben – und wahrscheinlich eine Einmaligkeit von Skipper sein.

Suchdienste

Die Such- und Rettungsdienste (SAR) werden in den bundesdeutschen Seeräumen von der Deutschen Gesellschaft zur Rettung Schiffbrüchiger wahrgenommen – Zentrale: 04 21 / 50 43 93. In anderen Ländern werden solche Aktionen von den Küstenwachen koordiniert. Die Dienste arbeiten international zusammen, können einem aber nur helfen, wenn sie wissen, wo sie suchen müssen, wenn man überfällig ist. Und sie suchen nur, wenn man als überfällig gemeldet ist. Deshalb ist es gut, seine Familie oder einen Freund über seine Reiseroute und die erwarteten Ankunftszeiten (ETA) in den Häfen zu informieren. Im Hafen angekommen, meldet man sich dann telefonisch oder per Telegramm, gibt Tag und Zeit der Weiterfahrt, nächsten Hafen mit ETA, eventuelle Änderung der Reise usw, an. Wird man in einen anderen Hafen eingeweht, ist die Meldung besonders wichtig, damit von daheim keine unnötige Suche eingeleitet wird. Nach dieser Methode kann man sicher sein, nach einer Toleranzzeit von zwei oder drei Tagen gesucht zu werden, wenn man havariert, ohne Sicht- und Funkkontakt, mitten auf dem Meer treibt.

Proviantieren

Dazu gehört ein ordnender Geist, und eine Person muß mit dem Einkauf und Verstauen beauftragt werden, wenn's der Skipper nicht selber übernimmt. Man muß sich darum kümmern, daß von der Verpflegung bis zur Bordapotheke für den Törn alles an Bord ist; ein verantwortungsvoller Job. Für mehrtägige Törns muß der Speisenplan schon an Land ausgearbeitet werden, damit Frischproviant nicht verdirbt; er gehört in die kühlsten Staukästen. Wenn möglich, ein paar Mahlzeiten daheim zum Wiederaufwärmen vorkochen, um am ersten und zweiten Tag nicht soviel tun zu müssen. Die Mahlzeiten müssen nahrhaft sein, und für Schlechtwetter, wenn kochen unmöglich ist, braucht man energiereiches Trockenfutter; Kekse, Schokolade, Nüsse, Rosinen. Kaufe immer mehr als geplant. Beginne jeden Tag mit einem deftigen Frühstück. Fertiggerichte aus dem Supermarkt sollte man an Land probieren, ehe man das Schiff damit vollpackt, denn cuisine française ist das alles nicht.

Die Crew dieses Bootes wird so schnell nicht verhungern, aber die Flaschen sollten gut verpackt oder gehaltert in einem eigenen Abteil gestaut werden.

Wache gehen

Seetage sind körperlich und geistig ermüdend, besonders bei schlechtem Wetter. Damit jeder, einschließlich Skipper, auf der Höhe bleibt, muß jeder ausreichend Zeit für Ruhe und Entspannung bekommen. Zu Nacht- und Sturmfahrten muß die Mannschaft in zwei Gruppen, Wachen genannt, geteilt werden, die sich gegenseitig nach einem Wachplan in der Führung des Schiffes ablösen. Die Freiwache ruht und sammelt neue Kräfte. Freiwächter, die wegen zuviel Diensteifers nicht ausgeruht auf Wache ziehen, sind ein Sicherheitsrisiko. Unter Deck muß eine ruhige, entspannte Atmosphäre herrschen, gedämpftes Licht und wenig Geräusche. Die traditionelle 24-Stundenwacheinteilung sieht vier Stunden Dienst und vier Stunden Ruhe vor, mit zwei Kurzwachen von zwei Stunden („erster und zweiter Plattfuß"), die Wechselwachen (engl. „dog watches"), damit die Wachen nicht immer um dieselbe Tageszeit an Deck müssen. Beim schwedischen System (ganz rechts) werden tags längere Wachen als nachts gefahren, aber für manchen sind die Tagwachen zu lang, wenn er allein am Ruder sitzt. Große Crews teilen sich oft auch in drei Wachen. Die Mahlzeiten müssen sinnvoll in die Wachwechsel eingeplant werden. Bei großen Crews bleiben Koch und Navigator wachfrei. Zum Segelwechsel muß auch die Freiwache an Deck – „Alle Mann!"

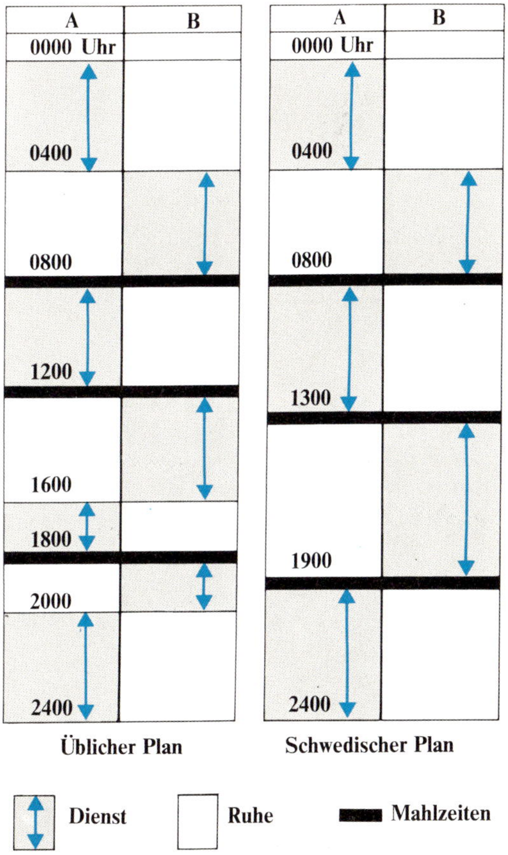

Kielboot-Details

Im Layout sind sich die mittleren Segelkreuzer innen wie außen ziemlich gleich. Die Variationen stecken im Detail. Die Zahl der Kojen hängt von der Bootsgröße ab, das Raffinement der Ausrüstung mehr vom Preis. Kleine Boote haben keine abgeschlossene Toilettenkammer und wohl auch nur eine kleine Pantry zum Kochen. Bei größeren Booten liegt das Cockpit oft mehr mittschiffs vor einer Achterkajüte, an deren Ein- oder Niedergang der Eigner ein Schild heften könnte: Privat. Auf kleineren Booten ist das nicht möglich; das Cockpit ist achtern, die Gäste haben Familienanschluß.
Die rechte Zeichnung zeigt einen mittleren Regattakreuzer, die Zeichnung unten links den Einrichtungsplan einer etwas größeren Yacht und deren Decksriß. Bei einem kleinen Kreuzer ist die Gemütlichkeit des Cockpits besonders wichtig: sicheres Sitzen auch bei Schräglage, hohes Süll, keine Probleme mit der Steuerpinne, große Ablauflöcher für Wasser, ergonomisch richtig montierte Winschen.

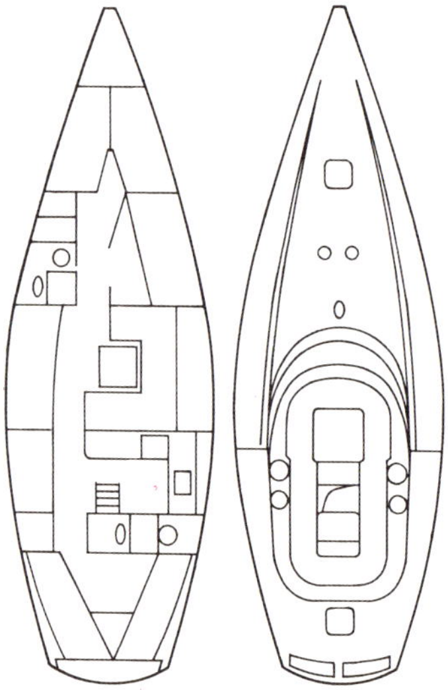

Links außen der Einrichtungsplan eines ziemlich großen Kreuzers mit Achterkajüte und zehn Kojen. Abgesehen vom Mittelcockpit ist der Decksriß ähnlich dem des Rennkreuzers rechts oben. Nur größere Boote haben eine Radsteuerung statt der Pinne.

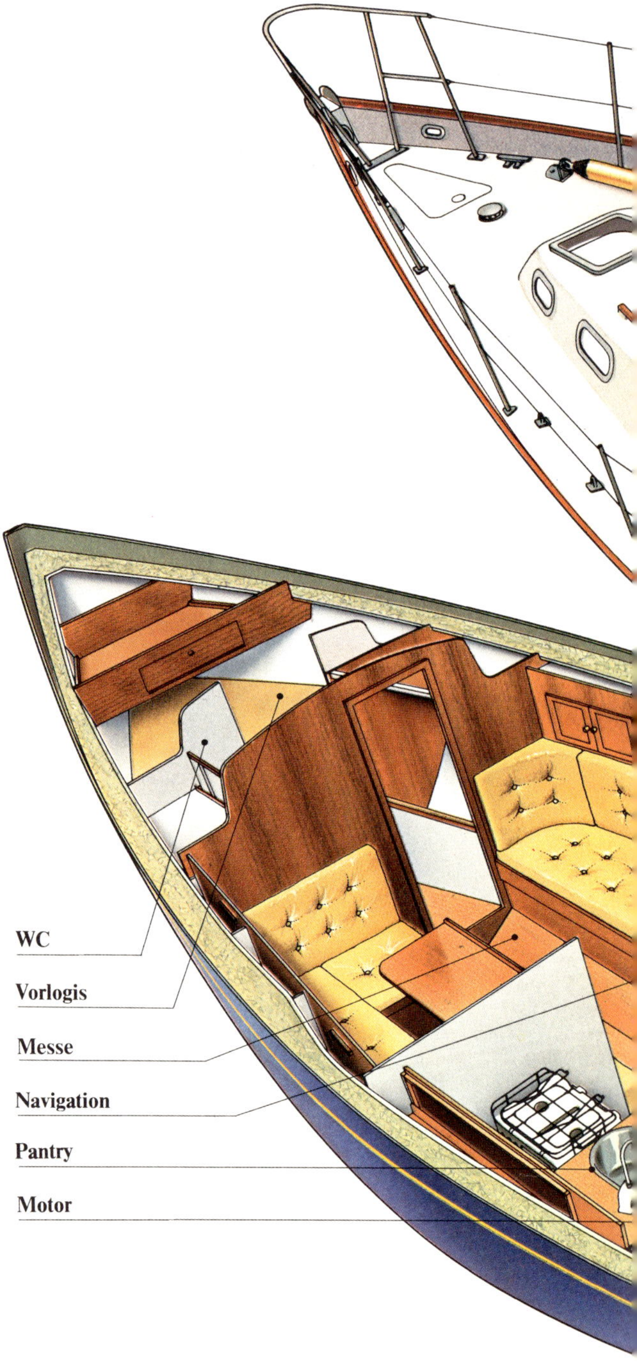

Unter Deck

Der Raum dieser mittleren Kreuzeryacht hat drei Hauptabteilungen: Vorlogis, WC, Messe mit abgeteilter Navigationsecke und Pantry.

Auf Deck

Ansicht einer mittleren Kreuzeryacht. Die Zahl und Plazierung der Winschen ist unterschiedlich, aber alle sollten im Bereich des Cockpits sein. Das Boot hat Pinnensteuerung.

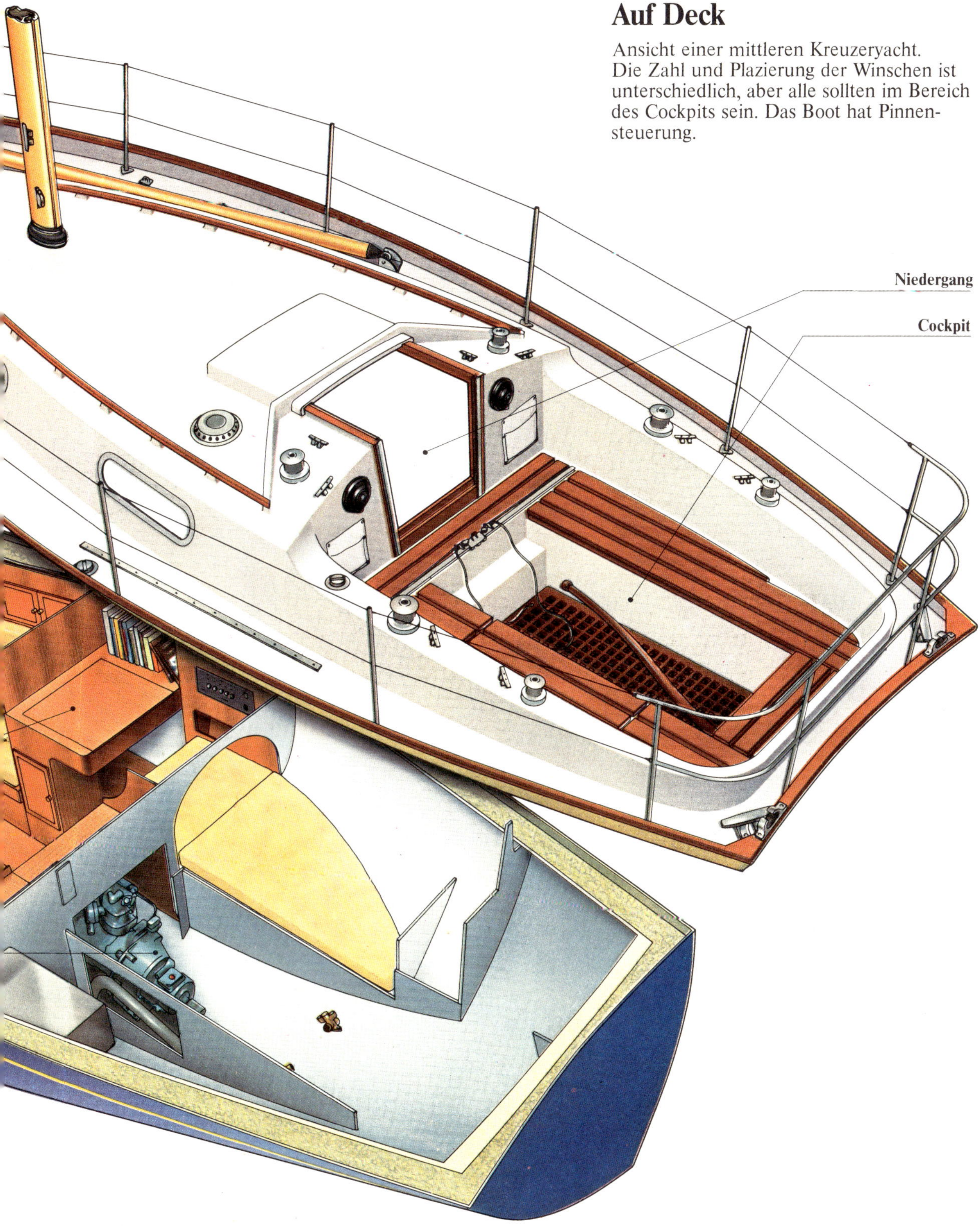

Yacht-Typen

Dem Fahrtensegler steht heute eine schier grenzenlose Auswahl an Booten zur Verfügung, die für einen Erstkäufer schon verwirrend ist. Keiner sollte in Hast kaufen, sondern zuvor reichlich Praxis mit verschiedenen Bootstypen sammeln, um zu erfahren, was er bevorzugt. Kaufen Sie kein Boot ehe Sie ganz sicher sind, was Sie, Ihre Familie oder Crew brauchen, was Ihr Segelrevier verlangt. Oder holen Sie sich guten fachmännischen Rat.

Sie müssen sich sehr genau überlegen, was Sie tun, wenn Sie ein Boot kaufen. Was wollen Sie wirklich damit anfangen? Wenn Sie mit Ihrer Familie Wochenendausflüge in flachem Wasser machen wollen, wäre es Unsinn, einen rassigen Rennkreuzer zu kaufen, um Ihre Bekannten zu beeindrucken. Ein solches Boot käme aber in einem regattafreudigen Revier in Frage, wenn Sie Spaß am sportlichen Wettstreit haben und keine größeren Reisen als Wochenendtörns vorhaben. Die Yacht sollte dann aber auch ein auf dem Revier gesegeltes Boot sein, denn außer Konkurrenz ist langweilig.

Geld spielt natürlich für die meisten eine wesentliche Rolle, und vergessen Sie nicht die Betriebskosten. Kleine leichte Boote sind in der Anschaffung und im Betrieb billiger als große, in Mechanik und Einrichtung luxuriöse. Liegeplätze sind rar und möglicherweise teuer. Mit trailerbaren Booten läßt sich das umgehen, wenn man sie bei sich im Garten abstellen und mit dem Auto zu den schönsten Segelrevieren schleppen kann.

Moderner Bootsbau müht sich, in kleine Boote eine große Zahl Kojen zu quetschen. Wenn Sie wirklich Fahrten segeln wollen, dann segeln Sie zu nicht mehr Leuten als der Hälfte der Kojenzahl entspricht, damit es auch Spaß macht.

Die slupgetakelte Yacht mit Hochsegel ist heute das

E-Boot
Ein trailerbares Boot mit aufholbarem Schwert, das sich für Klassenregatten, kurze Küstentrips und Wochenendtörns eignet. Für richtige Reisen ist die Einrichtung des 6,7 m langen Bootes zu spärlich. Tiefgang mit Schwert 1,4 m.

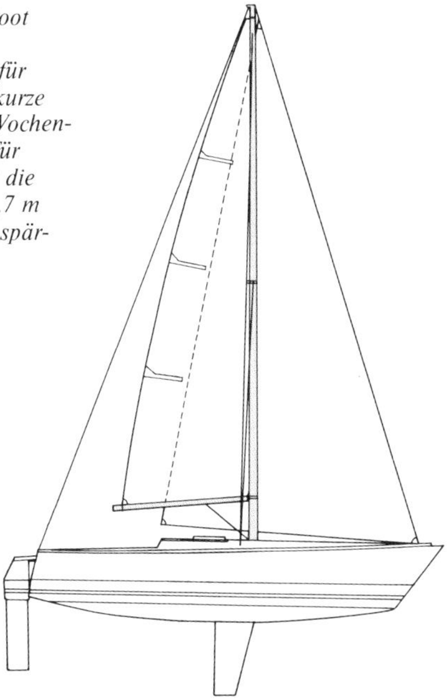

Armagnac
Ein typischer Rennkreuzer mit guten Segeleigenschaften, der eine erfahrene Crew braucht; 8,5 m lang, 1.4 m Tiefgang.

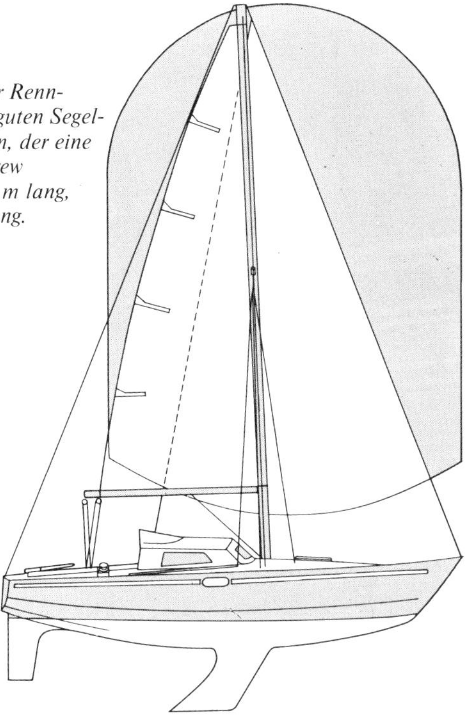

übliche Angebot; es ist auch das wirksamste Rigg, aber Traditionalisten ziehen das Gaffelrigg vor (Seite 49). Wenn Sie segelnde Bekannte haben, holen Sie sich Rat bei denen. Nehmen Sie sich viel Zeit für eine große Bootsausstellung und besuchen Sie so viele Stände wie Sie können. Bitten Sie um einen Probetörn mit den Booten, die Sie in die engere Wahl gezogen haben. Kaufen Sie nicht überstürzt irgendwas, und wenn Sie aus Ihren Zweifeln nicht herausfinden, dann kaufen Sie ein Boot, das leicht wieder verkäuflich ist, falls Sie entdecken, daß Segeln Ihnen keinen Spaß macht.

Westerly 33
Ein breiter, 10 m langer Familienkreuzer mit viel Wohnraum für bis zu sieben Personen unter Deck. Man kann sie als Slup oder Ketsch (Abbildung) haben. Einfach zu handhaben, auch von einer wenig geübten Familiencrew, aber nicht besonders schnell.

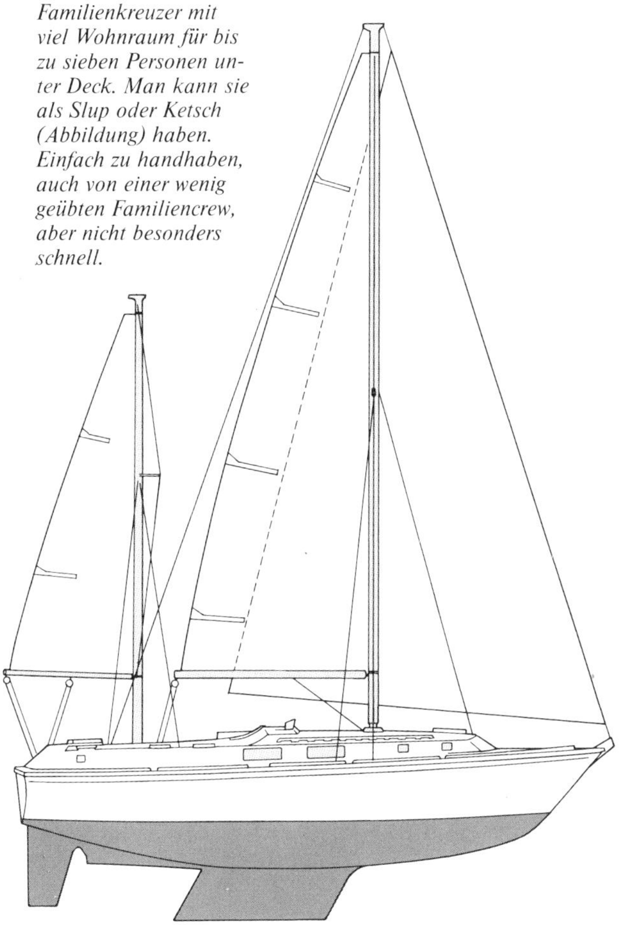

Die Contessa 32 ist ein in England und Nordfrankreich beliebter mittelgroßer Kreuzer.

Unter Deck

Auf den meisten kleinen Kreuzern besteht die Inneneinrichtung nur aus dem Allernötigsten. Jede Kleinigkeit mehr an Komfort kostet Aufpreis. Bei größeren Booten wird da schon mehr an Serienausstattung geboten.
Der Einrichtungsplan hängt sehr davon ab, zu welchem Zweck das Boot dienen soll. Manche segeln nur am Tag und verbringen die Nacht im Hafen oder vor Anker. Wenn ein mittlerer Kreuzer sechs Kojen hat, bedeutet das nicht, daß auch sechs Leute mit diesem Boot eine Reise nach Island oder Madeira in heiterer Harmonie machen können. Die Kojen im Vorschiff sind unterwegs unruhig und meist der einzige Platz, wo man die Segel, die nicht gebraucht werden, unterbringen kann. Den für kurze Törns entworfenen Booten fehlt oft, was auf See nötig ist: Kojensegel, Schlingerborde um alle horizontalen Flächen, Handläufe unter Deck, kräftige Schlösser an allen Schranktüren, seetüchtige Pantry und gut eingerichteter Navigatorplatz.
Es kommt eben sehr darauf an, wie Sie das Boot nützen wollen. Unzulängliche Wohnraumeinrichtung, Schränke, in denen auf See alles durcheinanderfällt, Stauraum, in dem man nichts findet, Schubladen, die herausfallen, scharfe Ecken, an denen man sich verletzt, Kajüten, in denen man nirgends Halt findet, machen die schönsten Reise zur Qual.
Das Beieinander auf kleinen Yachten übersteigt manchmal das Erträgliche, drum ist ein Boot mit Mittelplicht (Seite 30) und Achterkajüte für Sie vielleicht das angenehmere Boot.

Inneneinrichtung

Rechts und unten ist eine typische Inneneinrichtung eines mittleren Seekreuzers mit sechs Kojen; zwei im Vorlogis, drei in der Messe (eine davon Lotsenkoje) und eine Hundekoje (halb unter der Cockpitbank). Bequemlichkeit für vier, mit sechs wird's reichlich unkomfortabel.

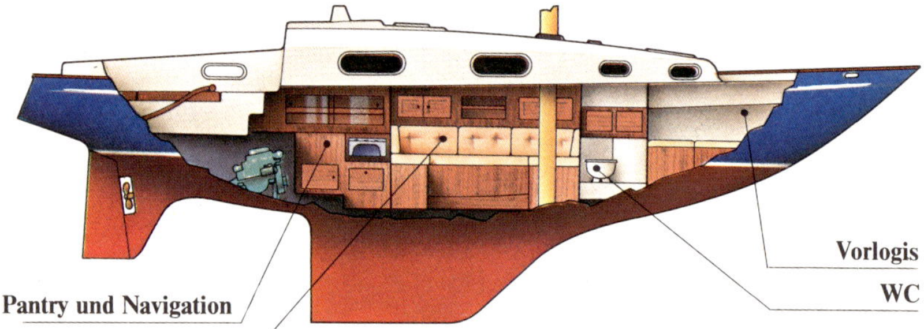

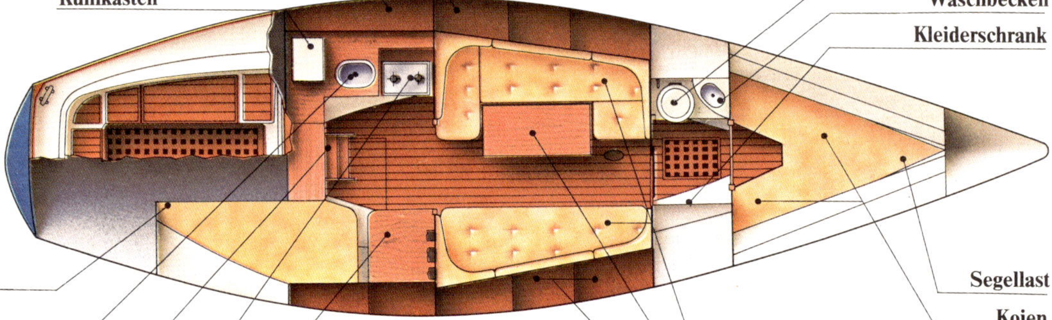

Navigationsplatz

Der ideale Platz für den Navigator ist nahe beim Niedergang, damit er sich mit dem Steuermann leicht verständigen kann. Der Kartentisch sollte möglichst nach vorn weisen und groß genug für einmal gefaltete Seekarten sein. Ein Bücherbord muß, Navigationshilfen, wie Echolot und Funkpeiler, sollten beim Tisch sein, andere Instrumente so angeordnet sein, daß Steuermann und Navigator sie sehen können.

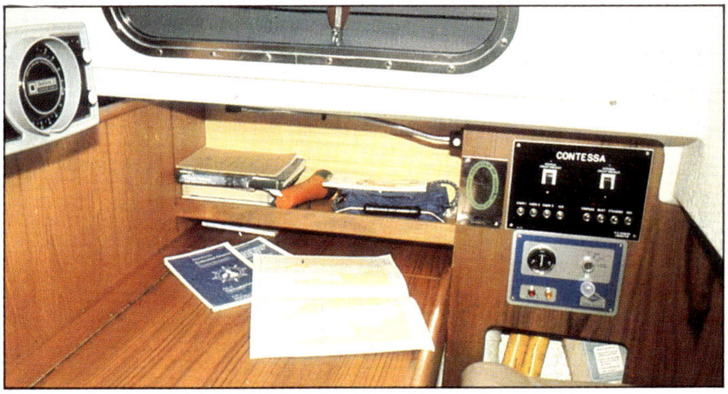

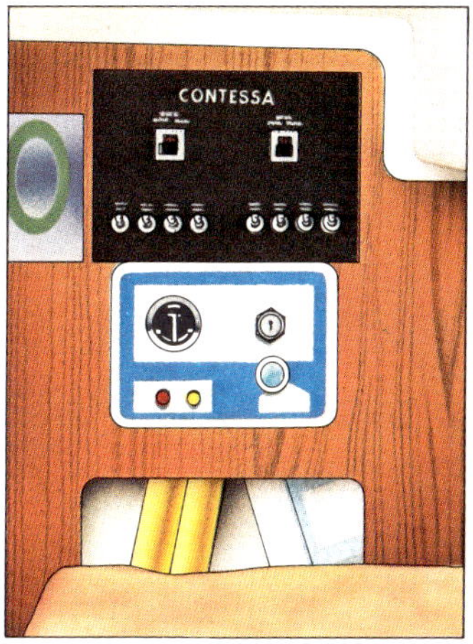

Links der Kartentisch eines mittleren Kreuzers. Rechts die Schalttafel für die Elektrik und darunter das Armaturenbrett für den Motor. Die Batterien befinden sich unter dem Sitz des Navigators.

Pantry

Die Pantry sollte einen kleinen Herd, am besten mit Backofen in Pendelaufhängung haben, in der er bis 60° aus der Senkrechten nach beiden Seiten ausschwingen kann. Feststehende Herde brauchen Klammern zum Festhalten der Töpfe. Ein Spülbecken mit Wasserpumpe und eine Kühlbox gehören dazu, und die Arbeitsflächen müssen Schlingerborde an den Rändern haben. Löschdecke und Feuerlöscher gehören in die Pantry und eine Stange vorm Herd, die verhindert, daß der Koch auf die Flammen fällt. Bester Brennstoff: Flaschengas.

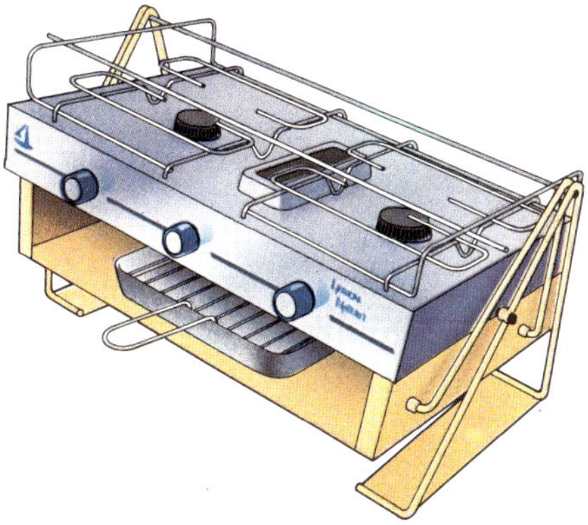

Oben ein Pendelkocher mit Topfhaltern. Links eine Pantry mit Herd, Spüle, Arbeitsfläche und Schränkchen. Rechts Eiskasten unter der Arbeitsfläche.

Messe

In beinahe jedem Boot liegt die Messe mittschiffs und ist der Hauptwohnraum. Meist ist er recht beengt, weil die Kojen den meisten Platz einnehmen. Die Kajüte rechts hat eine Einzel- und eine Doppelkoje, deren Mittenpolster auf dem abgesenkten Kajütstisch liegen. Holzauskleidungen in heutigen Booten sind aufgeklebtes Schälfurnier. Auch Stoffauskleidung gibt es, weil Plastik etwas dürftig aussieht. Möbelbeschläge sollten versenkt sein, damit man sich an ihnen in rauhem Wetter nicht verletzt.

Rechts: Aufspannen eines Kojensegels. Alle Kojen sollten ein Segel oder Kojenbrett haben, damit keiner bei Schräglage des Bootes herausfällt.

Ganz rechts: Zwei klönen (unterhalten sich) am Tisch, ein dritter arbeitet an der Pantry. Halte die Kajüte immer aufgeräumt; alle Ausrüstung immer gleich in den entsprechenden Schränken weggestaut.

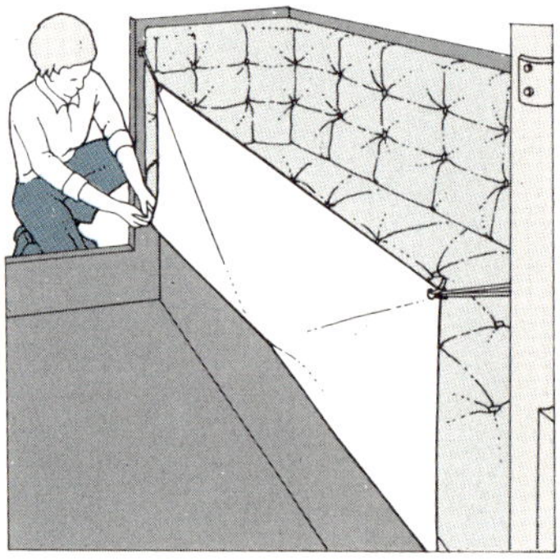

Falttisch

Meist haben die kleinen Kreuzer einen absenkbaren Falttisch, weil für einen festen der Platz fehlt. Rings um die Tischkanten müssen Schlingerleisten mit Auskehröffnungen an den Ecken sein. Feuchte Tücher hindern das Geschirr am Rutschen.

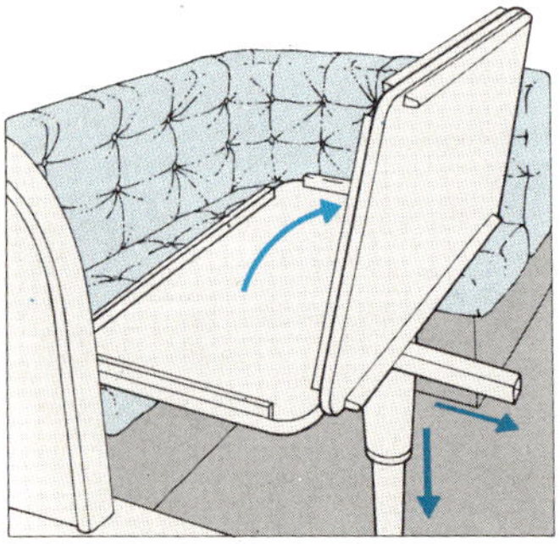

Stauraum

Stauraum ist wichtig für die Wohnlichkeit unter Deck. Dazu zählen Kästen unter den Kojen und Schränke, deren Türen kräftige Schnäpper haben müssen; Magnete reichen nicht. Was laufend gebraucht wird, muß leicht erreichbar gestaut werden. Zerbrechliches braucht formgerechte Halterungen. Schubladen müssen gegen Aufgehen gesichert sein.

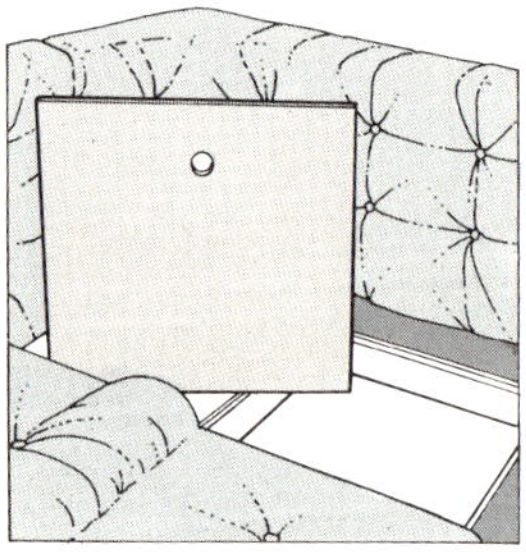

Oben rechts: Staukasten unter dem Sofa.
Rechts: Spezialschrank für Flaschen und Gläser.

Vorlogis

Es hat gewöhnlich V-Kojen, aber auf See ist dies der unruhigste Wohnraum im Schiff, der zudem meist mit Segelsäcken belegt ist. Weil aber, wenn nachts gesegelt wird, die Hälfte der Mannschaft an Deck ist, kann man es so einrichten, daß die Freiwache auf den Kojen der Messe schläft. Unter den V-Kojen ist gewöhnlich viel Stauraum für Großvolumiges; zuviel Schwergut darf aber nicht hinein, sonst trimmt man das Boot buglastig. Das (hoffentlich) wasserdichte Luk im Deck spendet Licht und geöffnet Luft; es soll als Fluchtluk groß genug zum Aussteigen sein. Nach vorne wird das Vorlogis vom Schott zur Vorpiek abgeschlossen, in der gewöhnlich die Ankerkette liegt.

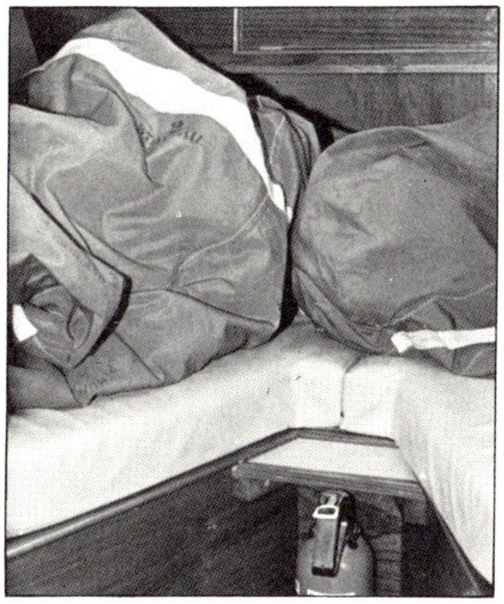

V-Koje im Vorschiff – oft Behelfslager für Segelsäcke.

Raumpflege

Ob's Ihnen paßt oder nicht, Sie werden allerlei Zeit aufwenden müssen, um Ihr Boot in Ordnung zu halten, nicht nur wegen des guten Eindrucks, den ein sauberes, aufgeräumtes Schiff macht. In der feuchten, nur spärlich zirkulierenden Luft unter Deck fängt jeder übersehene Schmutz schnell an zu rotten und zu schimmeln und verbreitet Muffigkeit. Vor und nach der Reise gründlich saubermachen. Während der Liegezeit Schränke und Kästen offen-, die Seeventile geschlossen halten. Draußen auf See mal etwas Wasser mit Bilgecleaner durch die Bilge schwappen lassen und mit der Lenzpumpe abpumpen. Bei jeder Raumpflege auch die Gasleitung mit Seifenlauge und Pinsel auf Lecks untersuchen; danach das Hauptventil an der Flasche wieder schließen. Auch die Leitung vom Tank zum Motor prüfen.

Toilette

In kleinen Kreuzern liegt sie meist zwischen Messe und Vorlogis. Sie hat eine etwas komplizierte Maschine: das WC mit Pumpe und empfindlichen Ventilen. Deshalb soll man nichts hineinwerfen, was man nicht vorher gegessen hat. In den meisten Häfen ist das Außenbordspumpen der Fäkalien verboten. Einige Nationen verlangen Ausrüstung des Boots mit Schmutzwassertank und Abpumpanschluß, andere sind mit einem Desinfektionszusatz zufrieden. Da muß man sich erkundigen, und im Hafen sucht man am besten entsprechende Örtchen an Land auf. Liegt das Boot unbemannt im Hafen, Seeventile des WCs schließen. Schon manche Yacht ist übers WC abgesoffen.

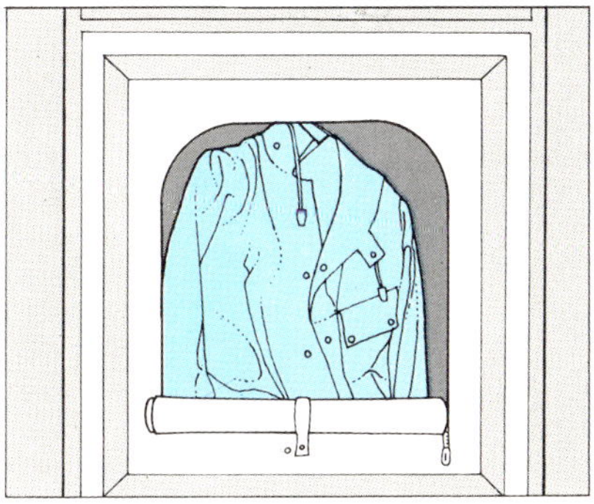

Naßkleiderschrank mit Wasserablauf in die Bilge. Als Verschluß ein Rollo mit Reißverschluß.

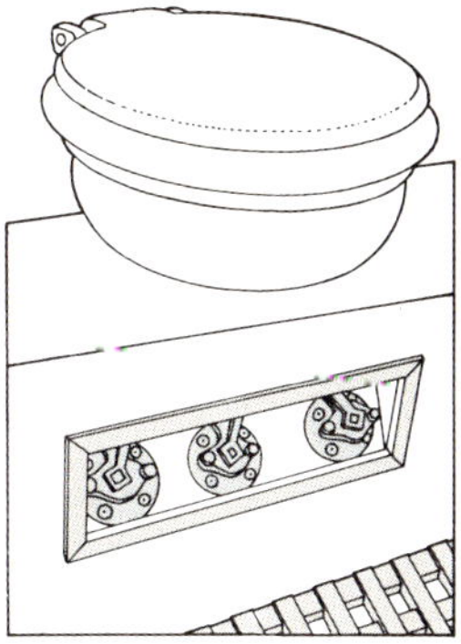

Seehähne für die Zu- und Abflußleitung des WC. Es wird mit einem nicht gezeigten Hebel gespült und abgepumpt.

Decksausrüstung

Die meisten toppgetakelten Slups haben eine weitgehend ähnliche Decksausrüstung, und die Zeichnung hier ist typisch für einen mittelgroßen Kreuzer. Unterschiede mag es in Zahl und Plazierung von Winschen, Klampen usw. geben. Als Segler auf einem fremden Boot bittet man den Skipper, einen einzuweisen.

Fittings, Beschläge und Winschen müssen großen Kräften standhalten. Sie müssen deshalb robust sein und regelmäßig, in nicht zu langen Abständen, kontrolliert werden – das ist die beste Sicherheitsvorsorge. Die Dinge werden im Folgenden einzeln beschrieben.

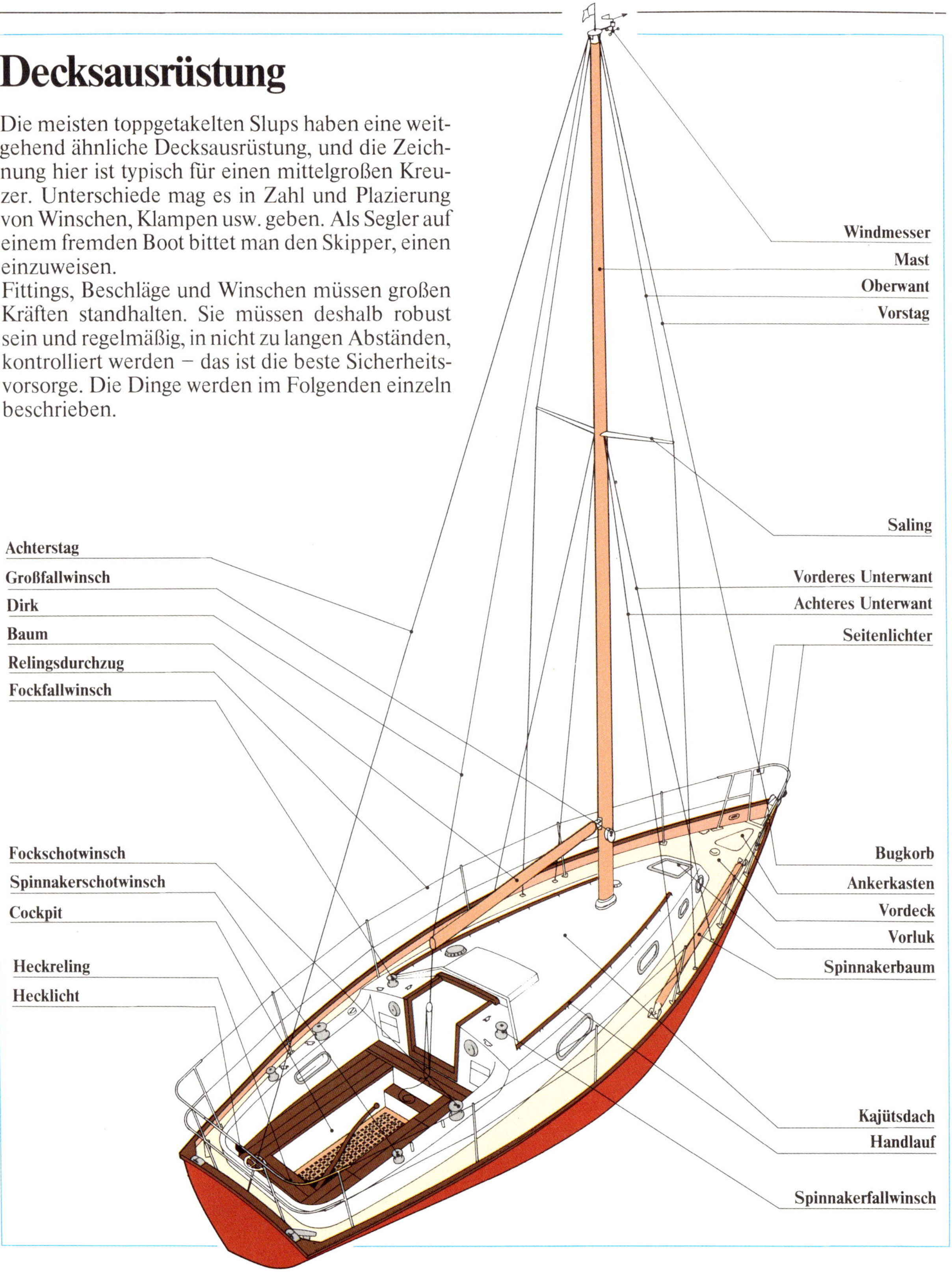

Vordeck

Das Vordeck ist so ziemlich der gefährlichste Platz auf einem Boot. Das Vorschiff vollführt in jeder Art von Seegang die heftigsten Bewegungen. Bei schwerem Wetter wird es nicht selten von Brechern überspült. Jeder Vorsegelwechsel muß vom Vordeck aus durchgeführt werden, deshalb muß die Crew besonders geschützt werden, während sie dort arbeitet. Üblicherweise hat heute jeder Kreuzer einen Bugkorb, eine Stahlkonstruktion, die fest mit dem Deck verbolzt ist. Die Crew kann sich beim Vorsegelwechsel reinsetzen oder darin abstützen. Relingsdurchzüge laufen vom Bugkorb zum Heck und enden dort nicht selten in einem Heckkorb. Gehalten werden sie von Relingsstützen. Auf größeren Yachten werden bei schwerem Wetter Jackstage geriggt, von einem Augbolzen auf dem Vordeck über die beiden Seitendecks zum Cockpit führende ummantelte Drähte oder Gewebegurte. Sie ermöglichen der Crew, praktisch an jedem Punkt des Vordecks ihre Sicherungsleinen einzupicken.
Auf dem Vordeck wird normalerweise der Anker gefahren. Manche Boote haben auch einen verschließbaren Ankerkasten im Vordeck, in dem der Anker samt Kette gestaut wird. Auf jeder Seite des Bugs sollte sich eine Klüse oder Lippe für die Festmacher befinden, und es sollten zwei Vorschiffsklampen vorhanden sein. Das Vorstag sitzt am Bugbeschlag, der oft mit einer Ablaufrolle für die Ankerkette kombiniert ist.
Das Vordeck muß eine rutschhemmende Antislipstruktur haben und an den Außenkanten eine Fußreling, um ein seitliches Abrutschen zu verhindern. Das Vorluk kann in das Vordeck oder auch in den Kajütsaufbau eingelassen sein. Es muß trittfest und absolut wasserdicht sein. Sorgen Sie dafür, daß das Vordeck immer aufgeklart ist. Nicht gebrauchte Leinen sofort aufschießen und verstauen. Abgeschlagene Segel sofort in ihre Säcke stecken oder – wenn die Segel in Kürze gebraucht werden – sie an der Reling so beibändseln, daß sie nicht übers Vordeck wehen können.

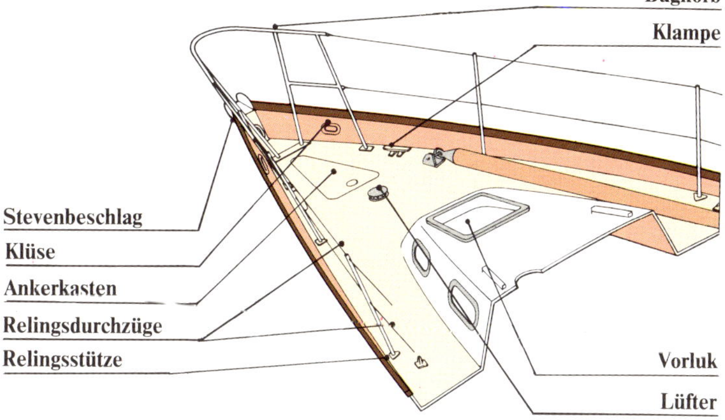

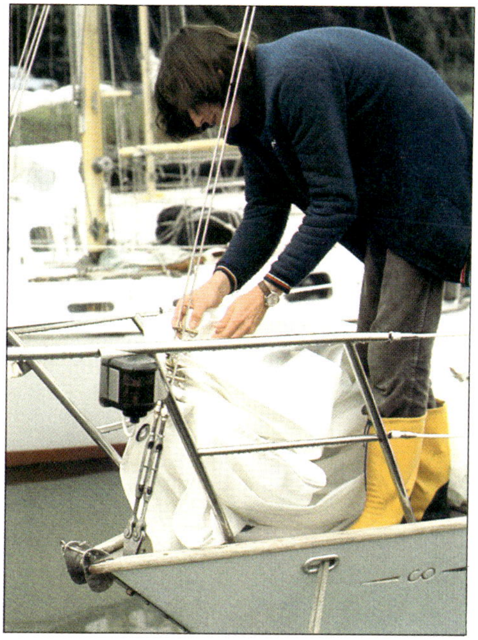

Der aus rostfreiem Rohr konstruierte Bugkorb muß fest mit dem Deck durch Durchsteckbolzen verbunden sein, denn er muß der Crew Halt und Schutz beim Vorsegelwechsel bieten.

Flechtleinen

Damit heruntergenommene Vorsegel nicht vom Vordeck über Bord gewaschen oder geblasen werden, flicht man oft zusätzlich Leinen zwischen Stützen und Durchzüge der vorderen Reling, wie das Bild zeigt.

Kajütsdach

Bei den meisten Booten liegt die Kajüte unter einem niedrigen Aufbau mit Bulleyes oder kleinen Fenstern an der Seite. So wird unter Deck Stehhöhe erreicht. Wenn der Mast auf dem Kajütsdach steht, ist dieser Punkt innen durch eine bis auf den Kiel führende Rohrstütze verstärkt. Das Vorluk dient vor allem der Belüftung im Hafen. Bei Windstärke 1 bis 2 kann man es auch zum Durchreichen von Segeln benutzen. Wenn die Dichtungen an Fenstern und Luk nicht dicht sind, wird es unter Deck naß und ungemütlich. Auch schlecht sitzende Lüfter sind Leckwasserquellen. Auf einem der Seitendecks neben dem Aufbau liegt der Spinnakerbaum, wenn er nicht gebraucht wird, und auf jedem Seitendeck ist eine Schiene für das Leitauge oder den Leitblock, den verstellbaren Holepunkt der Fockschoten. Beidseits auf dem Kajütsaufbau befinden sich Handläufe zum Festhalten beim Weg über die Seitendecks. Der Niedergang zur Kajüte wird durch ein Schiebeluk und Steckschotten in der Rückwandaussparung verschlossen. Das oberste Steckschott wird auch bei rauhem Wetter gerne offen gelassen, damit der Kajütsmief etwas abzieht. Das ist aber äußerst gefährlich, denn wenn eine See ins Cockpit steigt, kommen die unteren, kleineren Steckschotten lose, und es gibt einen Wassereinbruch ins Schiff. Alle Steckschotten sollten von innen und außen zu sichern sein; ebenso das Schiebeluk. Gleich neben dem Niedergang bei der Deckskante soll ein solide befestigter Augbeschlag sein, in den man seine Sicherungsleine einpicken kann, ehe man aus der Kajüte an Deck geht.

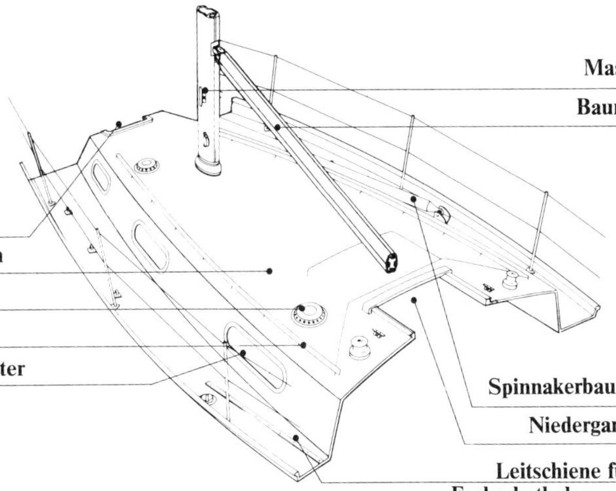

An Deck zurren

Jedes Boot sollte eine ordentliche Rettungsinsel (Seite 149) haben; normalerweise wird sie auf dem Kajütsdach auf einer Unterklotzung gezurrt (festgebunden). Die Zurring muß einen Schnellverschluß oder schnell lösbare Knoten haben (Seite 154). Man könnte die Insel auch in einer Backskiste im Cockpit usw. unterbringen. Gewöhnlich hat das „entlüftete" Aufblasdingi neben der Rettungsinsel noch Platz auf dem Kajütsdach, wo es gut gezurrt sein muß. Besen, Schrubber und Bootshaken nicht an den Handläufen festmachen, denn die werden für die Hände gebraucht; das staut man besser unter Deck. Es dürfen keinerlei Tampen auf Deck herumwedeln; sie sind tückisch wie Bananenschalen.

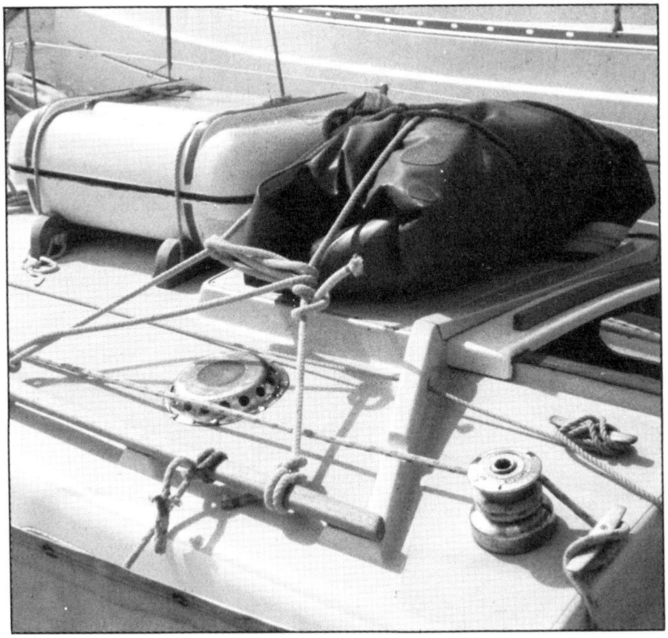

Rechts: Rettungsinsel und zusammengefaltetes Schlauchboot sicher und fest auf dem Kajütsdach gezurrt.

Mast

Bei weitem die meisten Boote haben heute Aluminiummasten, die fest, leicht und dauerhaft sind. Die Höhe des Mastes richtet sich nach der Länge des Bootes und der Art des Riggs. Meist haben die Masten eine Saling (Spreizen) etwa in Mastmitte mit Unterwanten und über die Spreizen geführten Oberwanten; beide zum seitlichen Halt des Mastes. Die Wanten sind an Rüsteisen (Püttings) an jeder Schiffsseite befestigt. Vorstag und Achterstag halten den Mast in Längsrichtung. Diese Verstagung mit heute meist rostfreien Stahldrähten (früher verzinkten) heißt „stehendes Gut". Die Achterstagsspannung kann oft mit einem Stagspanner während des Segelns geändert werden. Ein Dreifarben-Positionslicht mag auf dem Masttopp montiert werden oder ein Windmesser (Richtung und Geschwindigkeit) und eine UKW-Antenne. Dort wäre auch der beste Platz für den Radarreflektor, wäre dort für alles Platz. Die Segelfallen verlaufen gewöhnlich innerhalb des Mastes; wenn nicht, klimpern sie im Hafen bei Wind erbärmlich auf dem Mast herum. Die Fallwinschen und die Belegklampen befinden sich unten am Mast, manchmal auch auf dem Kajütsdach. Achtern am Mast sitzt der Baumlümmelbeschlag, und an der Vorderseite der Spinnakerbaumbeschlag. Vom Baum zum Mastfuß ist eine Talje geschoren, der Baumniederholer, nicht zu verwechseln mit einem anderen Niederholer, dem Cunningham oder Vorliekstrecker am Lümmelbeschlag.

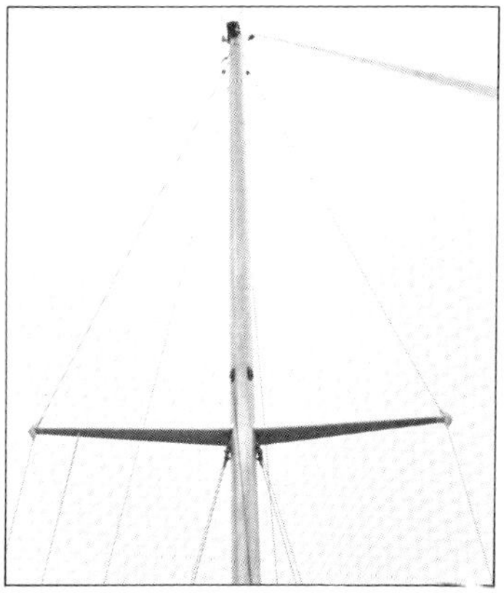

Links: Unterer Teil des Mastes mit Fallwinsch. Oben: Masttopp, Saling, Oberwanten zum Topp, Unterwanten zur Salingswurzel.

Baum

Der Baum ist die starre Führung für das Unterliek des Großsegels. Auch er ist heute meist aus Aluminium und hat auf der Oberseite eine Nut, in die das Fußliekseil des Segels eingeführt wird. Der Segelhals wird am Lümmelbeschlag festgemacht, das Schothorn mit dem Fußliekstrecker (Smeerreep) zur Baumnock ausgeholt. Die Baumstellung wird mit der Großschot reguliert, der Baumniederholer verhindert das Hochsteigen des Baums bei weit aufgefierter Großschot. Die Großschot ist an der Baumnock befestigt, an der auch die Dirk angreift, die vom Masttopp aus den Baum hält, wenn das Segel nicht gesetzt ist. Am Baumlümmel rechts im Bild ist eine Schnellreffvorrichtung zu sehen.

Cockpit oder Plicht

Das Cockpit ist, je nach Konstruktion, entweder am Ende des Bootes oder mittschiffs. Es ist eine Fußmulde mit Ablaufleitungen (Lenzern) nach außenbords. Zu beiden Seiten befinden sich Sitzbänke (Duchten), darunter meist Staukästen, die fälschlich Backskisten genannt werden. (Solche Kisten stehen auf dem Vordeck von Motoryachten.) Achtercockpits sind nach achtern gewöhnlich durch eine Rohrreling, den Heckkorb, gesichert. Eine Art Wall rings um die Plicht, Süll oder besser Waschbord genannt, auf dem gewöhnlich die Vorschot- und Spinnakerschotwinschen montiert sind, hält über Deck laufendes Wasser dem Cockpit fern und dient der Crew als Rückenlehne und auch Nierenschutz gegen Wind. Kleinere Boote werden fast immer mit Pinne gesteuert; bei größeren ist Rad oder Pinne Geschmackssache, bei ganz großen kommt nur noch Radsteuerung in Frage.

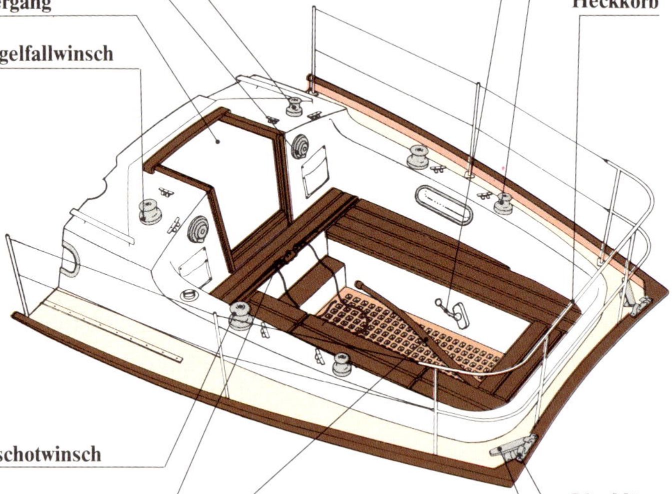

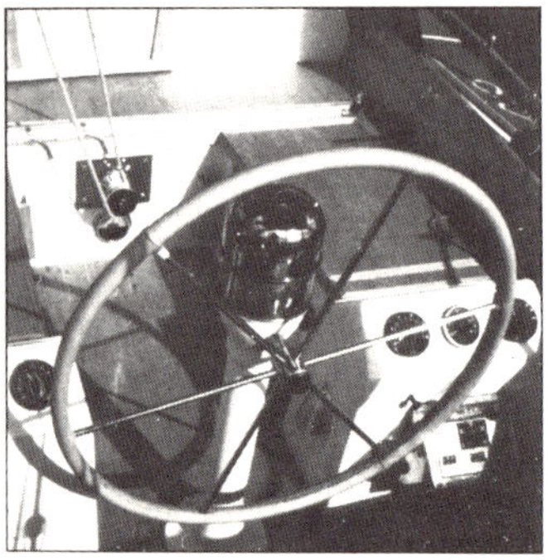

Oben: Rad- und Kompaßsäule einer größeren Yacht.

Links: Cockpit einer Contessa 32. Es sollten keine Leinen und Fender darin herumliegen. Decks und Cockpit sollten regelmäßig gewaschen werden, aber nicht mit Spülmittel, sondern mit Seife, wegen des Gewässerschutzes.

Instrumente

Da gibt es inzwischen die wundervollsten Dinge, die meisten elektronisch bis zur Wind-Fahrtlupe, die dem Steuermann zeigt, ob er gerade einen Zehntelknoten schneller schafft oder nicht. Der Fahrtensegler kommt ohne das meiste von dieser Meßtechnik aus (Seite 128). Die Hauptsache ist ein kompensierter Kompaß, der so aufgestellt ist, daß er vom Steuermann gut abgelesen werden kann.

Stauraum oben

Auch an Deck muß es gesicherten Stauraum geben, aus dem nichts verschwindet, wenn eine See übers Deck läuft oder das Boot sich auf die Seite legt. Die meisten Boote haben verschließbaren Stauraum in den Cockpitbänken. Klein aber wichtig: Nischen oder Nester für Winschkurbeln, kurze Enden und Zeisinge.

Cockpitstauraum mit nicht richtig ausgeführtem Gasflaschenraum. Kabelgat und Flaschengat müssen getrennte Deckel, das Flaschengat muß zudem ein Ablaufrohr nach außenbord haben.

Achterstagspanner

Größere Boote haben einen Achterstagspanner, mit dem nicht nur dieses Stag, sondern auch das Vorstag gespannt wird, damit es unter dem Druck des Vorsegels nicht zu weit nach Lee durchhängt. Im Hafen soll entspannt werden, denn durch die Spannung steht der Mast unter sehr starkem Druck.

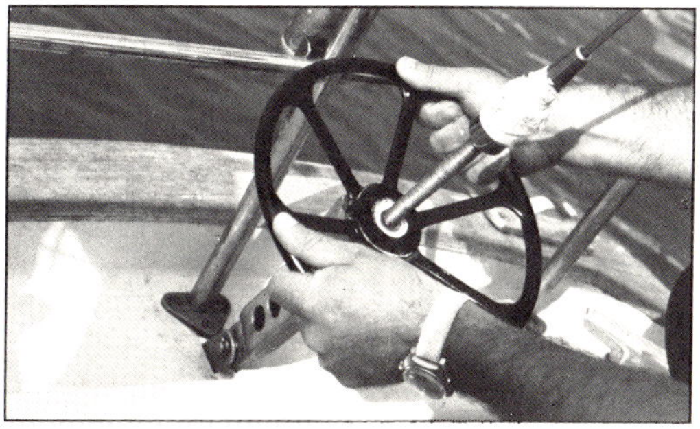

Wetterschutz

Eine Spritzkappe (Faltverdeck) über dem Niedergang hält Spritzwasser dem geöffneten Niedergang und zu einem guten Teil auch dem Cockpit fern. Seitlich vom Cockpit halten Relingskleider aus Segeltuch oder Plastik Wind und Gischt einigermaßen wirkungsvoll ab.

Oben: Relingskleid. Rechts: Spritzhaube, auch Kinderwagenverdeck genannt.

Steckschotten

Sie werden bei kleineren Booten zum Verschluß des Niedergangs in eine Nutführung eingesetzt und sollten einzeln von innen und außen zu sichern sein. Bei Sturm setzt man besser ein verstärktes Einzelschott in den Ausschnitt.

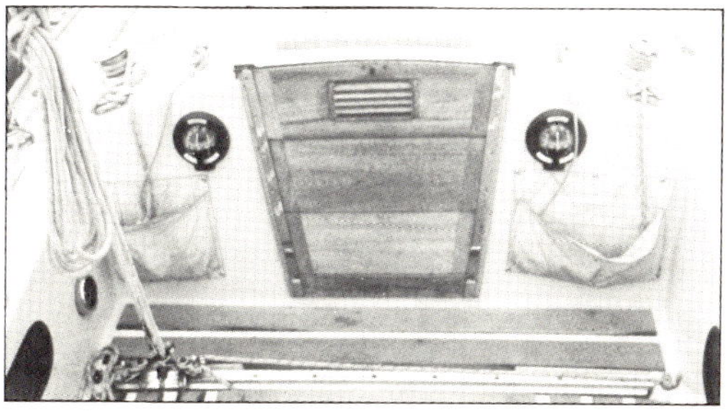

Rettungsringe

Hufeisen oder Ring soll einsetzbereit beim Heck gehaltert sein, um einem Mann über Bord gleich zugeworfen werden zu können. Am Ring mit einer Leine befestigt: die Rettungsboje mit Markierflagge und möglichst auch selbsttätigem Blitzfeuer.

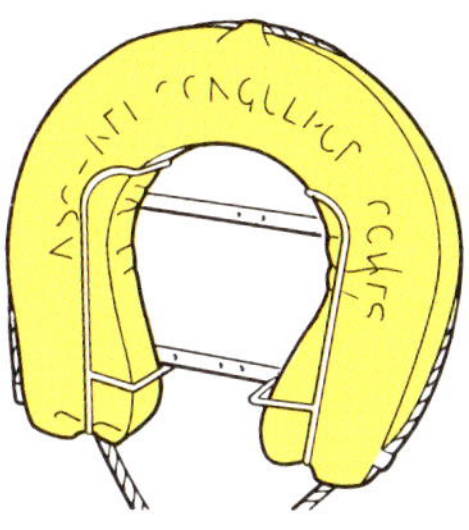

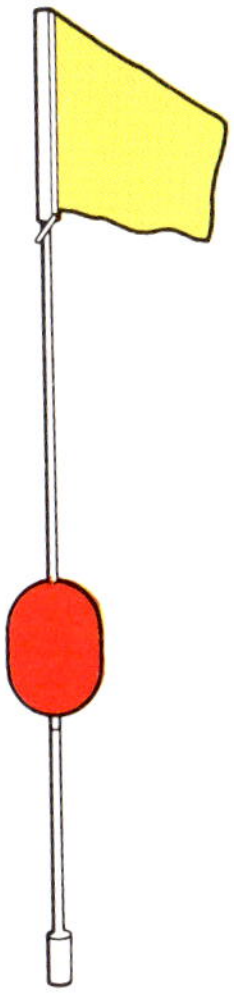

Links: Hufeisenförmiger Rettungsring in einer Halterung am Heckkorb. Rechts: Markierungs- oder Danboje.

Winschen

Beinahe jedes Boot von mehr als 6 m Länge braucht Winschen zum Anholen der Schoten und Durchsetzen der Fallen. Sie sollten so plaziert sein, daß man seine volle Kraft an ihnen einsetzen kann. Es gibt zwei Grundtypen. Beim einfachen Typ werden zwei Mann zur Bedienung gebraucht; einer, der am Tampen der Trommelumschlingung holt, und einer, der kurbelt. Raffinierter ist die Einhandwinsch, bei der die lose Part (Tamp) der Umschlingung von einem Klemmrad gehalten wird. Viele Winschen haben Zweiganggetriebe; großer Gang zum schnellen Anholen der Schot, kleiner Gang zum Steifsetzen mit wenig Kraft und vielen Kurbeldrehungen.

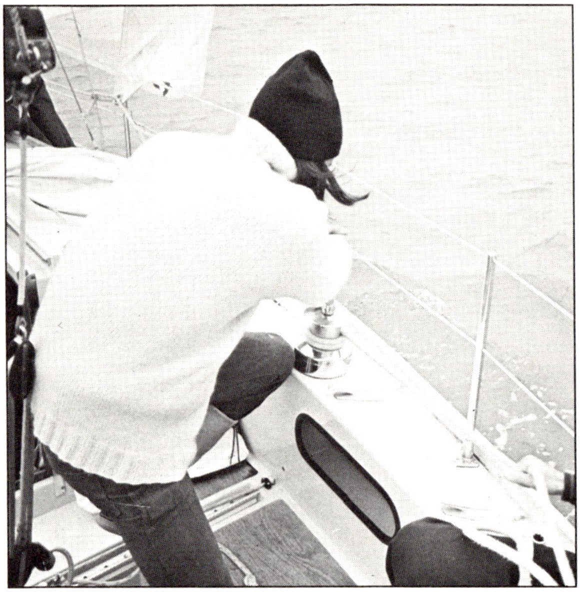

Stehen Sie sicher, um Ihre volle Kraft an der Winschkurbel einsetzen zu können.

Eine Winsch belegen

Weil oft beträchtliche Kraft auf einer Schot steht, kann man seine Finger verlieren, wenn man die Umschlingungstörns nicht richtig auf die Trommel bringt. Man nimmt dazu immer beide Hände und bewegt sie so, daß die Handwurzel zur Trommel gerichtet ist, so daß keine Finger zwischen Schot und Trommel geraten können. Die Rundtörns, drei sind immer nötig, werden in Drehrichtung der Trommel aufgebracht. Die meisten drehen rechtsherum.

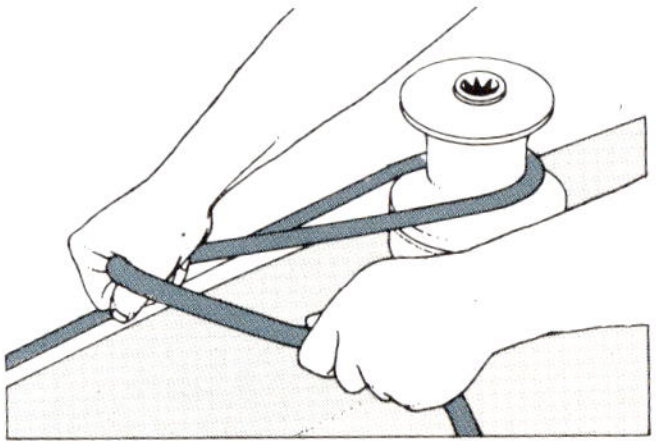

1 *Nehmen Sie beide Hände, um die Schot in Drehrichtung der Trommel um diese herumzulegen.*

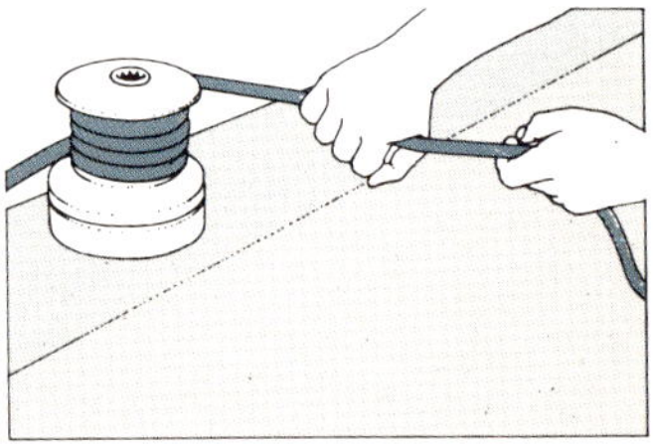

2 *Immer mit dem Handgelenk zur Trommel drei bis vier Törns um die Trommel legen, ehe mit dem Holen begonnen wird.*

3 *Bei der Einhandwinsch wird der vierte Törn in den Haltemechanismus gelegt.*

4 *Sobald die Schot mit der Winsch genügend durchgesetzt ist, wird die Holepart auf der Klampe beigelegt und die überschüssige Leine aufgeschossen.*

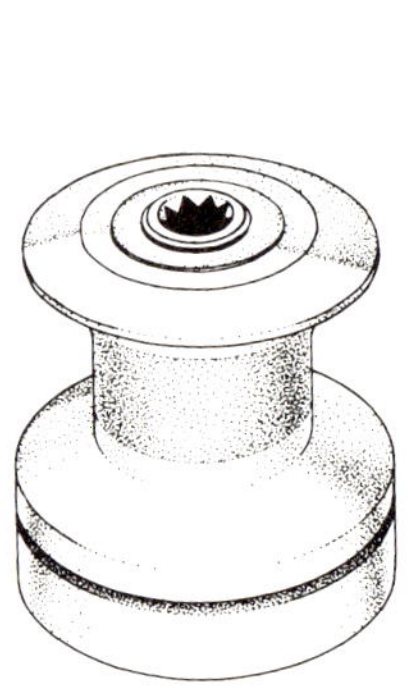

Normalwinsch

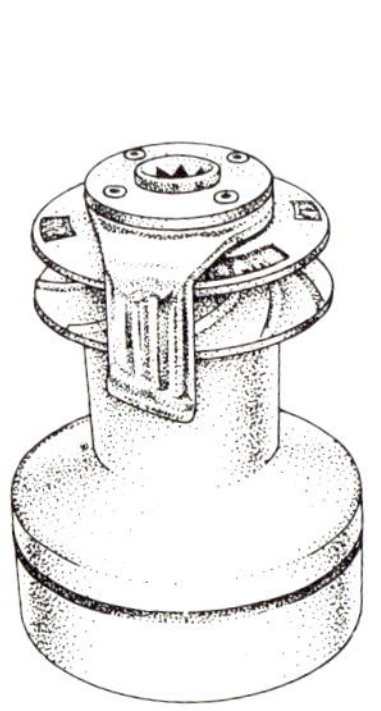

Einhandwinsch

Gebrauch der Winschkurbel

Die meisten Winschen haben Kurbelantrieb. Bei Eingangwinschen kann die Kurbel dank einem Sperrpall (Ratsche) wie bei der Hebelwinsch auch pumpenähnlich bedient werden. Bei Zweigangwinschen ist Rechtsdrehung der Kurbel der Schnellgang und die Linksdrehung die größere Untersetzung zum Steifholen der Schot.

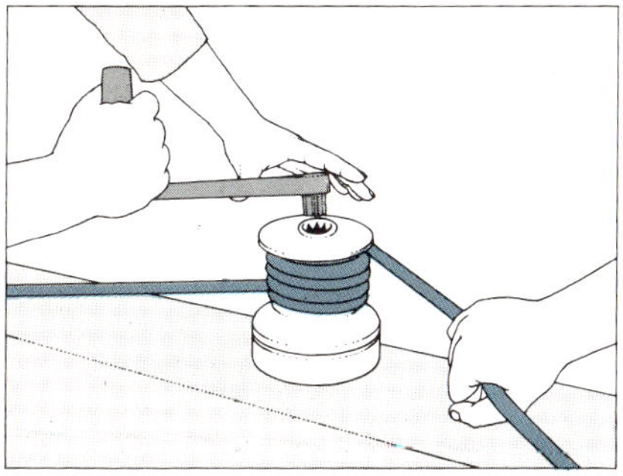

Immer horizontal an der Holepart ziehen, damit sich auf der Trommel kein Kneiftörn bilden kann.

Schot fieren und loswerfen

Zum Fieren der Schot wird der Tampen von der Belegklampe genommen und von Hand gehalten. Eine Hand wird über die Törns auf der Trommel gelegt, damit sie nicht abspringen. Bei vorsichtigem lockern der Tampspannung fangen die Rundtörns zu rutschen an, durch anziehen kommen sie wieder fest. Zum Loswerfen zieht man den Tampen schnell senkrecht über der Winsch hoch und läßt los, wenn alle Törns abgewickelt sind.

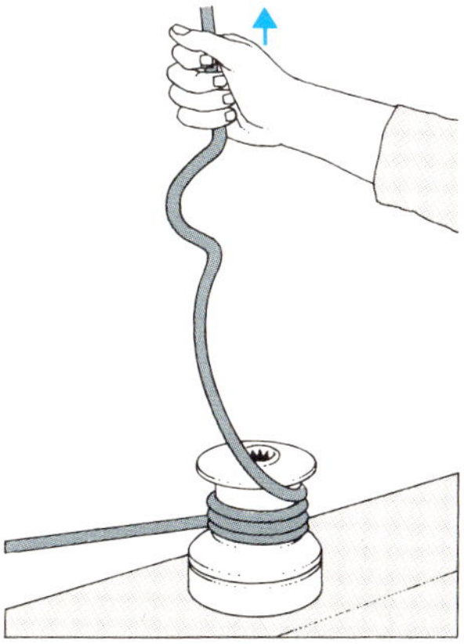

Loswerfen

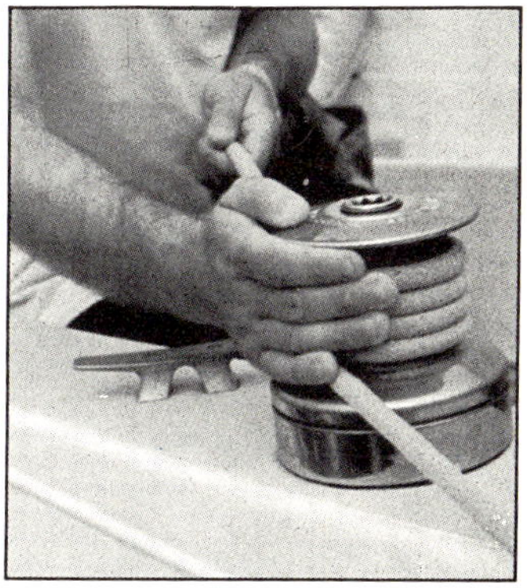

Fieren oder schricken

Kneiftörns lösen

Durch Unachtsamkeit beim Einwinschen oder wegen eines fehlerhaften Anlaufwinkels kann sich auf der Trommel ein Kneiftörn bilden, der nur zu lösen ist, wenn eine zweite Leine mit Stopperstek (Seite 153) auf die Schot gesetzt und mit einer zweiten Winsch oder Talje so weit angeholt wird, daß die Holepart bis zur bekniffenen Trommel locker wird. Nach dem Lösen des Bekniffs legt man neue Törns auf die Trommel, belegt den Tampen auf der Klampe mit Slipschlag und kann nun der Stopperleine lose geben.

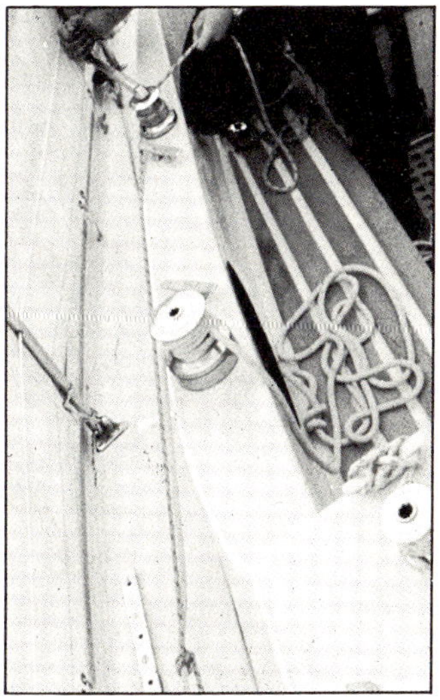

Oben: Kneiftörn auf einer Winsch. Rechts: Der Kneiftörn sitzt auf der Winsch im Vordergrund. Die gemusterte Leine ist mit Stopperstek auf die stehende Part gesetzt und wird mit der hinteren Winsch geholt.

Segel

Als begeisterter Fahrtensegeler sollten Sie über ein ordentliches Stell Segel von ordentlichem Schnitt und guter Qualität verfügen; es lohnt sich. Fortschritte in der Segelmacherei haben zu festeren und haltbareren Segeln geführt. Sie stehen besser und sind viel formtreuer als bestes Regattatuch noch vor 40 Jahren. Rennsegler benutzen ein hartes, glattes Tuch; auf Fahrt nehmen Sie besser ein geschmeidiges, das handiger und leichter wegzustauen ist und länger hält.

Mancher Fahrtensegler wählt die „Garderobe" für sein Boot nach der Rennmode – und irrt sich. Die Fahrtensegelei stellt andere Anforderungen. Es kommt auf Handigkeit, Haltbarkeit und Anpassungsfähigkeit an. Die Rennskipper stecken mehr Geld in ihren Ehrgeiz und denken nur in Wirkungsgraden und fahren gar unnötige Segel.

Eine Frage, die den Fahrtenskipper alle Jahr wieder bedrängt, lautet: Spinnaker oder nicht? Es ist ja recht einfach, den Motor anzuwerfen, wenn man vor einem zu schwachen Wind nicht weiterkommt. Es macht aber entschieden mehr Spaß, ein besonderes Raumwindsegel zu setzen, die Genua auszubaumen oder eine andere Art von „Schmetterling". Vielsegler unter den Fahrtenskippern mit einer tüchtigen Crew halten einen Spinnaker für eine lohnende Anschaffung; die mit einer weniger geschickten Crew werden einen baumlosen Ballon vorziehen.

Weil Segel teuer sind, muß man pfleglich mit ihnen umgehen. Lassen Sie kein Segel ohne Schutzpersenning angeschlagen, denn das Tuch verdirbt, wenn es lange UV-Strahlung ausgesetzt bleibt. Wenn möglich, auch das Großsegel nach jeder Ausfahrt abschlagen und unter Deck aufheben.

Ein für Fahrtenyachten typisches Segelstell wird auf Seite 48 gezeigt; die zum Segeltrimmen nötigen Vorrichtungen finden Sie auf den Seiten 60/61.

Rechts: Ballon oder Reacher aus Spinnakertuch als Spezialsegel für leichten Raumwind.

Links: Familienkreuzer am Wind unter Genua und Großsegel bei sehr leichter Brise.

Kreuzeryacht bei Backstagsbrise an einem schönen, ruhigen Nachmittag in der Karibischen See – Wunschtraum eines jeden Fahrtenseglers.

Segelgarderobe

Wie groß die Garderobe Ihres Bootes ist, hängt von dessen Art und Takelung ab, aber auch von der Erfahrung der Mannschaft und von dem, was Sie dafür ausgeben wollen oder können. Mehrere Vorsegel sind nötig, um sich den unterschiedlichen Windstärken anpassen zu können, was aber auch mit einer Rollfock möglich ist. Sturmfock und Trysegel aus besonders starkem Tuch müssen zu Küsten- und Seefahrt mitgenommen werden. Die hier gezeigte Segelgarderobe paßt zu einem mittleren Kreuzer mit befahrener Mannschaft. Für Familientörns nimmt man statt Spinnaker besser einen Raumballon (deutsch: Reacher).

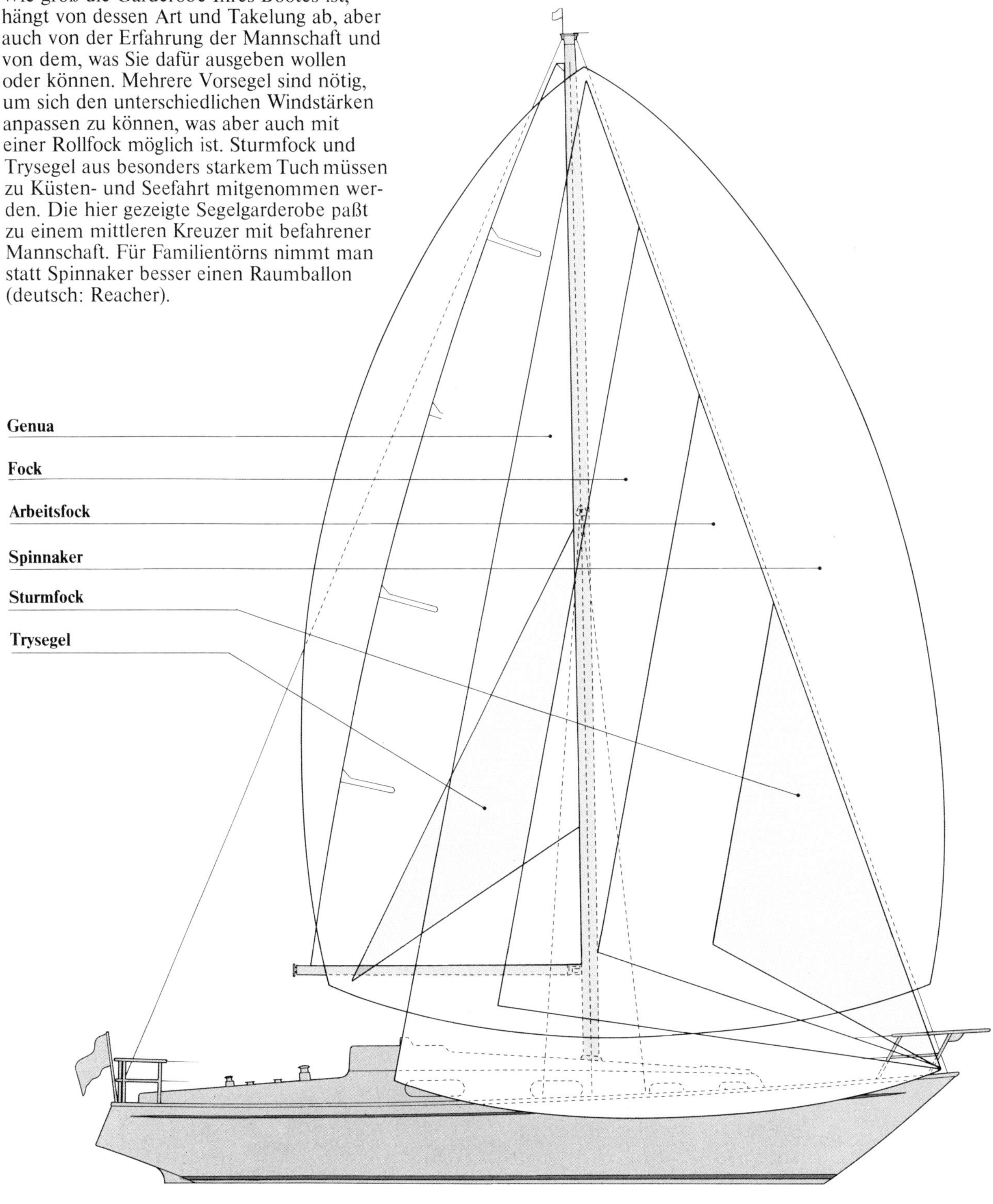

Riggvariationen

Die meisten modernen Kreuzer haben ein toppgetakeltes Sluprigg, das heißt, das Vorstag reicht bis zum Masttopp, das Kopfbrett des Großsegels ebenso. Aber es werden auch noch andere Riggs gesegelt, denn das Bermudarigg braucht bei Raumwind sehr große Vorsegel, die bei kleiner Bemannung lästig sind. Dschunken- und Wishbonerigg werden an unverstagtem Mast gefahren und sind einfach zu handhaben. Die bei halbem bis raumem Wind vorzügliche Gaffeltakelung erlebt ein kleines Come-back, weil Fahrtensegler ohnehin mit Am-Wind-Kursen nicht viel im Sinn haben. Für kleine Reisen in Zonen stark veränderlicher Winde ist das Bermudarigg aber wohl die beste Takelung. Auf größeren Fahrtenyachten ist die Segelfläche fast immer auf zwei Masten verteilt: Ketsch, Yawl und auch Schoner. Das ist nicht nur Geschmackssache. Große Segel sind unhandig oder brauchen eine große Crew.

Solche Gaffelkutter finden wieder Liebhaber. Sie sind bei Raumwind schneller als Yachten mit Hochsegeln, gehen aber nicht so hoch an den Wind.

Das Dschunkensegel ist nicht so effektiv wie Gaffel- und Hochsegel, aber leicht zu bedienen und zu reffen und gut auf Raumwind-Kursen.

Zwei sehr verschiedene Beispiele, wie man Segelfläche unterteilen kann. Rechts eine moderne Bermuda-Ketsch, links ein noch ziemlich neues Wishbone-Rigg mit unverstagten Masten und um den Mast geführten Doppelsegeln, die leicht zu handhaben sind.

Beiboote

Alle Fahrtenyachten brauchen zum Verkehr mit dem Land und Übersetzen von Personen ein Beiboot, das im Idealfall die ganze Crew nebst etwas Ausrüstung und Proviant aufnehmen kann und unsinkbar und unempfindlich gegen rauhe Behandlung ist. Es sollte mit Riemen und kleinem Außenborder leicht zu bewegen sein. Gewöhnlich aber bestimmt der Stauplatz an Bord, was man sich als Beiboot leisten kann. Ein voll zweckgerechtes Beiboot (Tender) kann gewöhnlich nur in Davits am Heck gehalten werden (unten rechts), oder man muß es schleppen, was den Kreuzer bremst und bei Hafenmanövern lästig ist.

Die meisten Skipper bevorzugen ein Schlauchboot, das man halb aufgeblasen an Deck zurren oder in einer großen Backskiste stauen kann. Solche Tender lassen sich aber nicht gut rudern; für weitere Wege braucht man einen kleinen Außenbordmotor. Weil sie jedoch weich sind, schonen sie beim Längskommen die Bordwand der Yacht.

Seien Sie sehr vorsichtig bei der Benutzung des Tenders – bei leichtfertigem Umgang mit ihm sind mehr Yachties ertrunken als auf hoher See. Jeder im Beiboot sollte eine Schwimmweste tragen, auch wenn er schwimmen kann. Überladen Sie nie das Beiboot – fahren Sie lieber zweimal, wenn nötig.

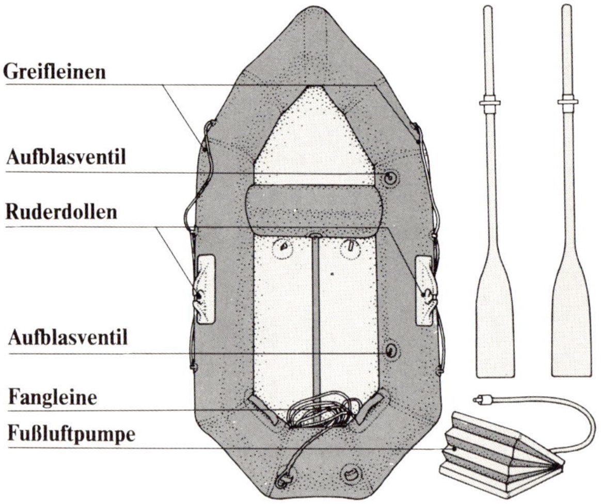

Beiboot im Schlepp

Ein starres Beiboot wird man wahrscheinlich im Schlepp mitführen; jedenfalls bei kurzen Trips, bei denen man wohl auch ein Schlauchboot lieber schleppt als die Luft herauszulassen und es an Deck zu stauen. Etwa wenn der nächste Hafen nur zwei oder drei Stunden entfernt ist. Zuvor räumt man natürlich alle losen Dinge aus dem Boot und staut sie an Bord. Weil der kleine Tender überkritische Fahrt macht, muß die Schleppleine schon etwas aushalten können und gut am Tender und der Yacht befestigt sein, am besten am Tendersteven, an einem Augbolzen, knapp über der Wasserlinie. Die Leine muß auf eine Länge gesteckt werden, daß das Dingi ruhig auf einer Heckwelle der Yacht liegt. In Häfen muß sie kurz geholt werden. Starre Tender kommen bei achterlicher See gerne ins Surfen und rammen dann ihre Yacht; mehr Leine stecken, auch wenn der Tender dabei zu gieren anfängt. Schlauchboote sind da friedlicher, aber bei starkem Wind fangen sie an zu fliegen. Und sie sitzen bald voller Seepocken, die kaum mehr abzumachen sind, ohne die Gummihaut zu beschädigen. Im Hafen, beim Manövrieren, muß einer sorgen, daß die Beibootleine nicht in den Propeller gerät. Bei Fahrt durch das Wasser nie ins Dingi steigen.

Beiboot-Gebrauch

Tender, besonders die starren, haben das „Erbleiden" kippelig zu sein. Beim Ein- und Aussteigen muß man besonders vorsichtig sein, um mit dem Dingi nicht zu kentern. Nachdem man es zu Wasser gebracht hat, macht man seine Fangleine am Fuß einer Relingsstütze in Wantennähe fest.
Der Ruderer sollte als erster einsteigen, dabei in die Mitte treten und sich gleich auf die Ruderducht setzen, Blick nach achtern. Die Riemen (Ruder) werden ihm gereicht, dann die Dinge, die transportiert werden sollen, und gleichmäßig nach Gewicht im Boot verteilt. Es folgen die Passagiere, einer nach dem anderen, sorgfältig auf Balance achtend. Wenn der Ruderer den Riemen an der freien Wasserseite in die Dolle eingelegt hat und „klar" meldet, macht der Mann nächst der Fangleine diese los und drückt das Boot ab, damit auch der andere Riemen eingelegt werden kann.
Ausgestiegen wird in umgekehrter Reihenfolge und mit gleicher Vorsicht, um nicht zu kentern.
An Land muß das Dingi bis über die Hochwassermarke getragen werden, wenn Flutzeit ist. Vor dem Aussteigen prüfen, ob der Grund trägt oder schlammig ist. Am besten, man nimmt zum Anlanden die Sliprampe, wenn es eine gibt.

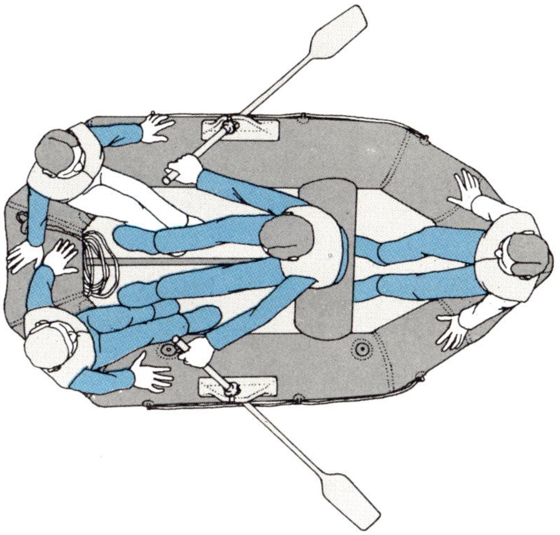

Gute Sitzverteilung in einem Schlauchboot. Auch das Staugut muß gut verteilt werden.

Der letzte Passagier verläßt die Yacht. Die Mannschaft im Tender hat sich so verteilt, daß das Boot nicht kentert, wenn er hinzukommt. Der Rudersmann ist klar zum Anpullen.

Dingi-Rudern

Ein beladenes Beiboot zu rudern, ist harte Arbeit, und der Rudersmann muß sich damit schon auskennen. Im Tidengewässer sucht man sich dazu nicht die Halbzeit zwischen Hoch- und Niedrigwasser aus, denn dann ist der Strom am stärksten. Höhe gegen den Strom errudert man sich möglichst im flachen Wasser, weil da der Strom nicht so stark ist.

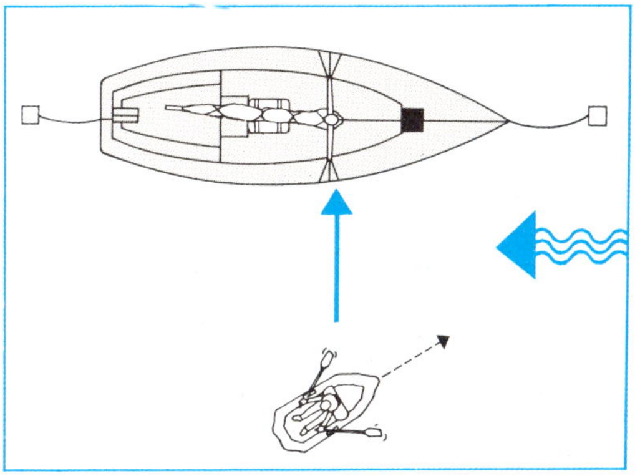

Weil der Strom im tiefen Wasser stärker setzt als am Rande, rudert dieser Mann zu anstrengend. Richtiger ist es, mit dem Dingi am Rande Stromluv (Höhe) herauszuholen und dann mit weniger Vorhalt kräftesparender hinüber zur Yacht zu rudern.

Umgang mit Leinen

Das laufende Gut der Takelage ist meist aus Tauwerk, Fallen aber sind oft zum Teil oder ganz aus Drahtseil. Weil Segel schnell gesetzt oder weggenommen werden müssen und Eile auch beim Festmachen Vorteile hat, müssen Sie mit Leinen umgehen können. Die unterschiedlichen Leinenarten und Knoten sind auf den Seiten 150 bis 155 erklärt. Sie müssen aber auch wissen, wie man eine Leine zu einem Bündel aufschießt, ohne daß sie sich verdreht und kaum noch abrollbar wird. Jede nicht gebrauchte Leine und jedes lange Ende muß sauber aufgeschossen und aufgehängt werden, denn am Boden liegende Leinen bringen einen leicht zu Fall. Manchmal muß eine Leine auch geworfen werden; wenn Sie das nicht beherrschen, fällt sie ins Wasser oder verheddert sich. Bringen Sie Neulingen die Tricks vor der Reise bei.

Leinen zum Trocknen über den Baum gelegt. Niemals Tauwerk naß wegstauen, das verkürzt seine Lebensdauer und bringt Feuchtigkeit und Muff ins Schiff.

Eine Leine belegen

Es gibt nur eine richtige Methode, eine Leine auf einer Klampe zu belegen, und die muß man können, sonst hält die Sache nicht oder sie bekneift sich so, daß man sie kaum noch losbekommt. Die Klampe muß groß genug für den Leinendurchmesser sein und glatt, um die Leine nicht zu beschädigen. Führe die Leine um das ferne Ende des Klampenfußes und einen ganzen Törn herum, dann diagonal über die Klampe und unterm nahen Horn durch und gegendiagonal zum und um das ferne Horn, dann noch einmal ums nahe Horn und anschließend noch einen Rundtörn um den Klampenfuß. Nur bei Festmachern wird ein Kopfschlag gemacht, nie bei Schoten und Fallen!

Was bei Naturfasertauwerk verboten ist, empfiehlt sich für Synthetiktauwerk: der Kopfschlag, hier in einer Bucht untergesteckt, so daß man ihn mit einem Zug am Tampen lösen kann. Synthetik wird nicht kürzer, wenn es naß wird, deshalb läßt sich der Kopfschlag immer lösen.

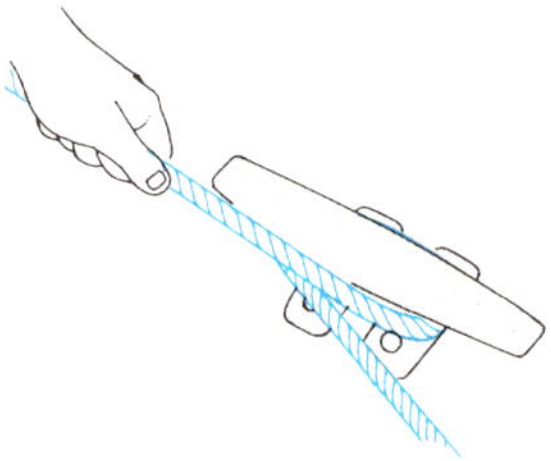

1 *Führe die Leine um das hintere Horn der Klampe und einmal um ihre Basis.*

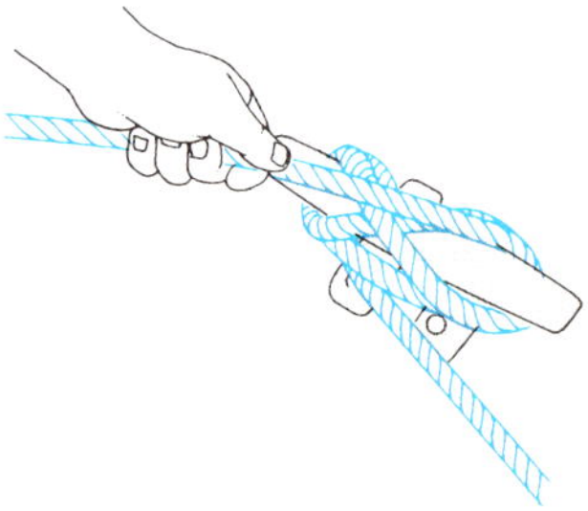

2 *Mache einige Kreuzschläge über die Hörner der Klampe.*

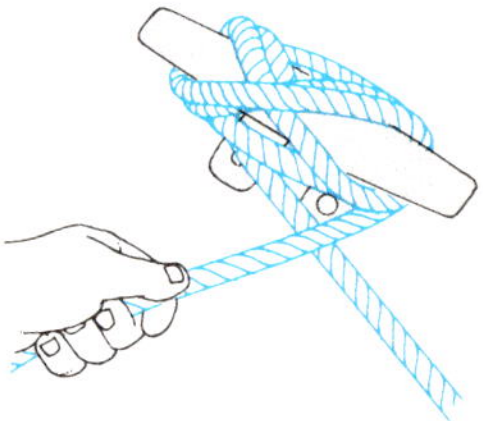

3 *Schließe mit einem Rundtörn um die Basis der Klampe ab.*

Eine Leine aufschießen

Überschüssige Leine wird immer aufgeschossen, wie in der Bildfolge gezeigt. Leine, die weggestaut werden soll (Festmacher), wird ebenso aufgeschossen, doch die letzten 2 m werden viermal um den Bunsch gewickelt, dann ein Auge in den Tamp gedreht, durch den Bunsch gesteckt und über dessen Kopf gezogen.

1 *Halte die Leine dicht bei der Klampe in einer Hand und lege im Uhrzeigersinn die überschüssige Leine in gleich großen Buchten in die Hand, wobei man der Leine einen Rechtsdreh gibt.*

2 *So legt man Runde um Runde bis alle Leine aufgeschossen ist.*

3 *Fahre mit der freien Hand durch die Buchten und fasse die Part zur Klampe.*

4 *Ziehe die Part nach vorne durch und verdrehe sie zwei oder drei Mal.*

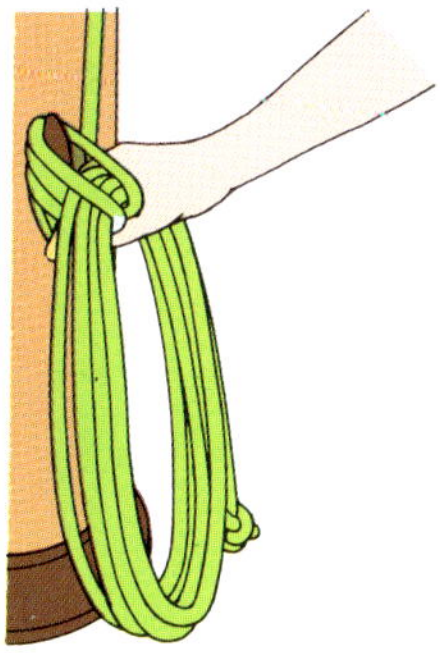

5 *Hänge das Auge über das obere Horn der Klampe. So ist der Bunsch sauber aufgehängt.*

Eine Leine werfen

Man muß es können, sollte die Kunst aber sparsamer anwenden als auf Yachten üblich. Eine Crew, die bei jedem Anlegemanöver Leinen zu fünf oder mehr Meter entfernten Kais wirft – meist erst mal ins Wasser – blamiert ihren Skipper; möglicherweise berechtigt. Wo es nötig ist, beispielsweise hohe Mauer, wirft man statt der schweren Festmacheleine besser eine leichte Wurfleine, die mit einem doppelten Schotstek (siehe Knoten) am Festmacher angesteckt ist. Zum Wurf muß die Leine sauber ohne Kinken und Achten aufgeschossen sein, sonst fliegt sie nicht.

1 *Teile den Bunsch der korrekt aufgeschossenen Leine und nimm je einen Bunsch in jede Hand.*

2 *Mache mit der Wurfhand einen Unterschwung rückwärts und ziele etwas höher als auf den Fänger.*

3 *Laß den Bunsch der Wurfhand fliegen und aus der anderen Hand Leine nachkommen.*

Manövrieren mit Maschine

Fast jede moderne Kreuzeryacht ist mit einem Motor ausgerüstet – Einbaumotor auf größeren und Außenbordmotor auf kleineren Booten. Der Motor wird gewöhnlich nur zum Manövrieren in Häfen gebraucht, auch um bei Flaute einen Hafen zu erreichen. Fahrtensegler sollten sich aber hüten, sich auf den Motor zu verlassen. Sie müssen das Boot in allen Situationen auch ohne Motor beherrschen können. Bei Maschinenfahrt sind die Segel immer angeschlagen zum sofortigen Setzen, falls der Motor versagt. Auch der Anker sollte klar zum Fallen sein. Wer den Motor immer nur zum An- und Ablegen benutzt, verdünnt dabei das Öl und ruiniert die Maschine vorzeitig. Lassen Sie den Motor nicht nur zum Batterieladen laufen; fahren Sie dann das Boot, damit er warm wird.

Motoren

Kleinere Segelkreuzer haben als Hilfsmaschine meist einen Außenbordmotor, der am Heck montiert wird. Eine Montage im Schacht sieht von außen gut aus, nimmt aber mehr Platz weg als eine kleine Einbaumaschine unterm Cockpitboden und hat keine besonderen Vorteile. Jetzt, wo auch kleinere Außenborder wasserdichte Elektronikzündung (HKZ) haben, kann man sie ziemlich unbesorgt am Heck fahren.
Größere Yachten bekommen einen Einbaumotor. Der Sicherheit wegen meist einen Kleindiesel, obwohl der teurer und schwerer ist.
Freie Motorwahl hat man bei Außenbordern, bei Einbaumaschinen dagegen weniger, weil Serienboote in ihrer Konstruktion (Raum, Fundamente) auf bestimmte oder nur wenige Motortypen abgestimmt sind. Es werden gerne viel zu kräftige und, damit, in Anschaffung und Betrieb zu teure Maschinen eingebaut – für Reserve im Sturm. Aber im Sturm kann man nur langsam fahren und die Reserve kaum ausnützen. 2 kW pro Tonne Gewicht reichen allemal. Wichtiger ist, immer die Bedienungsanleitung und die verschleißanfälligsten Ersatzteile an Bord zu haben: Keilriemen, Schlauchstücke, Schlauchschellen; dazu einen Ölvorrat von einer Motorfüllung. Die Wartungs- und Überwinterungsanweisungen sollten gewissenhaft befolgt werden.

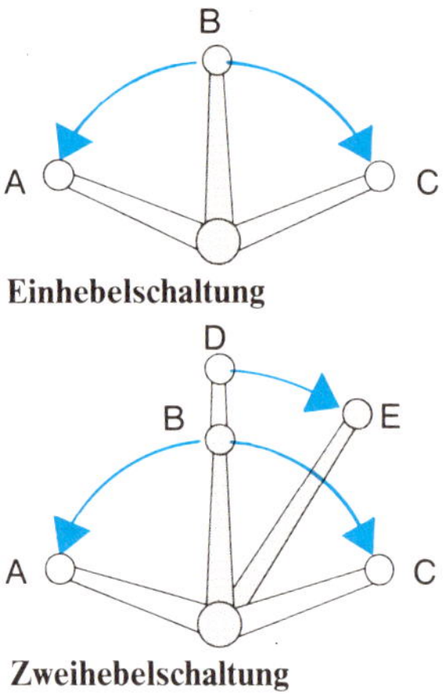

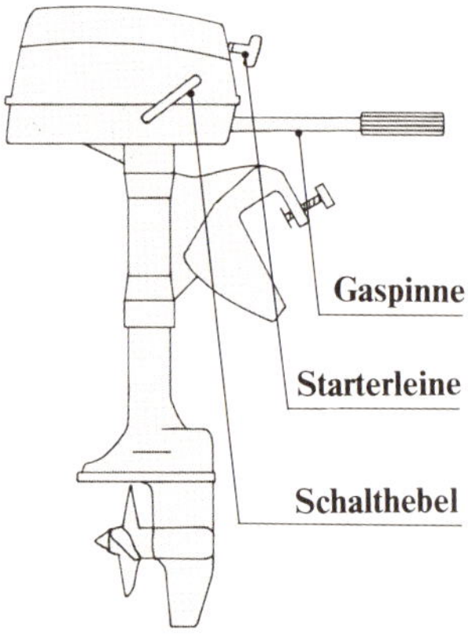

Einbaumotoren werden mit Einhebel- oder Zweihebelschaltung gefahren. Beim Einhebel sind Gang und Drossel gekoppelt. Legen des Hebels von Neutral (B) nach A bringt Vorwärtsfahrt; je weiter je schneller. Legen nach C schaltet auf rückwärts.

Beim Zweihebeltyp ist der Gashebel (D – E) von der Gangschaltung getrennt. Zum Schalten muß man immer das Gas bis auf Leerlauf zurücknehmen. Bei Außenbordern für Segelboote sind Schaltung und Gas auch getrennt. Gas wird mit dem Drehgriff der Pinne gegeben.

Propellerwirkung

Ein Propeller liefert nicht nur einen Schub voraus oder rückwärts, sondern er läuft dabei auch etwas wie ein Rad über Grund zur Seite und nimmt das Heck des Bootes mit; in Rückwärtsfahrt viel deutlicher als in Vorausfahrt. Darüber muß man sich bei jedem Maschinenmanöver klar sein, denn man kann es nutzen. Die meisten Propeller von Segelyachten sind linksgängig, drehen also in Vorausfahrt entgegen dem Uhrzeigersinn. Mit ihnen ist Anlegen an Steuerbord einfacher als Anlegen an Backbord, denn beim stoppen des schräg heranfahrenden Bootes mit dem Rückwärtsgang, fährt der nun rechtsdrehende Propeller das Heck zum Lande hin und legt das Boot so parallel.

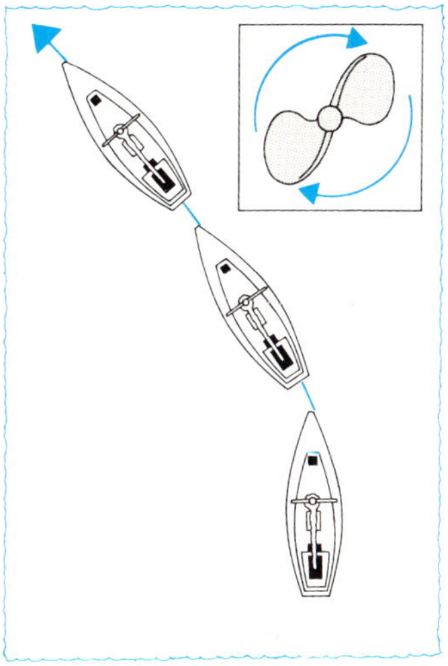

Wenn das Boot einen rechtsgängigen Propeller hat (meist nur Motorboote), der in Vorwärtsfahrt rechtsherum dreht, zieht er das Heck nach rechts und lenkt den Bug nach Backbord.

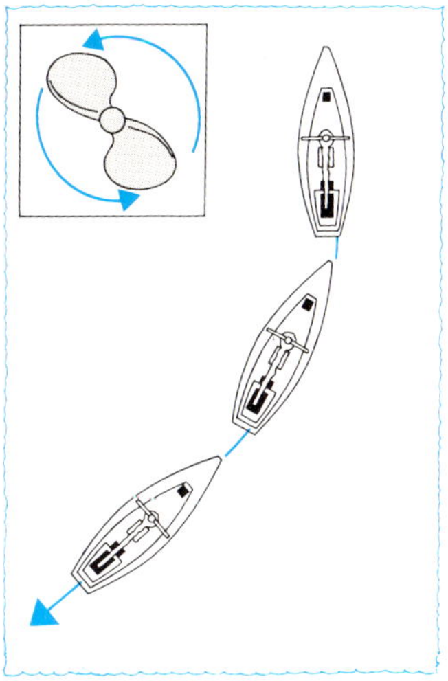

Im Rückwärtsgang dreht der Propeller entgegengesetzt und bringt mit seinem Seitenlauf das Heck nach Backbord, deutlich stärker als in Vorausfahrt, und den Bug nach Steuerbord.

Gebrauch des Motors

Wegen des Seitenlaufs des Propellers dreht ein Schiff immer zu der Seite hin eine engere Kurve, die der Vorausdrehrichtung des Propellers entgegengesetzt ist. Beim rechtsgängigen Propeller dreht das Boot einen engeren Kreis nach Backbord als nach Steuerbord. Es kann sein, daß sich das Boot in Rückwärtsfahrt, trotz harter Ruderlage, nicht nach Steuerbord lenken läßt – und nicht mal geradeaus. Dann verfahre so: Propeller auskuppeln und rückwärts auslaufen lassen, wobei es dem Ruder meist etwas gehorcht. Ruder hart Backbord und kurz und kräftig im Vorwärtsgang anfahren, stoppen ehe das Boot Vorausfahrt aufnimmt; das Boot dreht dabei auf der Stelle links herum. Man läßt es über den gewünschten Rückwärtskurs hinaus drehen. Ruder mittschiffs oder leicht Steuerbord und langsam rückwärts gehen, wobei das Boot wieder einen Bogen nach Backbord fährt. Das ist unter Umständen mehrmals zu wiederholen, bis man dort ankommt, wohin man wollte. Fast alle Boote lassen sich auf der Stelle durch mehrmaliges kurzes Angehen mit dem Propeller in abwechselndem Vorwärts- und Rückwärtsgang drehen. Das Ruder wird dabei in die Vorausdrehrichtung des Propellers gelegt und bleibt in dieser Stellung, denn es spricht nur auf den Propellerstrom der vorausgehenden Schraube an.

Das Manöver auf der Zeichnung kann auch bei Wind in der gezeigten Richtung auf noch engerem Raum ausgeführt werden. Manche Boote haben eine außermittige Propellerwelle; der Propeller muß dann eine Gangrichtung zur Seite des Kiels haben.

Ein Boot mit rechtsgängigem Propeller dreht unter Ausnützung des Propellerseitenlaufs in den Wind hinein (2 - 4) und läuft dann mit Ruder hart Steuerbord auf Gegenkurs (4 - 6).

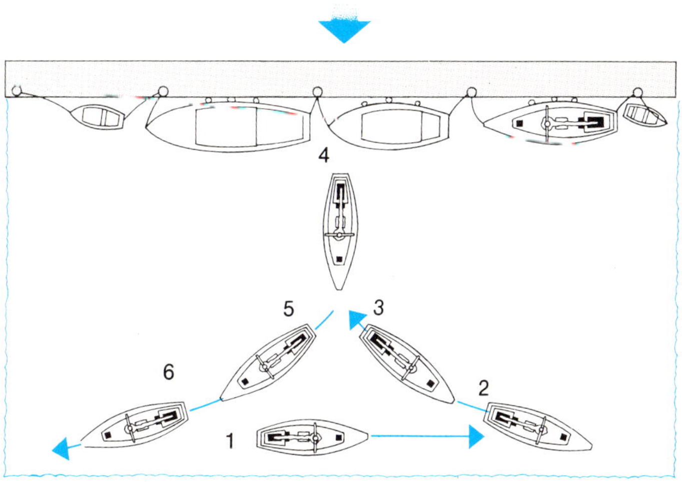

Umgang mit Vorsegeln

Die meisten Kreuzeryachten fahren verschiedene Vorsegel zum jeweiligen Wetter, die alle in etwa derselben Weise gesetzt werden – entweder mit Stagreitern am Vorstag oder mit dem Vorliek in der Nut eines Profils, in dessen zweiter Nut oft ein neues Segel vorgeheißt werden kann, ehe das stehende niedergeholt wird. Das richtet sich nach der Art der Verstagung.

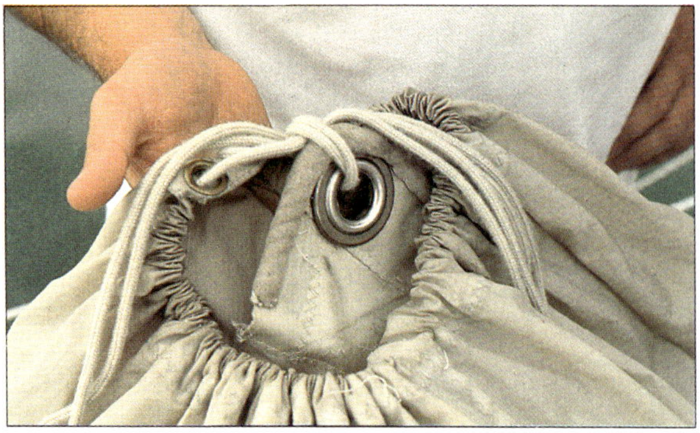

Eingesackte Fock mit hervorschauendem Hals, so daß dieser als erstes angeschlagen werden kann.

Anschlagen

1 Der Hals wird aus dem Sack geholt und am Bugbeschlag mit Schnappschäkel oder Hakenfitting angeschlagen.

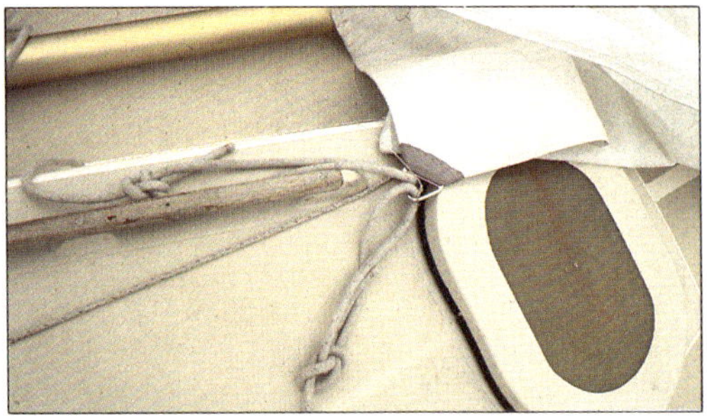

2 Die Crew setzt von unten nach oben die Stagreiter aufs Stag und achtet darauf, keinen zu verdrehen.

3 Die Schoten werden mit Palstek am Schothorn befestigt und über die Seitendecks und durch die Holepunkte nach achtern zum Cockpit geführt. Ihre Tampen bekommen Achtknoten.

Heißen

Vorsegel können auf jedem Kurs zum Wind geheißt (gesetzt) werden. Obacht, daß das Fall nicht ums Vorstag gewickelt ist. Nicht so steif durchsetzen, daß sich beim Einschoten senkrechte Falten bilden, sondern nur so weit, daß waagerechte Falten verschwinden.

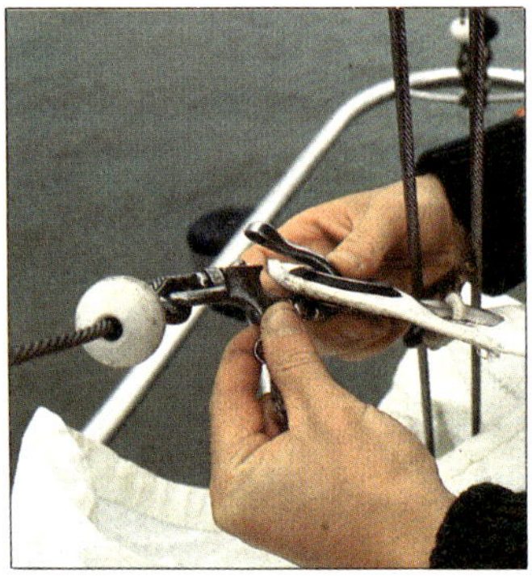

1 Mach das Fockfall am Kopf des Segels fest. Obacht, daß das Fall nicht ums Vorsteg getörnt ist!

2 Mach das Fockfall von der Klampe los. Lege einen Törn um die Winsch und hol das Fall von Hand. Die Winschkurbel wird nur fürs Steifsetzen gebraucht. Schot belegen und Tampen aufschießen.

Niederholen

Das macht man am besten zu zweit. Der eine sitzt im Bugkorb und holt das Segel nieder, während der andere entsprechend das Fall fiert. Das Fall wird vom auf Deck niedergehaltenen Segel abgeschäkelt und an üblicher Stelle festgemacht. Das Segel wird entweder vorübergehend an der Reling gezurrt oder weggepackt.

Ein Mann holt das Vorsegel nieder und hält das Tuch mir dem Knie fest. Er ist mit Sicherheitsgurt und Sorgleine gesichert, so daß er beide Hände gebrauchen kann.

Profilstageinsatz

Einige moderne Boote haben ein Profilstag mit zwei Keepen (Rillen) zur Aufnahme des Vorliektaus der Vorsegel, das in diese Rille eingeführt wird und leicht gesetzt und niedergeholt werden kann. Der Hauptvorteil dieser Vorrichtung ist, daß man ein neues Segel setzen kann, während das andere noch steht. So büßt man beim Vorsegelwechsel keine Fahrt ein.

Vorsegel, die in der Keep eines Profilstags gefahren werden, müssen in Zickzackfalten in eine längliche Segeltasche gepackt werden, aus der heraus sie gesetzt werden können.

Verstauen

Wenn ein Vorsegel nicht gebraucht wird, muß es verstaut werden; entweder ordentlich gefaltet längs der Reling und mit Gummistropps oder Zeisingen an dieser gehalten, damit es nicht ins Wasser auswehen kann, oder aber eingesackt. Es kann im Sack sogar am Vorstag angeschlagen bleiben, wenn nur ein kurzer Landgang ansteht. Sonst wird das Segel sauber zusammengelegt und so eingesackt, daß der Hals obenauf liegt und mit der Schließleine des Sacks verknotet werden kann. Die Segel möglichst trocken einsacken, naß eingesackte bei erster Gelegenheit trocknen und neu einsacken. Jeden Segelsack mit der Segelbezeichnung versehen.

Vorübergehend eingesacktes Vorsegel. Es bleibt dabei am Vorstag angeschlagen.

Unten: Auch so kann man ein Vorsegel vorübergehend mit Stropps an die Reling zurren.

Umgang mit dem Großsegel

Das Großsegel eines Kreuzers bleibt meist auf dem Baum aufgetucht und angeschlagen. Zum Anschlagen braucht man am besten zwei Leute. Die meisten Großsegel haben Lattentaschen, in die die jeweils passende Latte eingeschoben werden muß, bevor das Segel gesetzt wird. Die Großschot bleibt gewöhnlich angeschlagen. Beim Rollreff kann das Segel lose um den Baum gewickelt werden, sonst wird es aufgetucht und festgezeist und dann mit der Persenning abgedeckt, damit es nicht unter der UV-Strahlung leidet. Von unten muß Luft an das Segel herankönnen.

Aufgetuchtes Großsegel unter der Persenning. Für kurze Zeit kann man es ohne Persenning aufgetucht lassen. Um es aber vor Schmutz und UV-Strahlen zu schützen muß bei längerer Liegezeit eine Persenning drüber.

Anschlagen

Das Schothorn beim Baumlümmel in die Keep des Baums einführen und nach achtern ziehen, bis das ganze Fußliek in der Keep sitzt. Dann wird der Hals beim Lümmel angeschäkelt und das Schothorn mit dem Ausholer an der Baumnock befestigt. Das Vorliek wird entweder in einer Mastkeep gefahren oder mit Mastrutschern auf einer Mastschiene.

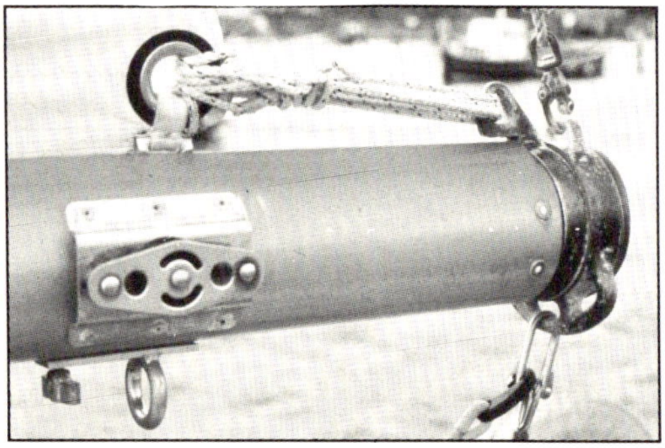

Oben: Das Fußliek wird in die Keep des Großbaums eingeführt.

Links: Der Ausholer zwischen Baumnockbeschlag und Schothorn des Großsegels.

Rechts: Die Vorliekrutscher des Großsegels werden in die Mastkeep eingeführt. Sind alle drin, muß die Keepsperre geschlossen werden.

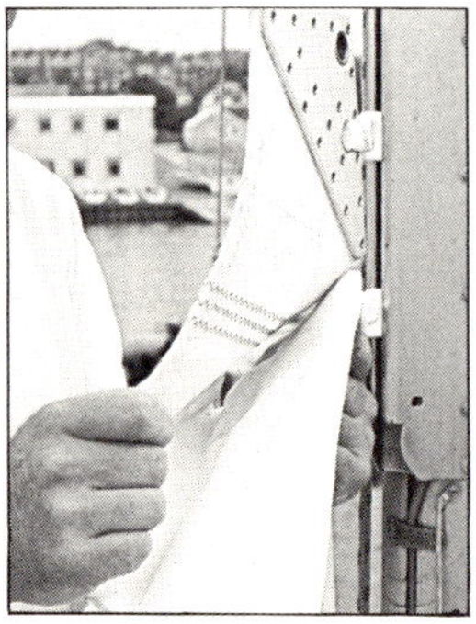

Heißen

Der Wind muß vorlich einkommen, sonst kann das Groß nicht geheißt werden, weil es sich mit Wind füllt. Das Großsegelfall am Kopf einschäkeln und prüfen, ob es oben auf der Rolle liegt. Die Zeisinge am Segel lösen. Wird das Vorliek in einer Keep gefahren, muß es einer beim Heißen einfädeln. Zum Durchsetzen des Falls die Winschkurbel benutzen, nicht zu steif durchsetzen. Dann der Dirk Lose geben, das Fall auf der Klampe belegen und das überschüssige Ende aufschießen und an der Klampe aufhängen.

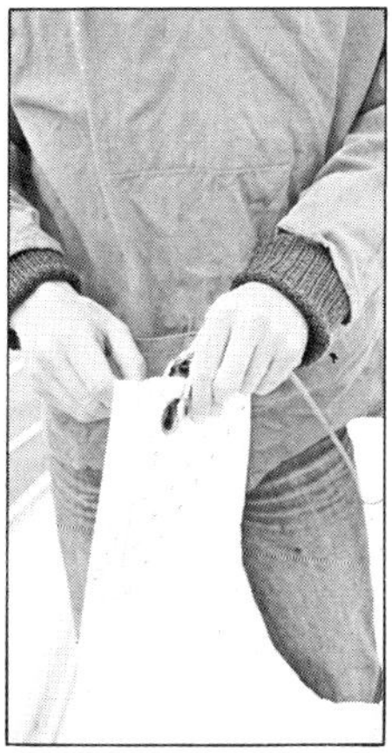

Anschäkeln des Großfalls an den Kopf des Großsegels.

Zum Durchsetzen der letzten Dezimeter des Großfalls wird die Winschkurbel gebraucht.

Niederholen und verstauen

Zum Niederholen des Großsegels muß der Wind von vorn kommen. Die Großschot muß gefiert sein, damit das Segel flattern kann. Nicht vergessen anzudirken, bevor das Fall gefiert wird, sonst kracht der Baum aufs Deck. Während einer das Fall nach und nach fiert, faltet ein anderer das Segel in eine aus dem Unterteil gebildete Tasche, die dann eingerollt und mit Zeisingen oder einer Reihleine auf dem Baum aufgetucht wird. Hat das Rigg ein Rollreff, kann das Segel mit der Reffkurbel auf dem Baum aufgewickelt werden.

Nach dem Andirken des Baums löst die Crew das Fall von der Klappe und fiert es.

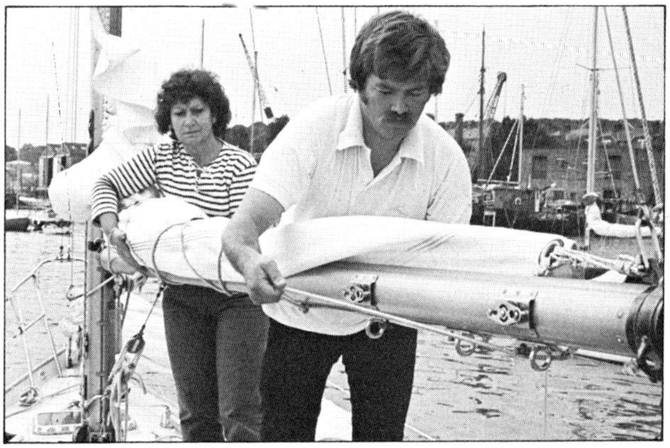

Ganz links: Aus dem unteren Segelteil wird eine große Bucht gemacht, in die das niederkommende Segel hineingefaltet wird.

Das Faltenpaket wird sauber eingerollt und mit Zeisingen oder einer Marlleine auf dem Baum aufgetucht.

Segelführung

Eine gewisse Ausrüstung zum Führen und Trimmen der Segel hat jeder Kreuzer, und wie raffiniert sie ist, hängt vom investierten Geld ab. Freilich ist großer Aufwand weder nötig noch überhaupt wünschenswert. Erwünscht ist zwar, daß der Fußblock der Großschot an einem Leitwagen (Traveller) sitzt, der in verschiedenen Stellungen festsetzbar ist, um die herabziehende Schotkraft auf Baum und Segel regulieren zu können. Ein Ausholer fürs Fußliek und ein Cunninghamstropp fürs Vorliek sowie verstellbare Holepunkte für die Vorsegelschoten sind nützliche und nicht zu komplizierte Dinge, um bequeme und schnelle Reisen machen zu können.

Baumniederholer

Kreuzer sollten einen Baumniederholer mit einer wenigstens 6:1 übersetzten Talje haben, deren Holepart zu einer Winsch führen sollte, um noch mehr Kraft zu gewinnen. Ohne Niederholer steigt bei raumem Wind der Baum an, wodurch sich das Segel verwindet und das Boot auf Raum- und Vorm-Wind-Kursen in Rollschwingungen versetzt, auch „geigen" genannt. Durch Einsatz eines starken Niederholers wird die Großschot besser mit ihrer eigentlichen Aufgabe, den Anstellwinkel des Baums zu kontrollieren, fertig. Und das straffer gehaltene Segel scheuert nicht an Want und Saling.

Der Niederholer hier hat ein langes Ende, damit er gegebenenfalls über eine Winsch vom Cockpit aus geholt werden kann.

Großschotführung

Mit der Großschot stellt man den Winkel des Großsegels zur Bootslängsachse ein. Der Fußblock sitzt oft an einem Läufer, der auf einer Querschiene rollt und eine bessere Kontrolle der Achterliekspannung erlaubt. Bei leichtem Wind wird der Läufer luvwärts der Mittellinie festgesetzt und die Schot so gefiert, daß der Baum am Wind mittschiffs steht und das Achterliek eine glatte Kurve bildet. Mittlerer Wind: Läufer auf Mitte, die Schot anholen, bis die obere Segellatte parallel zum Baum steht. Starker Wind: Läufer in Lee, Schot dicht, um die Krängungskraft zu mindern. Kleine Wollfäden auf dem Segel machen's leichter – wenn alle horizontal nach achtern wehen, ist das Segel richtig getrimmt.

Großschottraveller, wie dieser, zählen heute zur Standardausrüstung jeder Fahrtenyacht.

Vorliekspannung

Das Vorliek des Großsegels sollte nur so gespannt sein, daß sich keine waagerechten Falten mehr bilden, und nicht so sehr, daß Falten parallel zum Mast entstehen. Die Spannung beeinflußt die Segelwölbung. Geringe Spannung bringt den Bauch weiter nach hinten und damit das Antriebsmaximum, das bei mittlerem Wind dort liegen sollte, wo es sich der Segelmacher gedacht hat. In stärkerem Wind erhöht man die Spannung des Vorlieks, in leichterem reduziert man sie. Das reguliert man mit dem Großfall, dem Cunninghamstropp oder dem Gleitlümmel und Niederhalter, je nachdem was man hat.

Ausholer

Der Ausholer zieht das Schothorn zur Baumnock, spannt also das Fußliek. Die Spannung sollte gerade so sein, daß beim Fußliek keine senkrechten und keine waagerechten Falten auftreten. Die Spannung beeinflußt die Bauchigkeit des Segels. Bei starkem Wind erhöht man die Ausholkraft, bei schwachem Wind mindert man sie, wodurch die Wölbung des Segels weiter nach vorn wandert.

Segellatten

Segellatten stützen die leicht rundgeschnittene Hinterkante des Großsegels. Latten, die nicht über die ganze Segelbreite gehen, müssen nach vorne hin verjüngt sein, damit sich am inneren Taschenende keine harten Falten bilden. Durchgehende Latten haben meist eine Vorrichtung zur Änderung ihrer Spannung.

Liekleine

Bei vielen Kreuzern ist in das Achterliek von Vor- oder Großsegel eine dünne Leine eingeschoren, die man etwas anholen kann, um das gelegentliche Flattern des hinteren Segelteils abzustellen. Das darf man aber nicht übertreiben, sonst bildet sich am Achterliek eine Windfangtasche. Das Flattern, seemännisch „killen" genannt, tritt oft nur beim gerefften Segel auf. Es ist dann sinnvoll, eine Liekleine zu riggen, die oberhalb jeder Reffkausch eingestellt werden kann.

Die Liekleine am Vorsegel wird getrimmt.

Vorschotholepunkte

Der Holepunkt ist der Punkt an Deck, in dem die vom Schothorn kommende Vorschot zur Winsch umgelenkt wird. Da die richtige Lage des Holepunkts entscheidend für den Stand des Vorsegels ist, läßt sich der Umlenkblock auf einer Schiene in verschiedene Positionen bringen. Er sollte immer so stehen, daß am Wind die Kurven des Fußlieks und des oberen Vorsegels einande ähnlich sind und die Rundung des Achterlieks etwa der Wölbung der Leeseite des Großsegels entspricht. Auf den meisten Booten sollten überlappende Vorsegel einen Abstand von 15 cm von der Salingsnock haben, wenn die Schot hart angeholt ist. Steht der Holepunkt zu weit achtern, wird das Fußliek zu hart luvgeholt und das Achterliek wölbt sich weit nach Lee. Steht der Holepunkt zu weit vorn, wird das Achterliek zu sehr nach unten gezogen und bildet eine Windfangtasche, während das Fußliek zu geringe Spannung hat; das Segel steht zu voll und verursacht übermäßige Krängung.

Vorliekspannung der Fock

Im Prinzip gilt dasselbe wie für das Großsegel. Die Spannung soll so sein, daß sich weder Quer- noch Längsfalten im vorderen Segelteil bilden. Bei starkem Wind erhöht man die Spannung etwas. Einziges Regulationsmittel auf Kreuzern ist gewöhnlich das Vorsegelfall. Auf Rennyachten haben einige Vorsegel Cunninghamgatchen oder -kauschen zum Einpicken einer kleinen Talje.

Stromfäden

Jedes Vorsegel sollte mit Stromfäden versehen sein – 30 cm lange Wollfäden, die etwa 15 cm hinterm Vorliek durch das Segel gestickt und auf beiden Seiten dicht am Tuch mit einem Knoten gegen verrutschen gesichert werden, so daß auf jeder Seite ein etwa 15 cm langer Faden hervorschaut. Drei oder vier von denen verteilt man in gleichen Abständen über die Vorliekslänge. Diese Fäden zeigen einem sofort, ob richtig geschotet ist und richtig gesteuert wird. Die Schotung ist richtig, wenn hoch am Wind alle Fäden nach achtern flattern. Wirbeln die oberen und liegen nur die unteren nach achtern, steht der Holepunkt zu weit achtern. Zu weit vorne ist er, wenn die unteren wirbeln und die oberen richtig liegen. Man steuert korrekt am Wind, wenn die Fäden auf der Leeseite des Segels alle glatt und relativ ruhig nach achtern wehen. Die Fäden auf der Luvseite dürfen unruhig sein, sollen aber nicht ringeln, schlaff herunterhängen oder gar nach vorn wehen, denn dann segelt man zu hoch am Wind und muß etwas abfallen.
Die Stromfäden sind ein weitaus empfindlicheres Kontrollinstrument als Verklicker oder elektronische Windvektormesser.

Kurse zum Wind

Die meisten Fahrtensegler trachten danach, angenehm und sicher von Hafen zu Hafen zu segeln, und für sie ist Windstärke 5 (19 kn oder 9,8 m/s) schon Sturm, weil es dabei ungemütlich zu werden beginnt. Die See kann, bei genügend Wassertiefe, bis auf 2 m Höhe anwachsen und Gischt kommt an Deck und weicht die Wache ein.
Jeder Skipper, der sein Salz wert ist, versucht die Reise so einzurichten, daß sie schnell und angenehm bis zum nächsten Hafen verläuft; dafür sind raume Winde am besten, wenn es auffrischt. Bei Stärke 2 (5 kn) segelt eine Yacht auf allen Kursen aufrecht, aber bei Stärke 5 krängt sie am Wind und auch noch bei halbem Wind, und Segelwechsel werden schwierig, weil das Boot in der höher gehenden See stampft.
Der Skipper muß das in seine Berechnungen einbeziehen und wissen, was er seiner Crew da zumuten kann, wenn die Brise steif bis hart wird.

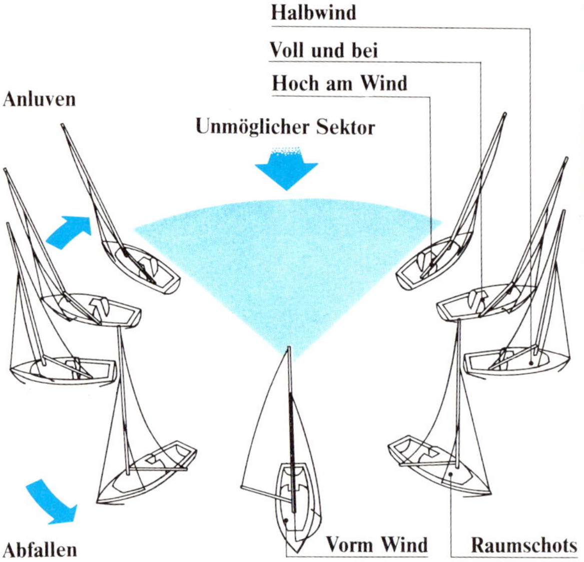

Außer in einem Sektor zum wahren Wind von etwa 80° kann das Boot jeden Kurs zum Wind segeln. Wie hoch es an den Wind geht, hängt vom Rigg, der Rumpfkonstruktion und vom Können des Steuermanns ab. Einige Boote sind für beste Leistung am Wind konstruiert, andere für Raumwind-Kurse, die beim Fahrtensegeln überwiegen und am angenehmsten sind.

Halber Wind

Bei diesem Kurs segelt man (nach anglo-amerikanischer Definition) etwa 90° zum wahren Wind – der scheinbare kommt vorlicher ein; je schneller das Boot segelt, um so mehr vorlicher. Als erste Annäherung schotet man den Baum auf 45° zur Längsachse nach Lee, den Fußblockläufer ganz nach Lee. Ausholer und Cunningham lockern, damit das Großsegel fülliger steht. Bei einem schnellen Boot muß der Baum etwas dichter geholt, bei einem langsamen bis an die 50° nach Lee ausgebracht werden. Das Vorsegel arbeitet am besten bei hübsch gerundetem Achterliek, wozu bei manchen Segeln der Holepunkt etwas nach vorn gesetzt werden muß, damit das Liek etwas mehr Spannung bekommt. Der Spalt zwischen Vor- und Großsegel sollte so groß wie möglich sein. Der Anstellwinkel der Segel zum Wind sollte über die ganze Höhe möglichst gleich bleiben.

Voll und bei

Das ist ein Kurs zwischen hoch am wahren Wind und Halbwindkurs, der von Fahrtenseglern auch auf dicken Booten (Motorsegler) an der Kreuz geschätzt wird, weil die Segel gut ziehen und das Boot eine gute Fahrt durchs Wasser macht. Die meist 8 bis 12 m langen Familienkreuzer passen sich auf diesem Kurs, schräg zum Seegang laufend, bis Windstärke 6, gut den Wellen im Schelfmeer an.
Weil der scheinbare Wind spitzer und stärker einkommt, müssen die Segel mehr zur Mitte hin geschotet werden, bis sie korrekt stehen. Außerdem müssen sie, außer in ganz leichtem Wind, flacher getrimmt werden. Da der Baum über dem Ende der Leitschiene steht, sorgt der Schotzug für die richtige Achterliekspannung des Großsegels. Der Holepunkt für die Vorschot muß in der Am-Wind-Position (Seite 61) stehen.
Bis zur Erfindung exakter Fahrtmesser und wissenschaftlicher Taschenrechner galt voll und bei als Methode, um am schnellsten ein Ziel in Luv zu erreichen. Jetzt weiß man, daß der Geschwindigkeitsgewinn, selbst bei schlanken Rennkielyachten, dazu nicht ausreicht.

Hart am Wind

Aus gutem Grund mögen Fahrtensegler diesen Kurs nicht, denn ihr Boot ist ein schwimmendes Heim und von der Konstruktion her ein etwas knapp getakeltes Frachtschiff. Selbst die meisten Rennkreuzer schleppen Trinkwasser, Proviant, Brennstoff und ein paar Möbel mit. Hart am Wind heißt, Boot und Rigg so hoch an den Wind zu kneifen, wie es die Konstruktion und das Können von Steuermann und Crew überhaupt zulassen. Das mögen 35° bei einem Rennkreuzer und 45 bis 50 Grad bei einem Motorsegler sein. Diese Segelei wird oft als „dreschen" oder „gegenanknüppeln" bezeichnet, was den Komfort auf solchem Kurs schon bei Windstärke 4 erahnen läßt. Vom Steuermann wird große Konzentration verlangt. Wenn das Boot in eine See boxt – deren kommen Tausende –, wird es abgebremst, der Bug steigt hoch, knapp über den Kamm hinweg und fällt ins Loch. Schon bei leichtem Wetter kommt Spritzwasser übers Deck, und bei hartem Wind fliegt der Gischt, und grünes Wasser rauscht übers Deck. Das Boot krängt 20° und mehr, und es ist schwierig, sich auf und unter Deck zu bewegen. Aber manchmal bleibt dem Skipper keine andere Wahl als so zu segeln.

Bei allen Windstärken größer als 1 müssen hoch am Wind die Segel so flach wie möglich getrimmt werden. Der Großschotläufer gehört in die Schienenmitte, und der Baumniederholer braucht alle Spannung, die er verträgt. In sehr leichtem Wetter bringt man den Schotläufer ans Luvende der Schiene und schotet den Baum mittschiffs. Zum Reffen und Segelwechsel sollte die Yacht ab Stärke 4 (14 kn) beigelegt und die Crew angeleint werden.

Diese Contessa 32 segelt gut am leichten Wind. Die Segelstellung für diesen Kurs ist optimal.

Mit Backstagsbrise (Raumschots)

Dies ist hier amerikanisch-britisch auf den wahren Wind bezogen. Bei uns heißt dieser Kurs „Halbwindkurs", weil vom scheinbaren Wind ausgegangen wird. Segeln mit dem wahren Wind etwas achterlicher als seitlich, so daß der scheinbare Wind etwa quer über Bord weht, bringt bei den meisten Booten die höchste Geschwindigkeit und angenehmes Seeverhalten. Wenn man bei Windstärke 5 (19 kn) hoch am Wind segelt und dann auf Backstagskurs abfällt, ist der Unterschied so groß, daß es einem schwerfällt zu glauben, man sei am selben Tag unterwegs. Man kann das Ölzeug ausziehen.

Um das beste aus einer Backstagsbrise zu machen, muß der Baumniederholer mit aller Kraft durchgesetzt werden, die Segel aber sind füllig zu trimmen. Der Großschotläufer soll am Lee-Ende der Schiene stehen und der Fockholepunkt etwas nach vorne. In lebhafter See sichert man den Baum besser auch auf diesem Kurs schon mit einem Bullenstander (Seite 71).

Vorm Wind

Wer glaubt, das sei der schnellste Kurs zu einem Ziel, das recht voraus liegt, der irrt. Das Boot läuft dem Wind mit seiner Geschwindigkeit zu einem gewissen Betrag weg. Nur der Staudruck der um die Bootsgeschwindigkeit verminderten Windgeschwindigkeit treibt die „platt" im Weg stehenden Segel. Spinnaker und Ballon bieten mehr Fläche dafür, aber für den Preis nur wenig Mehrleistung; 10% mehr Segelfläche, höchstens 3% mehr Fahrt. Wird das Großsegel gefahren, muß der Baum mit einem Bullenstander gegen Patenthalsen gesichert werden. Das Vorsegel muß zur anderen Seite ausgebaumt werden: „Schmetterling". Bei mittlerem Wind beginnt das Boot zu rollen und zu geigen, woran wechselseitig entstehende Randablösewirbel an den Segeln schuld sind.

Wenden

Ein großes Boot zu wenden (mit dem Bug durch den Wind auf die andere Seite am Wind) zu bringen, ist nicht schwieriger, eher leichter, als mit einer Jolle, weil der Kreuzer das langsamer macht und die Crew nicht so hektisch zu turnen braucht. Zwar ist exakte Zusammenarbeit der Mannschaft nötig, und jeder muß die ihm zu diesem Manöver zugeteilte Arbeit beherrschen. Weil die Segel eines Kreuzers viel größer sind, muß die Vorschot mit der Winsch dichtgeholt werden; dazu gehören zwei, einer zum Kurbeln, der andere zum Schothalten. Die Einmannwinsch braucht nur einen, aber auch mehr Zeit.

Der Skipper darf das Boot vor der Wende nicht hoch an den Wind kneifen, es muß schnelle Fahrt machen, um mit Schwung durch den Wind zu kommen. Da jedes Boot sich dabei anders verhält, muß man das bei einem neuen Boot im freien Wasser ausprobieren. Auch die Wetterbedingungen beeinflussen das Wendemanöver. Die Routine in der Bildfolge unten funktioniert meistens, aber bei starkem Wind und Seegang wird das Manöver besser vorher durchgesprochen, damit es exakt klappt.

So wendet man

1 *Der Steuermann kündigt seine Absicht zu wenden mit dem Ruf „Klar zum Wenden" an. Die Crew nimmt die Fockschot von der Klampe ohne sie loszuwerfen. Der Steuermann ruft „Ree!" und legt das Ruder auf die andere Seite. Fockschot loswerfen.*

2 *Die Segel beginnen, auf die andere Seite überzugehen. Auch die Crew wechselt die Seite (– aber nicht wie hier auf die Ducht des Cockpits, das ist außerordentlich gefährlich –) und beginnt mit dem Dichtholen der neuen Lee-Fockschot. Der Steuermann setzt sich auf die neue Luvseite.*

Der unmögliche Sektor

So unterschiedlich wie die Boote, so unterschiedlich sind auch ihre Fähigkeiten, hoch an den Wind zu gehen. Schnittige, hochgetakelte Rennyachten schaffen 35°, ein rassiger Familienkreuzer mit seiner kleineren Segelfläche mag bei Windstärke 3 an 40° kommen, und ein Motorsegler an 50°. Wenn der Wind aber auf Stärke 7 zunimmt, dann erreichen alle Yachten solche Höhen nicht mehr. Der Kreuzer wird bestenfalls 50° am Wind halten können, der Motorsegler 60°. Das muß bei den Am-Wind-Schlägen einer Reise bedacht werden.

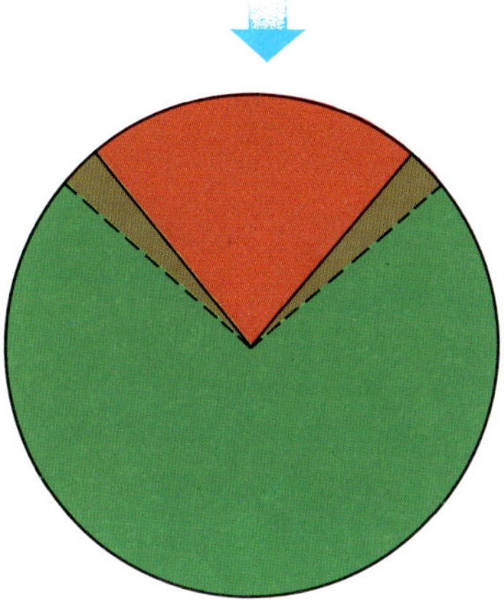

In leichtem Wind können die meisten modernen Kreuzer 50 bis 40 Grand an den wahren Wind gehen.

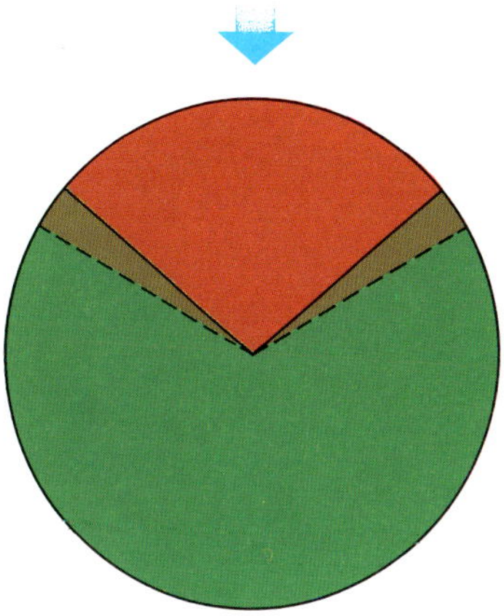

Bei starkem Wind und hohem Seegang kann man kein Boot höher als 60 bis 50 Grad an den wahren Wind bringen.

3 *Die Crew legt einige Windungen um die Winsch und holt mit der Kurbel die Schot steif. (Aber nicht stehend von der Cockpitbank aus, wie hier, denn da hat er gar nicht die erforderliche Kraft.)*

4 *Der Steuermann kann dem Vorschoter beim Steifsetzen helfen, indem er die Drehung auf den neuen Bug etwas verzögert, so daß das Vorsegel sich nicht gleich ganz mit Wind füllt. Bei einer Genua muß einer eventuell vorne das Segel über die Reling ziehen.*

Halsen

Gehalst wird zur Kursänderung beim Segeln vor dem Wind. Dabei gehen die Segel auf die andere Seite über und füllen sich dort neu mit Wind. Anders als bei der Wende stehen die Segel bei der Halse fast pausenlos unter Druck und gehen deshalb schneller und härter über. Boot und Großsegel (eventuell Besan) müssen deshalb sicher unter Kontrolle gehalten werden.

Das Kursänderungstempo bei der Halse steht einem frei, wogegen es bei der Wende vorbestimmt ist, damit das Boot durch den toten Sektor auf den Kurs kommt, auf dem es wieder segeln kann. Wenn Sie genau platt vorm Wind segeln, können Sie sogar halsen ohne den Kurs zu ändern. Bei nachlassender Konzentration kann das auch unabsichtlich geschehen, was dann Patenthalse genannt wird und oft so hart übergeht, daß etwas bricht. Halsen lohnt sich auch beim Segeln mit Backstagsbrise, weil es schneller geht als wenden. Überdies segelt man mit Backstagsbrise so viel schneller, daß man mit Zickzackkurs schneller voran kommt, als beim Segeln platt vorm Wind. Eine Halse mit einem Kreuzer ist nicht so aufregend wie mit einer Jolle.

Manchmal macht man sich das Halsen selbst schwer, weil man etwas zur Verbesserung der Segelführung getan hat, zum Beispiel einen Bullenstander geriggt hat, der den Baum am Schwingen hindert, während das Boot rollt. Der muß vor der

So halst man

1 *Boot auf Backstags-Kurs steuern und Crew durch Ruf „Klar zum Halsen!" informieren. Die neue Lee-Vorschot wird zum Holen bereitgelegt, die alte zum Loswerfen klar gemacht.*

2 *Der Steuermann steuert platt vor den Wind und holt dabei die Großschot dicht, damit der Baum nicht gleich auf die andere Seite hinüber schlägt. Bei leichtem Wind wird er den Baum von Hand an der Schot hinüberschieben müssen. Das Kommando ist „Rund achtern!". Dabei wird langsam Leeruder gegeben – und Stützruder, sobald der Baum auf die andere Seite geht.*

Halse weggenommen und nachher wieder geriggt werden. Dazu muß das Manöver sorgfältig eingeleitet werden, damit das Boot nicht querschlägt. Bei leichtem Wind hat man Spinnaker, Ballon oder eine ausgebaumte Fock stehen. Einen Spinnaker zu schiften ist aber kein Kinderspiel, man muß es unter den Augen einer erfahrenen Vordeckshand bei einem erfahrenen Skipper lernen (Seite 105 bis 113). Einen Ballon können Sie wie ein Vorsegel schiften, vorausgesetzt es sind zwei Schoten am Horn festgemacht, sonst muß der Ballon vor der Halse niedergeholt und danach neu gesetzt werden. Auch die Spiere zum Ausbaumen der Fock muß vor der Halse weggenommen werden.

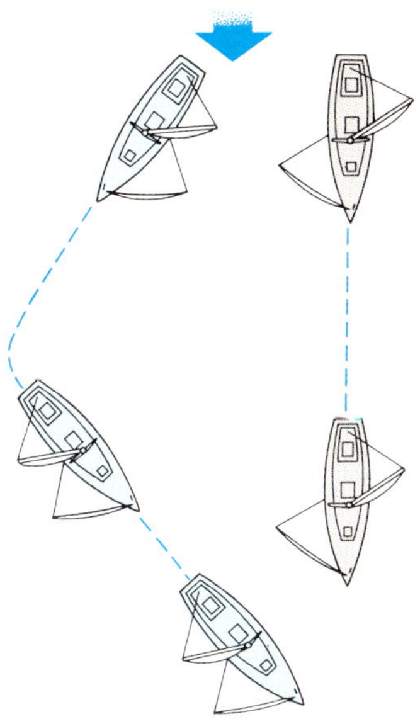

Bei leichtem Wind bringt wechselweises Halsen von Backbord- auf Steuerbord-Bug einen oft schneller ans Ziel als platt vorm Wind zu segeln, obwohl der Weg länger ist.

3 *Der Steuermann geht auf die andere Seite. Die Crew wirft die alte Lee-Vorschot los und holt das Vorsegel mit der neuen Leeschot auf die andere Seite. Der Steuermann fiert die Großschot langsam, bis der Baum richtig steht.*

4 *Ist die Halse ausgeführt, kann der Steuermann auf den neuen Kurs gehen, die Segel entsprechend trimmen, die Fock ausbaumen oder den Reacher setzen lassen, je nachdem was er für nötig oder nützlich hält.*

Steuern

Die Aufgabe des Steuermanns in einem Segelboot ist zweifach wichtig: Er muß den richtigen Kurs steuern und das Boot am Laufen halten, das heißt, so steuern, daß die Segel voll stehen. Auf jedem Kreuzer sollte mehr als einer jeden Kurs zum Wind steuern können.
Außer beim Segeln am Wind, wenn das Ziel durch eine Reihe von Kreuzschlägen erreicht werden muß, wird der zu segelnde Kurs der Karte entnommen und zu einem Kompaßkurs beschickt, den ein Steuermann mit einer Toleranz von höchstens 5° Schwankung halten können muß, so daß der Navigator den gutgemachten Kurs auch richtig zeichnen kann. Anfäner korrigieren meist mit zuviel Ruderlage. Das bremst und macht das Schiff unruhig. Es ist einfacher, nach einer Sichtmarke als nach dem Kompaß richtig zu steuern – nachts helfen Sterne und Küstenfeuer. Am Wind kann der Kurs oft nicht genug gehalten werden; dann muß sich der Steuermann den mittleren gesegelten Kurs merken, größere Kursänderungen mit Uhrzeit und Gradzahl notieren und/oder dem Navigator melden, damit der nachkoppeln kann. Diese Mühe kann in einem Notfall lebensrettend sein, weil sie zu einem einigermaßen richtigen Schiffsort führt.

Kurs mit Deckpeilung

Wo Tidenströme das Schiff versetzen können, sind enge Fahrwasser oft durch Deckpeilmarken oder Unter- und Oberfeuer gekennzeichnet, die in Linie gehalten werden müssen. In Seehandbüchern werden solche Peilungen beschrieben. Zum Beispiel: „Man hält die beiden Palmen am Strand und den Funkturm in Deckung." (Ansteuerung des Hafens von Bimini.) Um eine solche Deckpeilung in Linie zu halten, muß bei einem Querstrom „automatisch" schräg gegen den Strom gesegelt werden. Es ist aber ein weit verbreiteter Irrtum, diese Methode sei auch der kürzeste und schnellste Weg über ein Strombett, denn mathematisch maßgebend ist nicht der Weg über Grund, sondern der durch das Wasser. Will man wegen Schiffsverkehr schnell ans andere Ufer, quert man den Strom im rechten Winkel und holt die Höhe am anderen Ufer zurück.

Kompaßkurs steuern

Jedes Boot sollte wenigstens einen großen Kompaß haben, der für den Steuermann von beiden Seiten her gut abzulesen ist. Man kann ihn ins Kajütschott montieren, bei Radsteuerung auf der Radsäule. Die Beschickung des Kartenkurses zum Kompaßkurs ist Navigatorsache. Seine Kurszahl muß am Fahrstrich anliegen. Ist das erreicht, sucht man sich am besten in der Ferne eine Land- oder Seemarke, nach der man diesen Kurs auch steuern kann, etwa eine Kapkante deckt sich mit der Backbordlaterne. Anfänger vergessen oft, wie sie steuern müssen, um auf den befohlenen Kurs zurückzukommen. Ist der befohlene Kurs größer als der gerade anliegende, muß der Bug nach rechts Pinne nach Backbord. Ist der befohlene Kurs kleiner als der anliegende, muß der Bug nach links, also Pinne nach Steuerbord. Kurz gesagt: Mehr Grad nach Steuerbord, weniger Grad nach Backbord. Nicht unentwegt auf den Kompaß schauen, das ermüdet schnell. Die Kurszahl auf eine kleine Tafel beim Kompaß schreiben; sie wird gelegentlich mal vergessen.

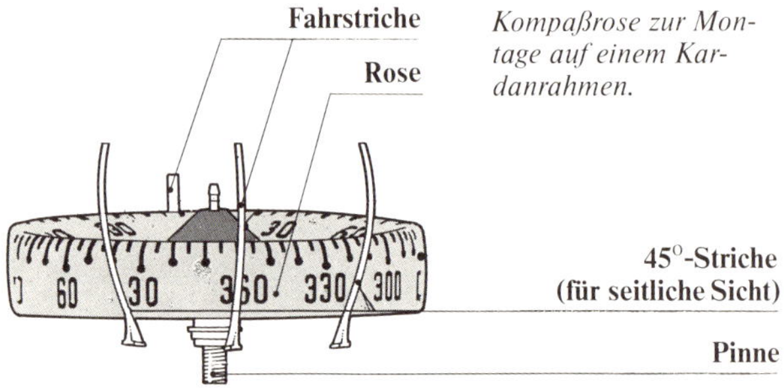

Kompaßrose zur Montage auf einem Kardanrahmen.

Am mittleren Fahrstrich liegt die Kurszahl an. Die seitlichen Steuerstriche helfen beim Steuern mit der Pinne. Sie zeigen die um den Seitenwinkel geänderte Kurszahl an. Rosenteilung 0 bis 360 Grad.

Wirkung der Abdrift

Immer wenn das Boot mit halbem Wind oder höher segelt, muß die seitliche Versetzung des Bootes durch den Wind (Leeweg) berücksichtigt werden. Tut man das nicht, kommt das Boot leewärts vom angesteuerten Ziel an. Man kompensiert das, indem man den Bug etwas nach Luv von einer angesteuerten Marke hält. Außer Landsicht kann der Navigator den Vorhaltewinkel nach dem Winkel beurteilen, den das Kielwasser mit der gedachten Fortsetzung der Schiffslängsachse bildet. Bei guten Yachten und ruhigem Wetter ist der Winkel selten größer als 5°; bei rauhem Wetter kann er bis auf 10° anwachsen.

Winddrehungen

Stärke und Richtung des Windes sind nie konstant. Aufmerksame Rennsegler, die das auszunützen wissen, sind begehrte Steuerleute. Kleine Richtungsänderungen sind entweder vorteilhaft – „Raumer" – oder nachteilig – „Schraler". Wenn der Wind schralt, dreht er so, daß er spitzer von vorn kommt, und das kann einen zwingen, zu einem Holeschlag über Stag zu gehen, wie die Zeichnung zeigt. Wenn der Wind raumt, bedeutet das eine Änderung des unmöglichen Sektors. Konnte man die Marke in der rechten Zeichnung zuerst nicht anliegen, so hat das Raumen des Windes von blau nach schwarz die Sektorgrenze so verschoben, daß man nun die Marke anliegen kann. Wer bei einem Schraler döst, wird bald durch knatternde Segel geweckt.

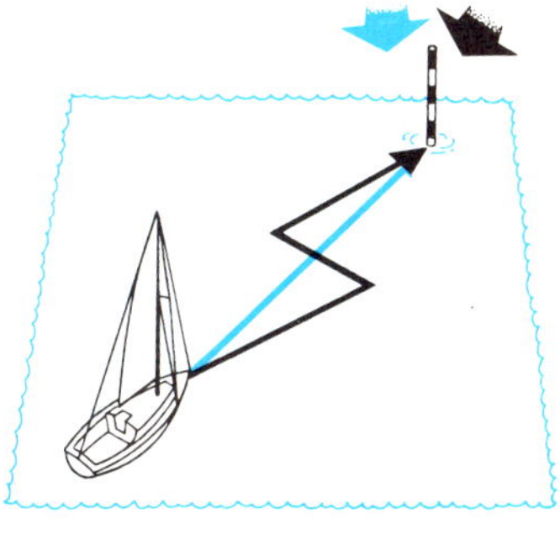

Schraler

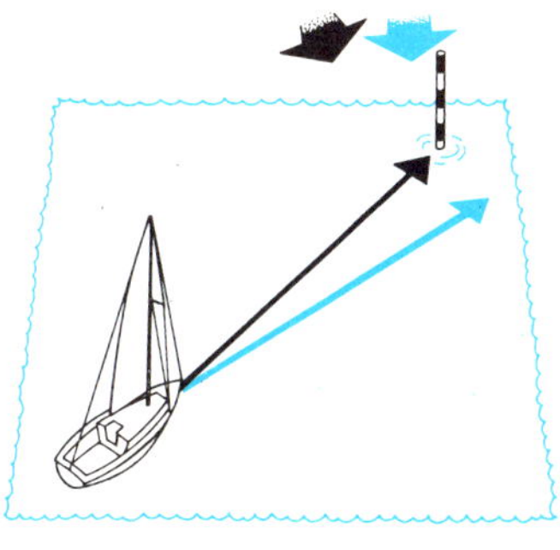

Raumer

Scheinbarer Wind

Die Segel müssen korrekt zum Wind eingestellt werden, aber es überrascht Sie vielleicht, daß dies ein Mischwind aus dem wahren Wind und dem Fahrtwind ist, der als scheinbarer Wind bezeichnet wird. Er ist die resultierende Strömung aus der Antriebsströmung (wahrer Wind) und einer Bremsströmung (Fahrtwind), wie es die Vektorzeichnungen verdeutlichen. (Vektoren sind gerichtete Größen.) Der scheinbare Wind kommt immer vorlicher ein als der wahre. Er ist auf einem Am-Wind-Kurs am stärksten und nimmt bis auf null vorm Wind ab.

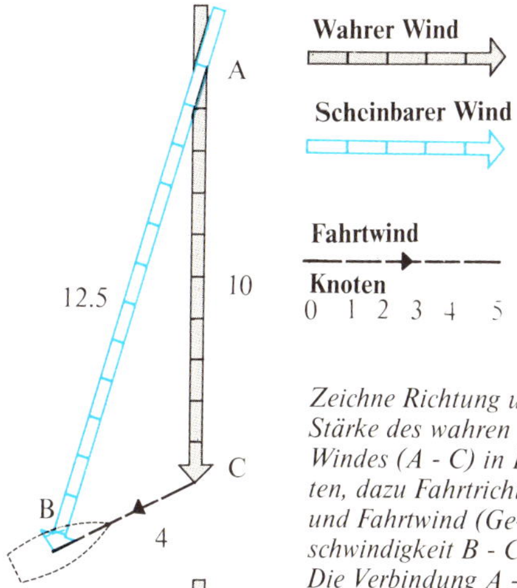

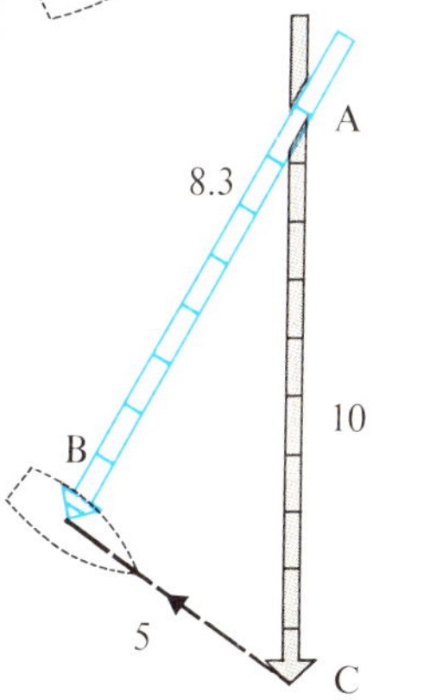

Zeichne Richtung und Stärke des wahren Windes (A - C) in Knoten, dazu Fahrtrichtung und Fahrtwind (Geschwindigkeit B - C). Die Verbindung A - B ergibt Richtung und Stärke des scheinbaren Windes. Sobald der scheinbare Wind raumer einkommt, wird er langsamer als der wahre.

Segeln vorm Wind

Wenn Sie in leichtem Wetter vorm Wind segeln, werden Sie den Wunsch verspüren, schneller voranzukommen, denn das Bermudarigg taugt nicht besonders für diesen Kurs. Wenn Sie die Spinnakertechnik nicht beherrschen (Seiten 104 bis 113) oder unterbemannt sind, haben Sie folgende Möglichkeiten: Ausbaumen eines großen Vorsegel zur Seite, auf der das Groß nicht steht, setzen eines leichten Raumwindballons oder setzen einer Doppelfock (Passatsegel). Die Großschot ist weit aufzufieren, aber nicht so weit, daß der Baum die Wanten berührt. Ein Baumniederholer verhindert das Hochsteigen des Baums, das die Wirksamkeit des Großsegels vermindert; bei stärkerem Wind kann das Boot dann auch gefährlich ins Rollen kommen und querschlagen (nächste Seite). Zur Vermeidung einer Patenthalse sichert man den Baum mit einem Bullenstander.

Bei hohem Seegang ist das Steuern bei Backstagsbrise schwierig, weil die Seen das Heck von schräg achtern packen und das Boot in den Wind drehen wollen. Dem muß der Rudergänger rechtzeitig und aufmerksam gegensteuern.

Kreuzerballon, Reacher

Mann kann die Vorm-Wind-Garderobe durch solch ein Segel aus Spinnakertuch vervollständigen. Das asymmetrische Segel wird ohne Baum gefahren und am Spinnakerfall oder Fockfall geheißt. Sein Hals wird am Stevenbeschlag angeschäkelt. Seine Doppelschot wird außerhalb des Riggs Backbord und Steuerbord zu den Spinnakerwinschen geführt. So schiftet der Ballon beim Halsen von selber zur anderen Seite. Für ungeübte Segler ein leichter zu beherrschendes Segel als der Spinnaker.

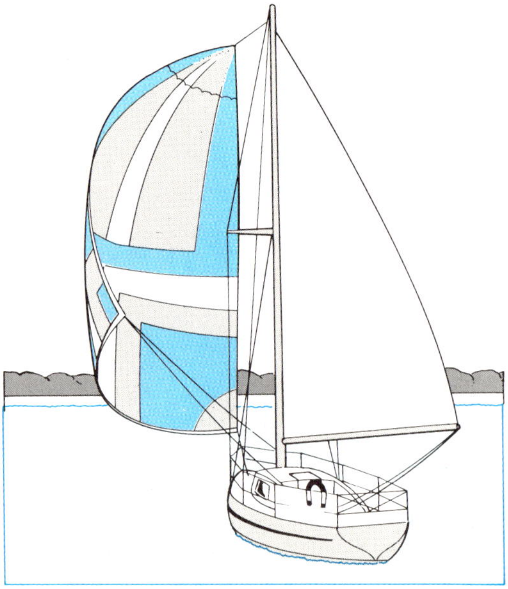

Ausbaumen eines Vorsegels

Man baumt ein Segel aus, damit es achterlichem Wind eine größere Angriffsfläche bietet und nimmt dazu meist den Spinnakerbaum. Er wird zur Luvseite ausgebracht und die Luvschot durch seinen Nockbeschlag geführt. Dann den Baum bis zur Höhe des Schothorns anheben und so ausrichten, daß er etwa 50° vom Vorstag entfernt steht. Nun mit der Luvschot das Vorsegel an den Nockbeschlag heranholen. Das Groß bleibt auf der Leeseite zum „Schmetterling".

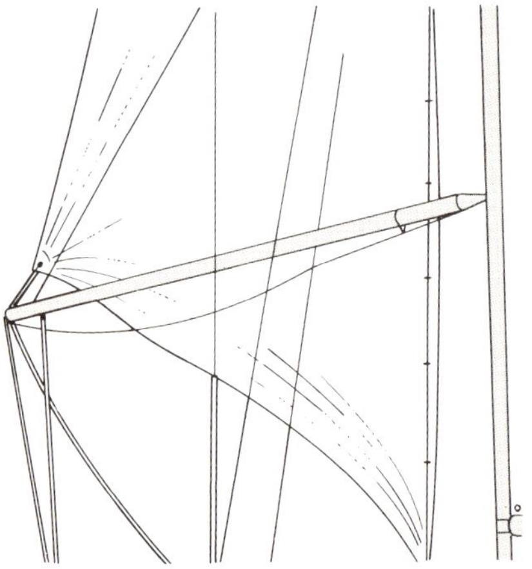

Verbinden von Baum und Schoten.

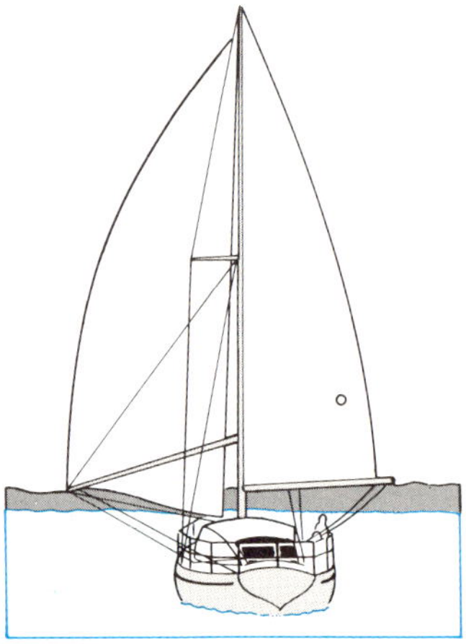

„Schmetterling" vorm Wind.

Doppelfock

Wenigstens die nach Luv stehende Fock muß ausgebaumt werden, wenn nicht genau platt vorm Wind gesegelt wird. Doch hat man dazu leichtere, extra für diesen Zweck angeschaffte Spieren, Am besten ist ein doppeltes Vorstag. Ein Profilstag mit zwei Keepen eignet sich nicht, weil das Liekband beider Segel zu stark geknickt wird. Das Großsegel wird gewöhnlich nicht gesetzt, damit es nicht an den Wanten schamfilt. Außerdem würde es die Leefock abdecken.

Passatfock an zwei Vorstagen.

Querschlagen

Wenn das Boot außer Kontrolle aus dem Ruder läuft und wild in den Wind schießt, wobei es weit nach außen überlegt, dann nennt man das Querschlagen. Es passiert meist bei kräftigem Raumwind und wenn man zuviel Tuch oben hat, kann aber auf allen Kursen zum Wind vorkommen. Den Anstoß geben Rollschwingungen, bei denen der asymmetrisch eintauchende Rumpf ein Drehmoment in die Gegenrichtung der Krängung erfährt, das vom zu groß stehenden Großsegel noch kräftig unterstützt wird. Das Ruder kann solchen Kräften nicht mehr entgegenwirken. In solchem Fall schnell die Großschot loswerfen. Wenn das Boot sich aufgerichtet hat, das Großsegel reffen.

Kurz vorm Querschlagen – vermutlich ein verunglückter Versuch zu halsen, bei dem das Großsegel zu schnell dichtgeholt worden ist, was ein Rennyachtruder nicht verzeiht.

Bullenstander

Beim Segeln vorm Wind besteht immer die Gefahr, eine Patenthalse zu machen. Eine von der Baumnock nach vorn gesetzte Leine verhütet das. Ob der Bullenstander mit einer eigenen Talje zur vorderen Festmacheklampe gefahren wird, oder, wie in der Zeichnung, über einen Leitblock vorn wieder zurück nach achtern zu einer Winsch, das ist Geschmacksache. Lange Leinen haben viel Reck und sind lästig, wenn gehalst und der Bullenstander auf die andere Seite gebracht werden muß.

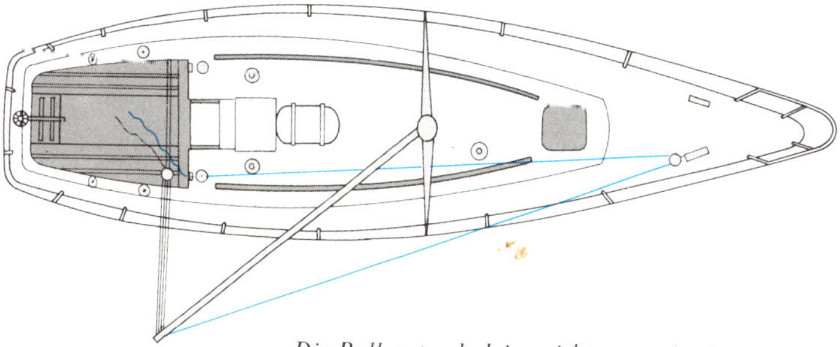

Die Bullenstanderleine pickt man mit einem Schnappschäkel an der Baumnock ein und belegt sie auf der vorderen Festmacherklampe, an der man aber auch einen Block festmachen kann, durch den der Stander nach achtern zu einer kräftigen Winsch gefahren wird.

Die Kontrolle der Fahrt

Wenn Ihr vorrangiges Interesse beim Segeln die Erzielung möglichst hoher Geschwindigkeit – Fahrt – sein sollte, so ist es aber doch sehr wichtig, daß Sie auch ganz langsames Segeln beherrschen – eine mehr und mehr vernachlässigte Kunst. Die Leute holen die Segel herunter und werfen den Motor an. Es gibt aber viele Gelegenheiten, bei denen die Benutzung des Motors unpraktisch ist oder nichts bringt, und dann ist es gut zu wissen, daß man sein Boot in jeder Situation beherrscht, ohne den Motor zu Hilfe zu nehmen.

Beim Mann-über-Bord-Manöver, wie hier, hängt der Erfolg davon ab, wie gut der Skipper langsam segeln kann.

Langsam segeln

Am einfachsten ist selbstverständlich, die Kraft aus den Segeln zu nehmen. Bei Wind aus dem vorderen Viertel kann man die Schoten fieren, bis die Segel leicht flappen. Beim Anholen der Schoten wird's dann wieder schneller. Für längere Fahrtminderung muß man reffen oder ein Segel niederholen. Auf Raum-Wind-Kursen kann die Großschot nicht beliebig gefiert werden, weil der Baum gegen die Wanten schlägt. Man kann das Vorsegel mehr oder weniger auffieren, aber das mag nicht genug sein. Dann muß man reffen oder, wenn es auf den Kurs nicht ankommt, das Boot an den Wind bringen und dann die Großschot auffieren. In langsamer Fahrt reagiert das Boot träge aufs Ruder und driftet bei Querwind merklich zur Seite. Man muß aufpassen, daß sich der Bug nicht nach Lee dreht, wobei sich die Segel füllen und das Boot ins Laufen bringen, wenn man's nicht gebrauchen kann.

Das Handlot

Die Wassertiefe mit einem Handlot messen, kann man nur bei sehr langsamer Fahrt. Dazu stellt man sich dicht vor den Wanten auf und hält in der bordseitigen Hand die sauber aufgeschossene Lotleine so, daß sie leicht von der Hand ablaufen kann. Die wasserseitige Hand wirft das Blei im Unterschwung weit voraus und holt die Lotleine entsprechend der Schiffsgeschwindigkeit ein, sobald das Blei den Grund berührt hat. Wenn die Leine senkrecht steht, wird die Leinenmarkierung bei der Reling (nicht die an der Wasseroberfläche!) abgelesen und ausgerufen.

1 *Man steht bei den Wanten, die Lotleine aufgeschossen in einer Hand. Die andere Hand packt die Leine dicht beim Blei, Arm nach rückwärts.*

2 *Das Lot kräftig vorauswerfen und die Leine von der Hand ablaufen lassen, bis das Lot am Grund aufstößt. An der Reling die Lotmarke ablesen, wenn die Leine senkrecht steht. Die Höhe Wasserfläche bis Reling muß bekannt sein.*

Beiliegen

Zu unterscheiden: Beidrehen ist nur ein kurzer Stopp, für den das Schiff so zum Wind gedreht wird, daß die Segel keine Wirkung haben. Beigelegt wird eine Segelyacht im Sturm, wenn segeln nicht mehr möglich ist, oder auch schon mal zum Mittagessen oder zu einer Reparatur. Beigelegt machen die meisten Boote noch etwas Fahrt voraus (0,5 km) und driften nach Lee (max. 2,5 kn). Das Ruder wird nach Luv gelegt und festgesetzt, die Fock backgeholt, das heißt, die in Luv liegende Schot wird angeholt. Die Großschot wird aufgefiert, bis der Baum 30 bis 40 Grad nach Lee steht. Hier muß man probieren, bei welcher Stellung das Boot am ruhigsten wird. Es wird abwechselnd leicht anluven und wieder etwas abfallen. Wie groß die eingesetzten Segelflächen sein müssen, hängt von der Windstärke ab. Im Sturm nimmt man Sturmfock (backgesetzt) und Trysegel. Flossenkieler sind nicht so einfach beizulegen wie Langkieler, und bei Kurzkielern, die nur ein Schweberuder haben, wird es bei hartem Wetter gar nicht gelingen, weil an solchen Rudern die Strömung zu schnell abreißt. Als Fahrtenyacht sollten Sie eine wählen, deren Ruder an einer Vorfläche (Skeg) angelenkt ist. Sie gibt dem Boot auch bessere Kursstabilität.

Beigelegt. Oben rechts die backgesetzte Fock. Unten: Das Vorsegel ist zum Backsetzen auf Dauer zu groß, es schamfilt am Want. Die Großschot ist leicht ausgefiert, die Pinne in Lee gelascht. Probieren Sie's bei solchem Wetter zur Mittagspause aus, später dann bei stärkerem Wind aber mit kleineren Segeln.

Segel wechseln

Sie werden sich öfters gezwungen sehen, die Vorsegel zu wechseln, weil das Wetter ein größeres oder kleineres verlangt. Die Fläche des Großsegels wird durch reffen verkleinert. Ihr Streben schnell weiterzukommen darf nicht soweit gehen, daß das Boot zu stark gepreßt wird. Die Methode des Vorsegelwechsels hängt von der Konstruktion des Vorstags ab. Gibt's da nur einen Draht, muß das stehende Segel niedergeholt und abgeschlagen, dann das neue angeschlagen und gesetzt werden. Beim Doppelvorstag oder Profilstag mit zwei Nuten kann das neue Segel gesetzt werden, während das andere noch steht. Alle Segel müssen so in ihrem Sack gestaut sein, daß der Hals in der Sacköffnung zu oberst liegt. Und jeder Segelsack muß deutlich lesbar mit Segelname und -nummer des betreffenden Segels beschriftet sein.

Die Mannschaft hat es beim Vorsegelwechsel einfacher, wenn Sie das Boot auf einen Kurs mit achterlichem Wind legt, weil dabei das Großsegel dem Vorschiff Windschatten gibt.

Vorsegel wechseln

Werden die Segel am Vorstag mit Stagreitern gefahren, dann muß das alte Segel erst abgeschäkelt und die Stagreiter ausgepickt werden. Zwar kann das ein Mann machen, aber einer am Fall, der andere im Bugkorb zum Niederholen des alten und Festmachen des neuen Segels ist besser. Der Mann am Fall kann auch die Vorschot umpicken. Das neue Segel wird im Sack übers Luvdeck nach vorn geschleift, wo der Sack provisorisch festgemacht wird. Das alte Segel wird nach dem Wegnehmen nach achtern gebracht und eingesackt. Das Fall wird am Bugkorb angeschäkelt, bis die Stagreiter des neuen Segels und dessen Hals eingepickt sind. Doppelte Vorstagen müssen genug Abstand haben, damit die Stagreiter des hochgehenden Segels sich nicht in denen des noch stehenden Segel verfangen können. Für den Wechsel mit stehendem Segel wird wenigstens eine Extraschot gebraucht, die vom neuen Segel übers Leedeck führt – die Holepunktblöcke sollten dann auch zweischeibig sein. Die Luvschot kann vom weggenommenen Vorsegel ins Schothorn des neuen eingepickt werden.

Rechts: Segelwechsel geht am schnellsten, wenn zwei dran arbeiten; der Mann im Korb und der am Fall (rechts unterm Großsegel). Der am Want ist überflüssig.

Links: Den Segelsack schleift man übers Luvdeck nach vorn.

Links unten: Angeleint hat man beide Hände frei zum Niederholen des Segels.

Unten: Das Vorsegel ist angeschlagen, nun peilt er, ob das Fall auch nicht ums Vorstag vertörnt ist.

385

Ausrüstung zum Festmachen

Die längste Zeit wird das Boot wohl längs an einem Steg, Schlengel oder einer Pier festgemacht verbringen. Man muß deshalb unbedingt wissen, wie man es sicher festmacht, so daß es sich nicht bewegen und sich oder andere Boote beschädigen kann. Dazu gehört auch das richtige Material zum Festmachen: starke Leinen (Seite 150), Fender ausreichender Größe und Festigkeit, die auch rauhe Kaimauern vertragen, fest mit dem Boot verbolzte Belegklampen und Klüsen oder Lippen zur Führung der Leinen. All das muß in regelmäßigen Abständen nach Schamfilstellen (Verschleißstellen) abgesucht werden, damit Beschädigtes ersetzt oder verstärkt wird, ehe es brechen und das Boot auf Drift gehen lassen kann, wenn es stürmt. Auch muß jeder Knoten seemännisch korrekt sein, sonst geht er auf. Merke übrigens: Nie wird überschüssige Leine an Land oder auf einem anderen Schiff abgelegt, sondern immer auf dem eigenen Schiff.

Fender

Fender sind gewöhnlich aus Plastik, solche aus Tauwerk werden selten. Sie werden über die Seite des Bootes gehängt und an Reling oder Handlauf festgebunden.
Man muß sie mit Überlegung plazieren, damit sie das Boot vor Schrammen durch Steg, Mauer oder ein anderes Boot schützen. Man braucht wenigstens vier ausreichend große Fender, besser sechs; drei für jede Seite an der breitesten Stelle des Bootes. An unebenen Mauern oder Spundwänden, an denen sich die Fender verfangen oder beiseite drücken können, muß man ein Fenderbord außen vor die Fender hängen (Bild ganz rechts). Fender nehmen leider sehr viel Platz an Bord weg, aber zum Anlegen und Schleusen kann man nicht auf sie verzichten.

Wenigstens drei Fender braucht das Boot an der Längsseite.

Ein Fenderbord braucht man an Stegstempeln und Spundwänden.

Klampen, Lippen, Klüsen

Die Klampen an Bord sind besser eine Nummer zu groß als das, was Serienbootsbauer für richtig halten; das ist eine halbe Nummer zu klein. Es gibt sie aus Holz, Metall und Kunststoff. Je zwei Klampen vorn und achtern sind Mindestausrüstung; große Boote brauchen mehr. Auf dem Vorschiff in der Mitte sollte ein kräftig verankerter Poller stehen. An jeder Seite vorn und achtern sollen Lippen oder für Tidengewässer besser Klüsen zur Führung der Festmacher nach außenbords vorhanden sein. Alles gratfrei glatt und sauber verrundet.

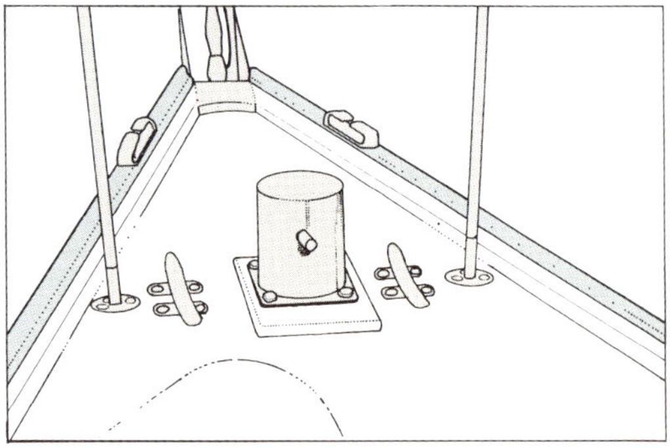

Vordecksbeschläge zum Festmachen: Poller, Klampen und Lippklüsen auf der Fußreling.

Festmacher(leinen)

Da Festmacher zu nichts anderem gebraucht werden, sollten Sie an einem Ende einen Augspleiß von 60 cm Durchmesser machen. Das ist groß genug, um das Auge auch mal von oben über einen Poller fallen zu lassen, wenn Steg oder Schlengel sehr niedrig sind. Sie brauchen zwei Leinen von etwa dreimal Tidenhub-Länge für vorn und achtern und zwei Springleinen von je anderthalb Tidenhublänge. In tidenfreien Gewässern reichen Vor- und Achterleine von anderthalb bis zwei Bootslängen und Springs von Bootslänge. Vor- und Achterleine brauchen nur einmal bei Halbgezeit nachgesetzt zu werden; sie halten das Boot schon durch ihr Eigengewicht richtig. Die Springs müssen zwei- bis dreimal nachgesetzt werden. Geht man für längere Zeit von Bord, setzt man volle Länge und knotet an die Springs noch ein Ende an. Alle Festmacher sollen von der Klampe durch Klüsen außenbords geführt werden, damit sie sich nicht mit Reling oder Rigg verfangen können. Sogenannte Lippen sind bei Tidenhüben von mehr als 3 m nicht mehr sicher. Brustleinen werden nur beim Beladen oder Anbordkommen ehrwürdiger Exzellenzen benötigt. Die Kombination von Vor- und Achterleine mit zwei Springs hält das Boot parallel zur Pier und verhindert übermäßiges Reiben an der Mauer usw.

Zum Ablegen werden gerne die letzten beiden Leinen, am besten die beiden Springs, als offene Bucht um die Poller gefahren, um sie von Bord aus einholen zu können. Große Augspleiße kann man auch durch kräftiges Hochschwingen der Leine vom Poller werfen, selbst wenn der Poller höher als das Deck liegt.

Korrekt festgemachtes Boot mit Vor- und Achterleine. Keine Leine liegt als Fußangel auf dem Steg. Die Springs halten das Boot auf der Stelle.

1 Vorleine
2 Heck- oder Achterleine
3 Brustleine
4 Brustleine
5 Achterspring
6 Vorspring

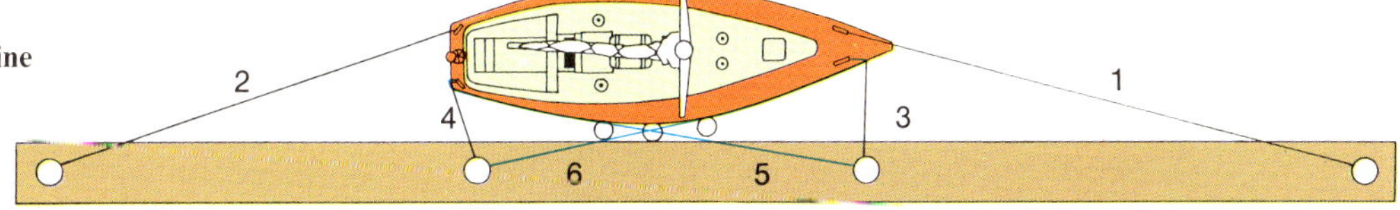

Scheuerschutz

Leinen sind sehr empfindlich gegen scharfe Kanten. Der beste Schutz dagegen ist ein Schlauchstück, das man über die Leine bis an ihren Augspleiß schiebt und davor aus einem Leinenstreifen einen (in der Zeichnung vergessenen) derben Knoten setzt, damit der Schlauch nicht aus seiner Arbeitsstellung wegrutschen kann.

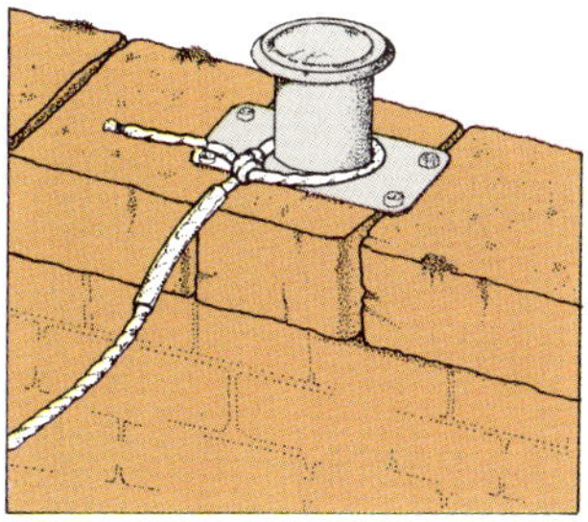

Ein kurzes Schlauchstück schützt die Leine an der scharfen Mauerkante.

Anlegen – Vorbereitung

Marinas und Häfen sind oft sehr voll, und es ist deshalb praktischer, mit Maschinenkraft zu manövrieren als unter Segeln. Machen Sie jedoch nie den Fehler, mit abgeschlagenen Vorsegeln, dem Groß unter der Persenning und weggestautem Anker einzulaufen, denn der Motor könnte streiken oder eine Leine in den Propeller geraten. Wenigstens das Großsegel sollte klar zum Setzen sein und der Anker klar zum Fallenlassen – als Retter in der Not. Die Kunst unter Segel anzulegen sollten Sie in einem wenig belegten Hafen eifrig üben, wo sich die Anfängerfehler leichter korrigieren lassen. Es kann immer vorkommen, daß man wegen einer Motorpanne in den Hafen segeln muß – möglicherweise unbemerkt und auf sich allein gestellt, weil segeln leiser als motoren ist.

Wo anlegen?

Den fast schon unwahrscheinlichen Fall gesetzt, man hätte eine Wahl, der bessere Anlegeplatz ist der, an dem der Wind von Land kommt. Zwei Ausnahmen: 1. Der Wetterdienst hat für die nächsten Stunden Sturm aus der Gegenrichtung angesagt. 2. Es ist eine Hafenstadt mit unterentwickelter Straßen/Hafenreinigung.

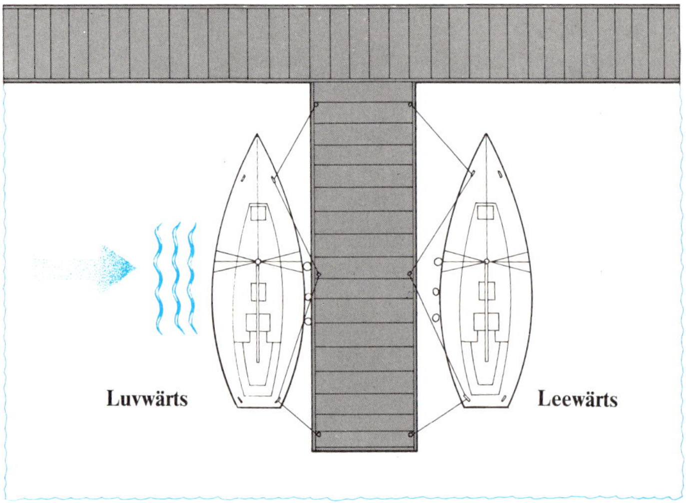

Das Boot auf der Windseite des Stegs wird von Wind und Wellen dauernd gegen den Steg gestoßen. Das Boot auf der Leeseite wird von denselben Naturkräften vom Steg abgehalten und garantiert ruhigeren Schlaf.

Wind- und Stromeinfluß

Solange man sein Boot nocht nicht kennt, können Wind und Strom ein Anlegemanöver anders gestalten, als der Skipper sich das vorgestellt hat, denn jedes Boot reagiert auf diese Kräfte individuell. Gewöhnlich hat der Strom den stärksten Einfluß, und man fährt den ausgesuchten Anlegeplatz gegen ihn an; sonst gegen den Wind. Bei Motormanövern den Propellerseitenlauf taktisch bedenken und einsetzen. Manöver, die offensichtlich schiefzulaufen beginnen, sofort energisch abbrechen und mit Ruhe und Gelassenheit aus sicherer Position neu beginnen. Beim zweiten Versuch ist man schon schlauer.

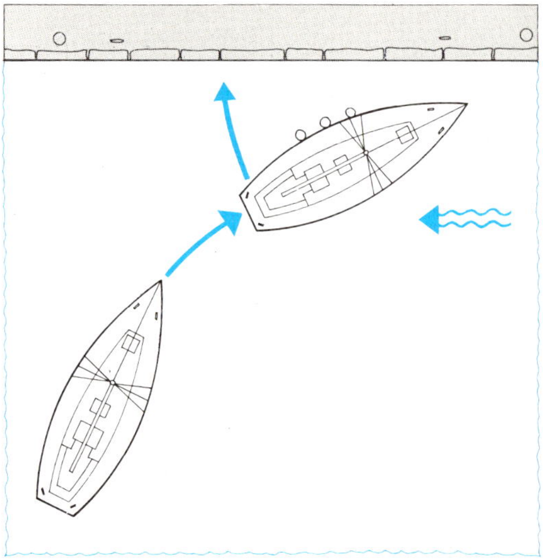

Das die Pier anlaufende Boot hat einen rechtsgängigen Propeller. Es wird gegen den Strom mit Motor herangefahren. Wenn der Bug der Pier so nahe ist, daß im Rückwärtsgang gestoppt werden muß, bringt der dabei linksdrehende Propeller mit seinem Seitenlauf das Heck zur Pier. (Üblicherweise sind die Propeller linksgängig.)

Seemannschaft der Crew

Seemannschaft ist das Handwerk derer, die zur See fahren. Wenn eine Yacht in den Hafen einkommt und anlegt, sieht man gleich, wer sein Salz auf dem Buckel wert ist, und wer noch nicht. Die eingespielte Mannschaft manövriert nahezu lautlos, selbst wenn's nicht klappt, und an Deck ist's fast menschenleer. Üben Sie als Skipper an einem stillen Platz so lange Ihr Schiff ganz dicht an ein Objekt heranzufahren und zu stoppen, bis Sie es können. Sie müssen auch bei schlechterem Wetter bald in der Lage sein, Ihr Boot mit dem Bug so nahe ans Land zu bringen, daß Sie jemand absetzen können, ohne daß der einen waghalsigen Sprung machen muß. Der Mann muß außerhalb der Reling auf der Fußreling oder dem Schandeck stehen, am besten bei den Wanten, um sich rückwärts festhalten zu können.
Schicken Sie Ihre Leute nicht mit einer Vor- und Achterleine an Land. An einer Vor- und Achterleine an Land fest oder gestoppt, können Sie mit der Maschine nicht mehr sinnvoll mänovrieren. Lassen Sie eine Leine an der vorderen Springklampe belegen. Vor- und Achterleine werden durch ihre Klüsen geschoren und provisorisch mit ihrem Tamp auf der Klampe gegen Ausrauschen gesichert. Ein Crewmitglied bringt die aufgeschossene Spring in der Hand an Land und schnell achteraus zur nächst passenden Belegmöglichkeit, Klampe oder Poller, und bremst sie dort mit einem Törn (Foto unten, von der Frau vorbildlich gezeigt). Liegt das Boot einigermaßen richtig in Position, wird die Spring an Land belegt. Der Skip „dampft" mit langsam gehender Maschine in die Spring ein und legt Ruder so, daß das Boot parallel zur Landestelle liegt. Der Landgänger kann nun in aller Ruhe von der Crew an Deck die Achterleine übernehmen und ihr Auge an Land über Klampe oder Poller legen. Das Crewmitglied an Deck kann nun die richtige Länge auf der Klampe belegen. Dann dasselbe mit der Vorleine. Maschine aus! Alle weiteren Feinheiten lassen sich danach in noch mehr Ruhe regeln.
Wenn das Boot glücklich an seinen Anlegeplatz gebracht worden ist, dann lassen Sie alles, was von Ihren Leinen zuviel an Land oder an Bord Ihres Gastgebers herumliegt unverzüglich bis zum Augspleiß, ersatzweise Palstek, einholen und auf Ihrem Deck aufschießen.

Die Crew steht korrekt außerhalb der Reling bereit, an Land zu gehen, und der Skipper hat sein Boot so dicht heranmanövriert, daß die Crew keine kühnen Sprünge zu wagen braucht.

Mit einem halben Törn um die Landklampe läßt sich das Boot stoppen und dirigieren. Liegt das Boot in richtiger Position, verschwindet alle überschüssige Leine vom Steg. Aufgeschossen wird an Bord.

An- und Ablegen

In den meisten nordeuropäischen Häfen muß man sein Boot längsseits an einen Steg oder Schlengel usw. heranbringen oder, zum Auslaufen, davon ablegen. Leider gibt es dafür keine festen Regeln, die den Erfolg garantieren, weil so viel von Richtung und Stärke des Windes und des Stromes abhängt – und natürlich auch von der Manövrierbarkeit des Bootes unter Segel und Maschine. Wenn Sie kein sehr erfahrener Segler sind, sollten Sie unter Maschine manövrieren, bis sich Gelegenheit und viel Platz geboten haben, um unter Segeln zu üben.

Wenn es auch keine eisernen Regeln gibt, so gibt es doch ähnliche Situationen, denen Sie immer mal wieder begegnen werden, und Methoden, mit denen man ihrer Herr wird. Das ist auf den folgenden Seiten beschrieben. Allgemein gilt, daß man sein Boot mit dem Bug gegen die kräftigste Störung dreht, komme sie vom Wind oder vom Strom, und unter haarigen Bedingungen bedient man sich besser sogenannter 'Slipleinen, um das Boot zu bändigen und zu verholen (nächste Seite).

Jeder Propeller läuft zur Seite weg wie ein Rad auf glitschigem Boden und nimmt dabei das Achterschiff in dieser Richtung mit. Der Effekt ist im Rückwärtsgang stärker als beim Vorwärtsgang. Weil die meisten Segelbootspropeller linksgängig sind, ist die beste Anlegeseite Steuerbord – fährt man schräg heran und stoppt die Fahrt im Rückwärtsgang, dann fährt der Propeller das Heck an die Anlegestelle heran. Lassen Sie sich von einem geschickten Skipper die Sache vormachen.

Längsseite an einen Steg gehen: Einer springt mit der Vorleine an Land.

Slipleine

Eine Slipleine kann man, wie ihr Name schon sagt, von Bord aus loswerfen, ohne einen Knoten lösen zu müssen. Man führt die Leine durch einen Ring oder um einen Poller herum wieder an Bord zurück, um das Ablegemanöver vorzubereiten. So braucht keiner an Land zu bleiben, um die Leinen loszuwerfen und eventuell mit einem gefährlichen Sprung von hoher Mauer an Bord zu kommen.
Zwar muß man dafür sorgen, daß die Leine auch wirklich slipt. Ist sie durch einen auf der Mauer liegenden Ring geschoren, muß an der unter dem Ring liegenden Part geholt werden; bei einem hängenden Ring an der oberen, aus dem Ring kommenden Part. Nicht ruckweise ziehen. Ins Wasser gefallene Leinen schnell einholen, ehe sie in den Propeller kommen.

Heck hinausdrehen auf einer Vorspring. Der Mann links stoppt die Spring, der andere fendert ab.

Mit Leinen wenden

Zuweilen liegt man in einer zum Ablegen ungünstigen Richtung am Steg, weil der Strom oder starker Wind aus der falschen Richtung kommt. Dann kann man das Boot mit zwei langen Leinen, wie in der Skizzenfolge gezeigt, wenden. Dabei holt man am besten zuerst die Leine, die mit dem stärksten Einfluß geht. In der Skizze ist der Wind als der stärkere Einfluß angenommen, also werden Vorleine und Vorspring losgeworfen und an Leine A geholt. Solche Leinenmanöver, wie auch das Verholen des Bootes mit Leinen zu einem anderen Liegeplatz in der Nähe, sind gute und korrekte Seemannschaft.

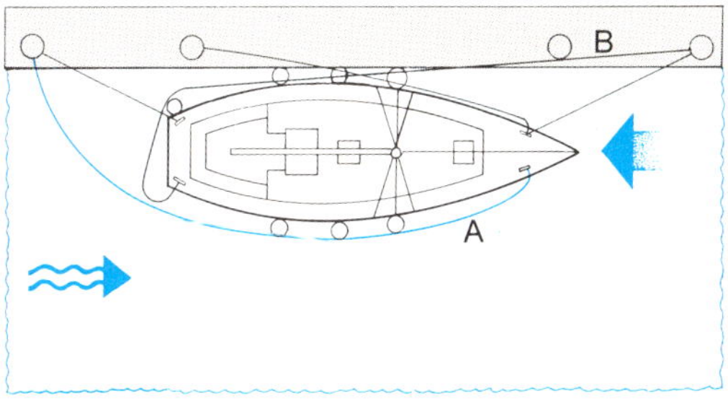

1 *Bringe eine Extraleine A vom Bug außenrum nach achtern zum Landpoller. Verlege die Vorspring B ums Heck an die ablandige Heckklampe des Bootes.*

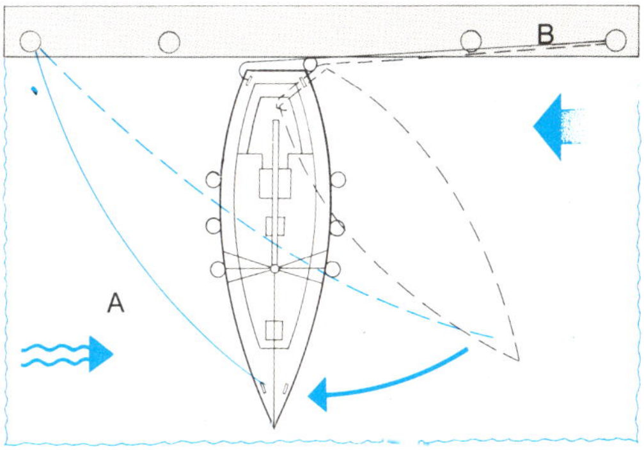

2 *Alle anderen Leinen los. An B beginnt man mit dem Holen, dann wird auch an A geholt, beziehungsweise die Lose eingeholt. In der Mitte des Manövers schwenkt das Boot sehr schnell, dann aber wieder langsam, bis es gewendet an der Pier liegt. Heck beweglich abfendern.*

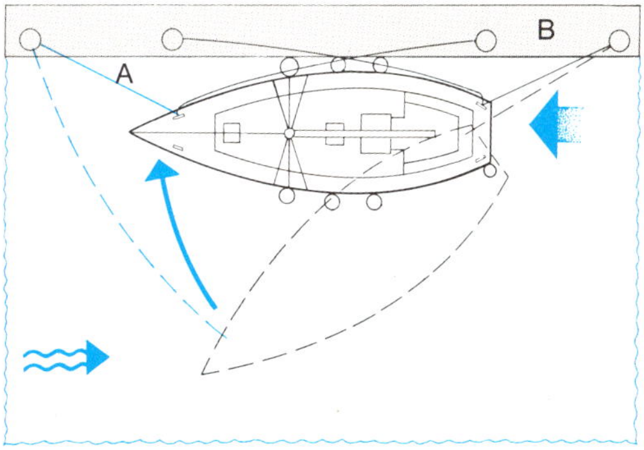

3 *A und B werden zu Vor- und Achterleine verkürzt und neue Springs gesetzt, wenn nicht bald wieder abgelegt wird.*

Ablegen mit Spring unter Motor

Wenn man alle Leinen loswirft und versucht, mit Maschine voraus von der Mauer wegzukommen, kracht und schrammt das Heck gegen die Wand und man kommt möglicherweise überhaupt nicht frei. Man fährt von der landseitigen Heckklampe eine Spring (nach vorn) auf Slip, die die letzte Verbindung zum Land hält und in die mit rückwärts gehender Maschine vorsichtig eingedampft wird. Bei starkem auflandigen Wind klappt dieses Manöver nicht. Es ist dann besser in eine vom Bug gefahrene Vorspring einzudampfen und Ruder zum Land zu legen, damit der Schraubenstrom das Heck weit vom Land abdrückt. Dann wird das Boot im Rückwärtsgang ins Fahrwasser gezogen und die Slipspring gleichzeitig eingeholt. Rückwärts ablegen ist in jedem Falle ein sicheres Manöver.

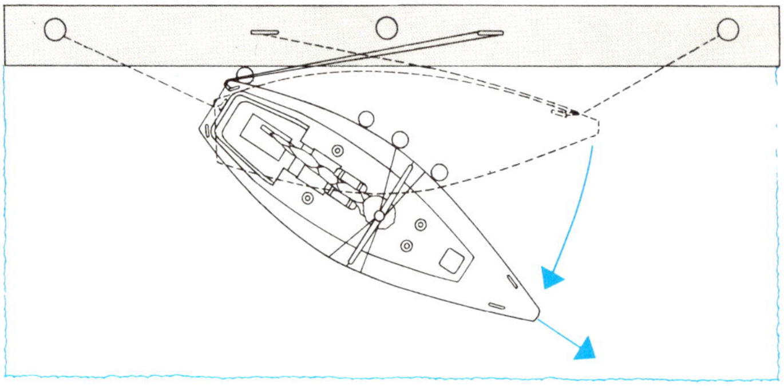

Mit dem Bug ablegen
Bring die Achterspring als auf Slip gefahrene Doppelleine aus. Wirf die anderen Leinen los und gehe mit Maschine ganz langsam rückwärts. Wenn alles klar ist, die Spring einholen.

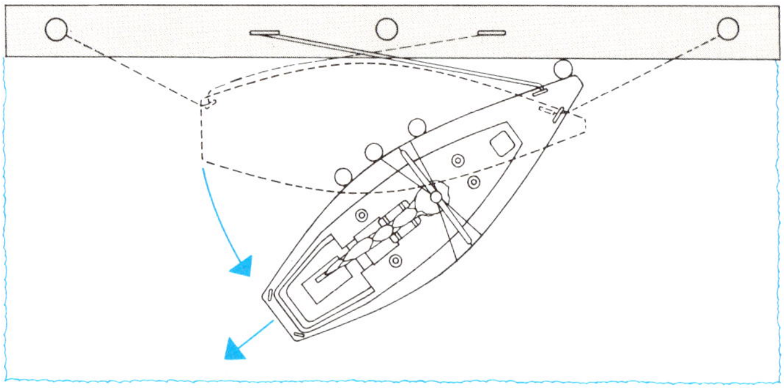

Mit dem Heck ablegen
Fahr die Vorspring doppelt auf Slip. Fender den Bug beweglich ab. Wirf alle Leinen los und fahr mit Ruder zum Land ganz langsam in die Spring ein. Ist alles klar, Ruder mittschiffs, Spring los.

Wie ablegen?

Das stärkere Element, Wind oder Strom, entscheidet, welches Ende des Bootes zuerst abgesetzt wird. Dominiert der Strom, gelten die beiden oberen Skizzen rechts. Für die Windsektoren darunter gilt entsprechendes. Bei ablandigem Wind kann man unter Umständen alle Leinen loswerfen und sich vom Wind ins Fahrwasser driften lassen, wobei sich der Bug wahrscheinlich zum freien Wasser hin dreht. Aber Ablegemanöver mit der Spring hat man besser unter Kontrolle.

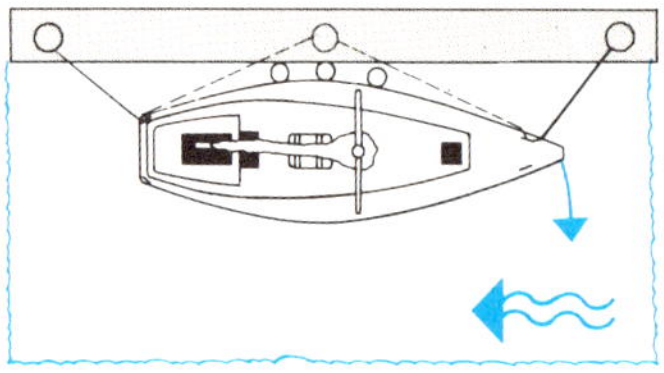

Bug zum Strom – voraus ablegen.

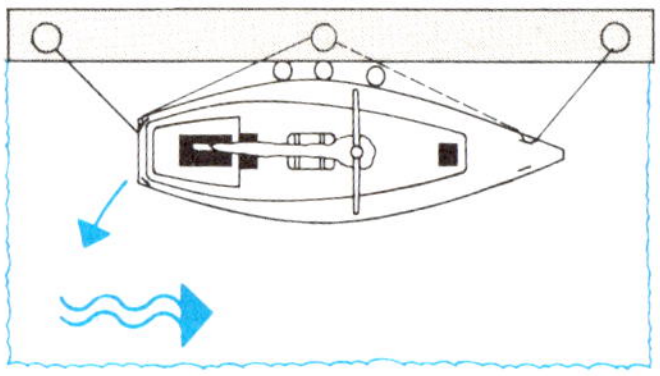

Heck zum Strom – rückwärts ablegen.

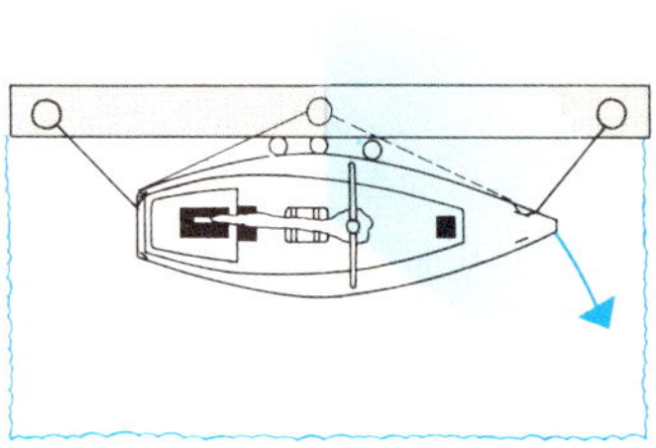

Wind vorlicher als querab – mit dem Bug ablegen.

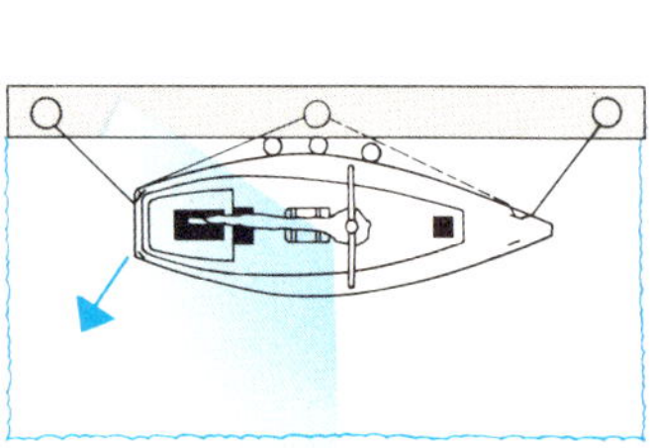

Wind achterlicher als querab – mit dem Heck ablegen.

Ablegen unter Segeln

Unter den meisten Voraussetzungen kann man seinen Liegeplatz unter Segeln verlassen, ausgenommen, der Strom ist sehr viel stärker als der Wind. Dann hat man das Boot kaum unter Kontrolle. Man benutzt dann besser den Motor oder verholt das Boot mit Leinen zu einer günstigeren Stelle. Kommt der Strom von achtern, sollte das Boot besser mit Leinen gewendet werden (Seite 81). Dann ist festzustellen, von wo der Wind kommt, um die richtige Ablegemethode anzuwenden. Im Prinzip wirft man die Leinen los wie beim Ablegen mit Maschine; die unter stärkster Spannung werden zuletzt losgeworfen und die betreffende Ecke abgefendert. Auflandiger Wind aber ist ein Problem. Vielleicht hilft ein Motorboot, sonst muß man eine Leine mit dem Dingi zu einem Steg in Luv bringen. Gibt's da keinen, muß ein Anker nach Luv ausgebracht werden, an dem man sich abwarpen kann. Kommt man bei auflandigem Wind an und will bald weiter, kann man den Anker auch gleich vor dem Anlegen fallen lassen. Kommt der Wind von vorne, setzt man das Großsegel, weil es bei loser Schot keinen Wind fängt, und setzt das Vorsegel erst, wenn das Deck von Vorleinen frei ist. Kommt der Wind raum, legt man nur unter Vorsegel ab und setzt das Groß sobald man frei ist.

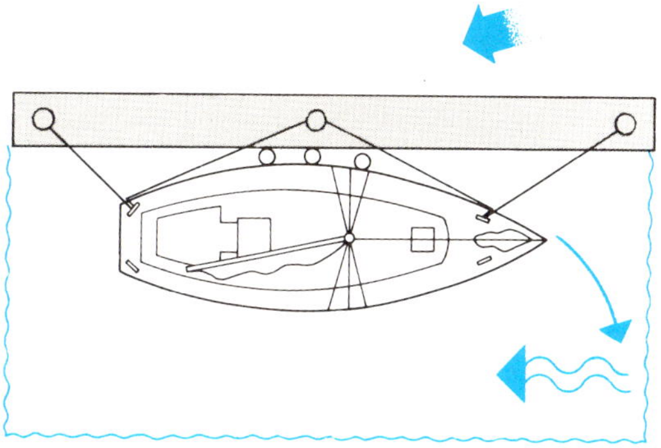

Wind ablandig und vorlich
Großsegel setzen und Leinen los. Ist das Boot klar gedriftet, Großschot dichtholen, Fock setzen und trimmen.

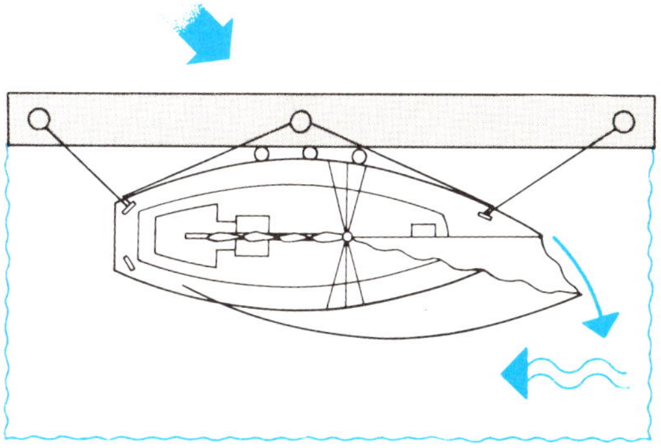

Wind ablandig und achterlich
Fock setzen, dann Leinen los und Fockschot holen. Wenn alles klar ist, Boot in den Wind drehen und Großsegel setzen.

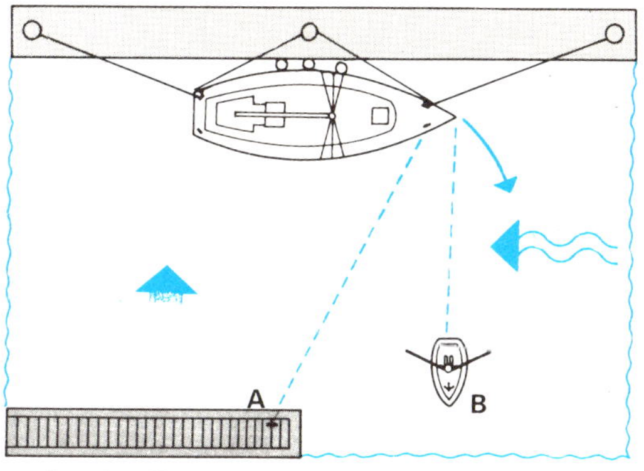

Auflandiger Wind
Das Boot muß mit Leine zu einem festen Punkt an Land (A) oder mit ausgebrachtem Anker (B) abgewarpt werden.

Ablegen allein unter Fock.

Anlegen mit Motor

Bei Annäherung an einen Liegeplatz folge man den bereits auf Seite 80 dargelegten Richtlinien und mache, wenn nötig, einen Versuchsanlauf, um sich von den Einflüssen von Wind und Strom ein Bild zu machen. Vor dem richtigen Anlegen müssen die Leinen an den Klampen belegt, durch die Klüsen außenbords und über die Reling zurück an Bord bereitgelegt und die Fender auf richtige Höhe herausgehängt sein. Die Crew informiere man vor dem Manöver über das, was man tun wird und was sie tun soll. Ist man unter Segel in den Hafen eingelaufen, den Motor zum Manöver erst etwas warmlaufen lassen. Der Crew gebe man stets ausreichend Zeit, die Segel niederzuholen und provisorisch zu zurren.

Beim Einlaufen in die Box steht die Crew bereit, mit den Leinen an Land zu gehen.

Wie man anlegt

Falls Wind und Strom parallel zum Ufer stehen, egal ob gleich- oder entgegengerichtet, wird nach der gleichen Methode, aber mit dem Bug gegen den stärkeren Einfluß, die Anlegestelle angelaufen. Die Festmacher liegen bereit. Die letzten Meter läßt man das Boot mit ausgekuppeltem Propeller auslaufen – etwas Gas geben, wenn's nicht reicht oder mit dem Rückwärtsgang stoppen, wenn man noch zu viel Fahrt hat.

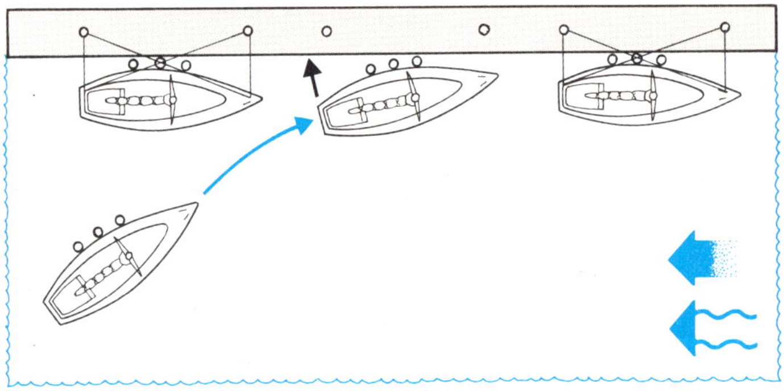

Ist der Wind auflandig, legt man das Boot parallel zum Ufer und läßt es mit dem Wind auf Land treiben. Bei ablandigem Wind (rechts) muß das Ufer steiler angelaufen werden. Die Crew muß die Achterleine weit nach vorne holen, um mit ihr an Land gehen zu können. Hat man nur einen Mann an Deck, muß er auf der vorderen Seitenklampe eine Spring belegen und sie an Land nach rückwärts auf einer Klampe stoppen. In diese Spring wird mit ablandigem Ruder eingedampft und so das Boot angelegt.

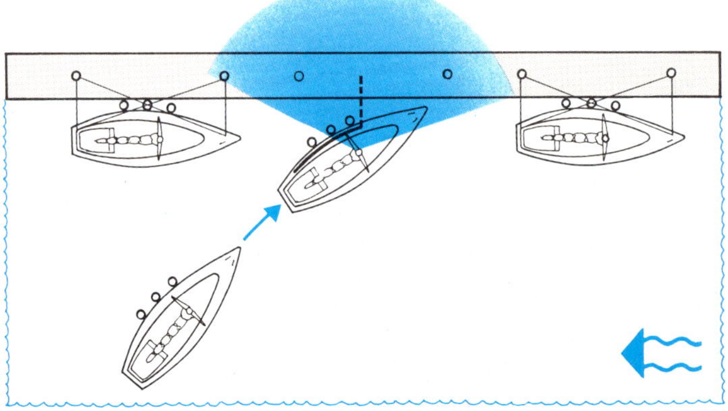

Anlegen unter Segeln

In einem überfüllten Hafen überläßt man das Anlegen unter Segeln besser den Cracks, wenn man einen Motor hat. Man sollte es aber üben, wo es möglich ist. Anfangs bei leichtem Wind und mit dem für alle Notfälle angelassenen Motor. Weil durch Gebäude der Wind im Hafen verwirbelt sein kann, haben auch die Cracks unter den Skippern im Voraus immer ein Auge auf mögliche Fluchtwege geworfen, wenn sie unter Segeln anlegen wollen. Es gehört eine Menge Können und Erfahrung dazu, ein Boot unter Segel langsam zu manövrieren. Sollte es zu viel Fahrt machen, entweder das Vorsegel fieren oder die Crew die Fock oder das Groß backhalten lassen (Baum gegen die Wanten stemmen). Gesteuert wird wie beim Anlegen unter Maschine.

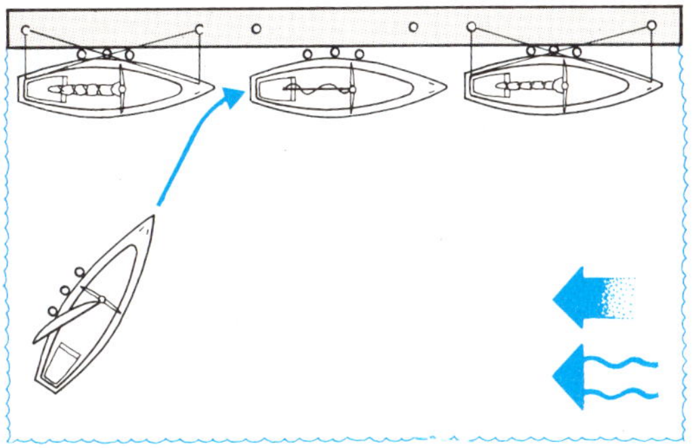

Wind mit Strom oder Starkwind gegenan
Laufe unter Großsegel voll und bei an und regele die Fahrt durch Schricken und Holen der Großschot. Bei der Anlegestelle Boot in den Wind drehen und wenn nötig Großsegel back drücken, um die Fahrt zu stoppen. Vor- und Achterleine zum Land, Großsegel schnell niederholen und auftuchen.

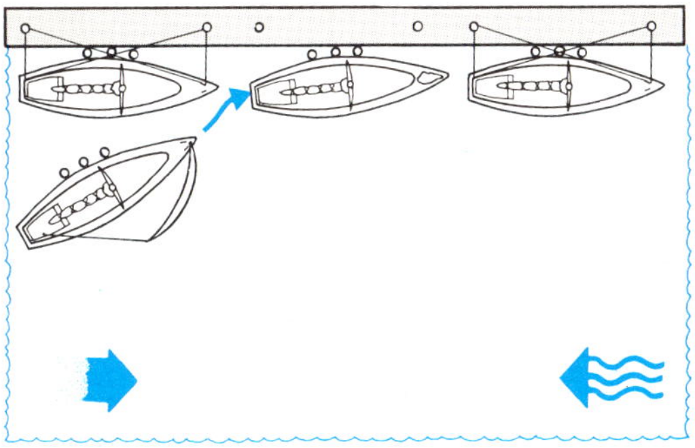

Starker Strom gegen leichten Wind
Unter Vorsegel mit reichlich gefierter Schot gegen den Strom anlaufen. Zu schnelle Fahrt durch teilweises Niederholen der Fock verlangsamen, eventuell ganz wegnehmen. Vorleine und Vorspring müssen als erste Festmacher an Land und auf Klampen oder Pollern gestoppt werden.

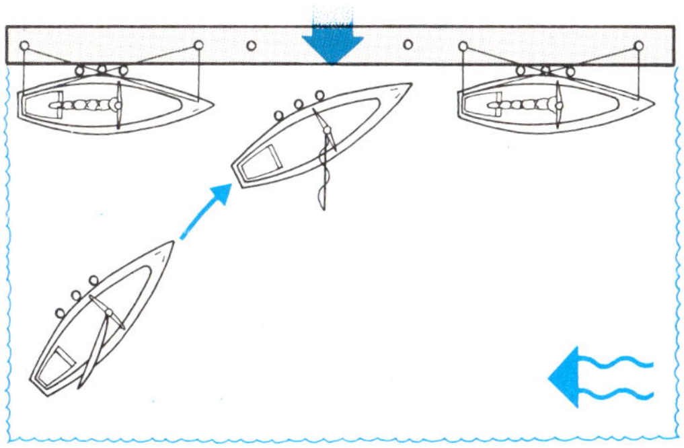

Ablandiger Wind
Gegen den Strom anlaufen. Kommt der Wind vorlicher als dwars, unter Großsegel, sonst unter Vorsegel anlegen. An der Anlegestelle Vor- und Achterleine schnell an Land, an der Achterleine aber erst holen, wenn das Großsegel unten ist. (Anlegen unter Vorsegel ist hier nicht gezeigt.)

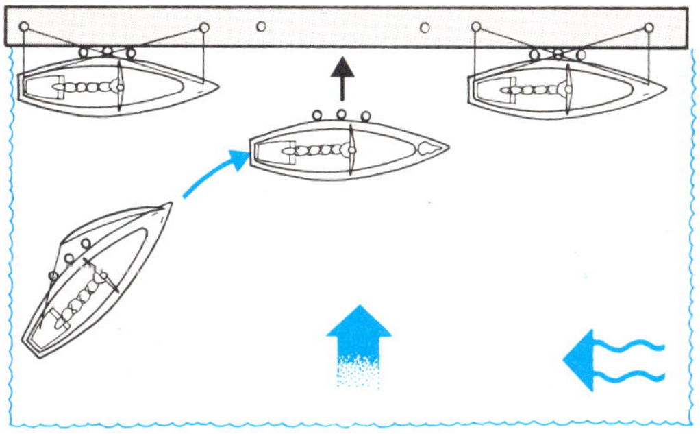

Auflandiger Wind
Man nähert sich der Anlegestelle unter Vorsegel. In etwa einer Bootslänge Abstand vom Ufer dreht man das Boot fast parallel zum Ufer mit dem Bug etwas nach Luv. Segel niederholen oder flattern lassen. Das Boot driftet langsam zum Land. Vor- und Achterleine als erstes an Land.

Festmachen im Päckchen

In beliebten, stark frequentierten Häfen bekommt man gewöhnlich keinen Platz direkt an Land und muß dann längsseits an einem dort festgemachten Boot festmachen – sich drauflegen. Nicht selten bekommt man wenig später selber einen Draufleger und liegt so im Päckchen. Die Schwierigkeit beginnt erst, wenn man innen oder an Land liegt und als erster auslaufen will (nächste Seite). Fragen Sie immer um Erlaubnis, ehe Sie sich drauflegen, damit man Sie für höflich hält. Die meisten Hafenmeister bestimmen, wie groß die Päckchen sein dürfen. Als Außenlieger muß man schon sehr lange Leinen haben, die als Vor- und Achterleine zum Land gebracht werden müssen, sonst werden die Leinen der Innenlieger überspannt und können brechen. Damit die Masten sich nicht verhaken, legt man sich in Gegenrichtung drauf, möglichst auf ein größeres Boot. Zum Landgang und bei der Rückkehr immer über die Vorschiffe turnen, zur Wahrung der Privatsphäre der Sportsfreunde.

Draufpacken

Wenn man sich auf ein Päckchen draufpackt, sollte der Bug nicht in dieselbe Richtung zeigen wie der des Bootes, an dem man festmacht. Besser zeigt er in die andere Richtung, dann können sich die Masten beim Rollen nicht vertütern. Prüfen Sie, ob auch alle Boote Vor- und Achterleinen zum Land ausgebracht haben und ob Sie Leinen genug haben, dasselbe zu tun, sonst liegt das Päckchen nicht sicher. Am anderen Boot macht man mit Brustleinen und Springs fest.

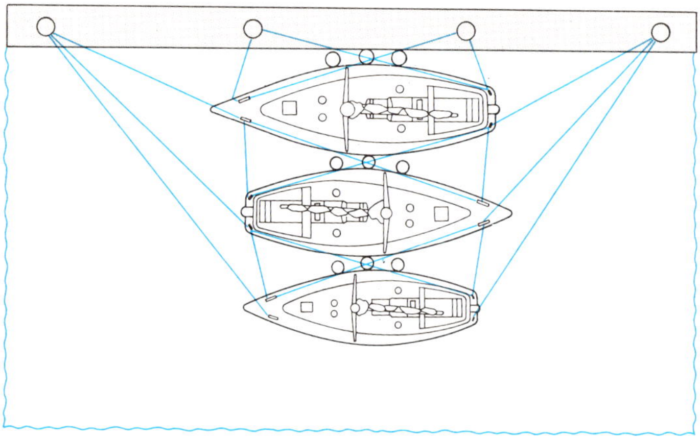

Oben rechts: Korrekt im Päckchen mit Brustleine und Springs zum Nachbarboot und mit zum Land ausgebrachten Vor- und Achterleinen festgemacht.

Rechts: das kleinste Boot liegt außen, hat aber keine Leinen zum Land ausgebracht, wie es sollte.

Ein Päckchen verlassen

Wenn man außen liegt, ist es kein Problem. Sich aus der Mitte davonzumachen, verlangt einige Überlegung. Man muß mit dem stärksten Einfluß herausfahren, damit die Boote hinter einem zusammentreiben. Machen Sie's umgekehrt, treiben sie auseinander, und Sie in ein kaum lösbares Problem.

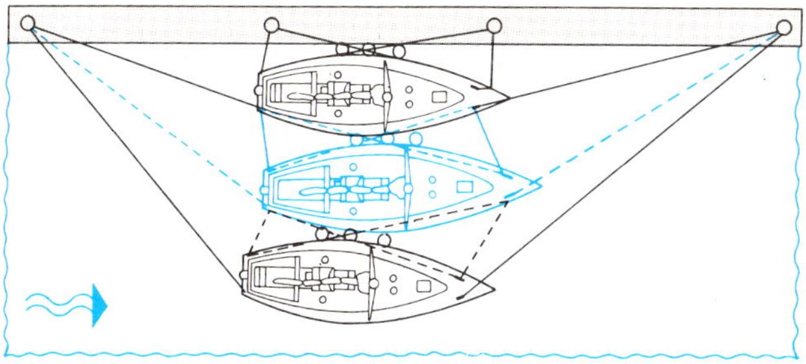

1 *Löse Vor- und Achterleine und die Springs und bring sie an Bord. Löse Springs und Brustleinen des Boots auf der Außenseite.*

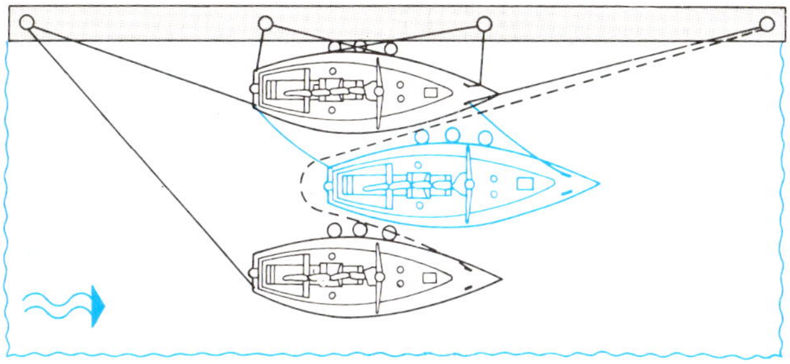

2 *Löse, je nachdem, Vor- oder Achterleine des Außenboots und bringe sie ums eigene Boot herum – hier die Vorleine.*

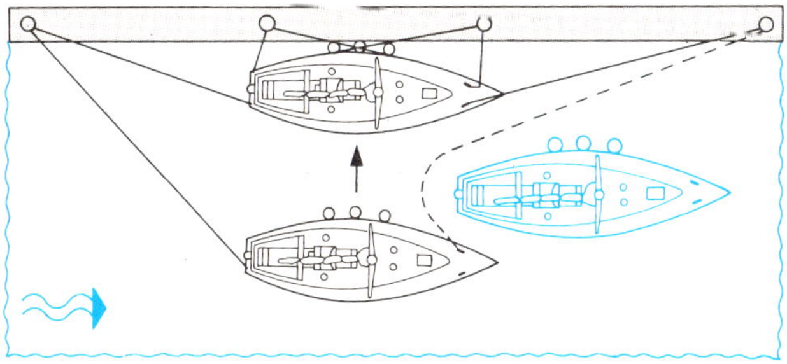

3 *Wirf die eigenen Brustleinen los und scher aus dem Päckchen. Bei Strom oder starkem Wind von vorn, macht man das Manöver rückwärts.*

Eins der in beliebten Häfen üblichen Riesenpäckchen während der Segelsaison.

Päckchen um eine Verholtonne

In manchen Häfen liegen Verholtonnen für große Schiffe, die nicht mehr oder zeitweise nicht benutzt werden. An diesen macht man, zuerst vorne abgefendert, fest, dann mit Spring und Achterbrustleine zum Nachbarboot. Beim Verlassen der Boje muß man einen der Crew auf den anderen Booten lassen, wenn diese unbemannt sind, damit er die Boote ordnungsgemäß untereinander festmacht. Danach holt man ihn von einem Außenboot ab. Die Methode ist nur in Häfen ohne Tidenstrom möglich.

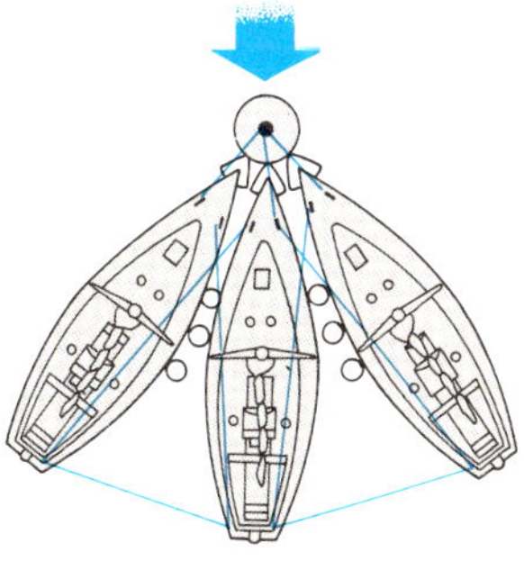

Bootspäckchen an einer Verholtonne.

Marina-Liegeplätze

Marinas bieten eine große Zahl Schwimmstege (Schlengel) und manche Annehmlichkeit an Land, weswegen sie großen Zulauf haben. Aber die Liegeplätze sind eng, die Zufahrten ebenso, und die Hafenmeister verbieten Hafenverkehr unter Segeln. Man muß auf engstem Raum manövrieren können. Da gibt es Ecken, in die hinein oder aus denen heraus man nur kommt, wenn man eine 35-Grad-Drehung auf der Stelle beherrscht – glücklich, wer da ein auf Rückwärtsmanöver willig gehorchendes Boot hat. Es wäre tollkühn, ein Boot mit viel Windangriffsfläche und schwacher Maschine in ein enges Loch manövrieren zu wollen; helfen kann dann nur, an den Kopf eines Schlengels zu gehen und das Boot von dort mit Leinen zum Liegeplatz zu verholen.
Zu den Vorteilen der meisten Marinas zählt, daß Läden, Restaurants, Werkstätten und Duschen vorhanden sind, und daß sie gewöhnlich außerhalb der Tidenströme angelegt sind.

Manöver auf engstem Raum

In vielen Marinas ist der Manövrierraum so eng, daß einem nichts anderes übrig bleibt, als an der Leine zu manövrieren oder von Hand zu verholen. Es lassen sich leider keine allgemeingültigen Regeln aufstellen. Jeder Skipper muß für sich und sein Boot überlegen, wie er es bewerkstelligen kann. Und immer daran denken, daß man mit Leinen ein Boot leicht in Bewegung bringen kann, aber es dann von Hand wieder zu stoppen ist kaum möglich; die Leine muß um eine Klampe oder einen Poller herum durch Reibung gehalten werden. Nahezu ein Allheilmittel sind Manöver mit Spring (auf Slip) und Maschine, wobei die Spring von Deck aus nach Bedarf gefiert oder geholt werden kann. Holen gelingt jedoch nur mit Motorhilfe.

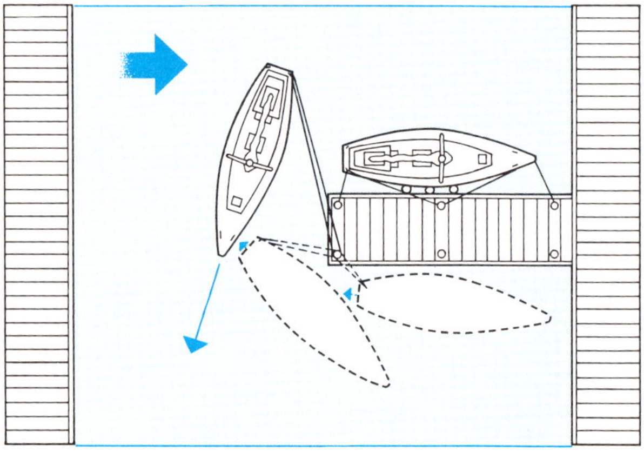

Das Boot oben hat beschränkten Drehraum, und starker Wind könnte verhindern, daß der Bug nach Luv zu drehen ist. Nimm die Achterleine auf Slip (1) und gib sie langsam aus, während mit Motor rückwärts gefahren wird (2). So kann das Boot um den Kopf des Steges gedreht werden, bis in Position (3) die Leine losgeworfen und Fahrt voraus aufgenommen werden kann. Die lose Part der Slipleine um eine Klampe nehmen, denn frei aus der Hand ist sie nicht zu halten.

Ablegen

Vor dem Verlassen des Liegeplatzes sehe man sich gut um, wie der Wind steht, welche Boote im Weg sind oder gerade auch ablegen oder einlaufen. Man muß langsam fahren, was aber nicht heißt, das ganze Manöver mit Leerlaufdrehzahl zu versuchen. Um das Boot von einer Ecke freizukriegen, auf die es zu driften droht, oder um es bei engem Raum in einen starken Wind zu drehen, benötigt man einen beherzten kräftigen Gasstoß. Die meisten Amateurskipper machen das zu zaghaft. Im Fahrwasser die rechte Seite einhalten, aber wenn einem jemand mit Manövrierproblemen in die Quere kommt, gebe man als Klügerer Raum.

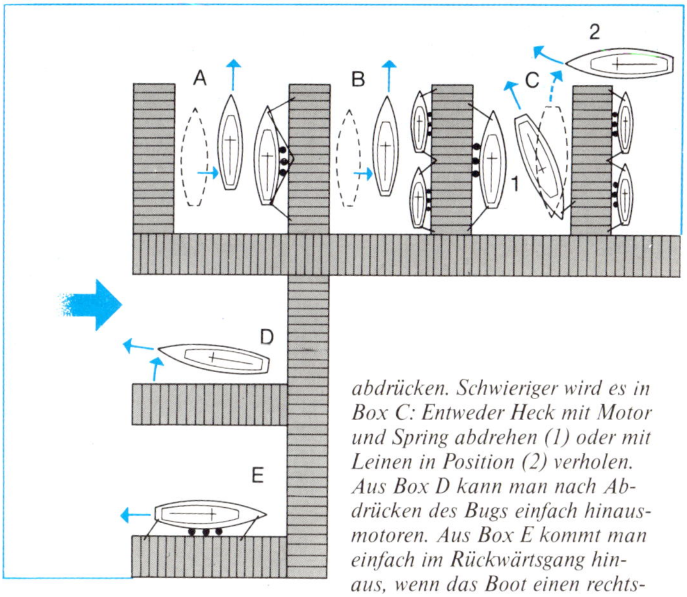

Einfach ist es in Box A und B: Motor anstellen, Leinen los, und wenn der Wind das Boot abgedrückt hat, langsam voraus. Ist der Wind nicht kräftig genug, Bug abdrücken. Schwieriger wird es in Box C: Entweder Heck mit Motor und Spring abdrehen (1) oder mit Leinen in Position (2) verholen. Aus Box D kann man nach Abdrücken des Bugs einfach hinausmotoren. Aus Box E kommt man einfach im Rückwärtsgang hinaus, wenn das Boot einen rechtsgängigen Propeller hat, denn der läuft im Rückwärtsgang nach Backbord. Hat das Boot einen linksgängigen Prop, macht man das Manöver wie auf Seite 88.

Anlegen

In Marinas liegt man meist in Boxen, und man muß beim Einlaufen erst mal Informationen sammeln, wo man genehm ist, wo sich Gastliegeplätze befinden. Der Versuch, zu diesem Zweck an einen freien Platz anzulegen, wird oft energisch abgewinkt. Lassen Sie sich davon als Skipper nicht beirren, machen Sie provisorisch mit Vorspring und langsam laufendem Propeller fest. Dann bitten Sie den abweisenden Typ freundlich um Anweisung oder weiteren Rat. Sie können das auch neben dem Boot eines abweisenden Sportsfreundes tun. Gibt es in der Marina eine Auswahl von Boxen für Sie, dann wählen Sie eine, in der Sie mit dem Bug zum Wind liegen können, damit's in der Kajüte nicht so zieht.

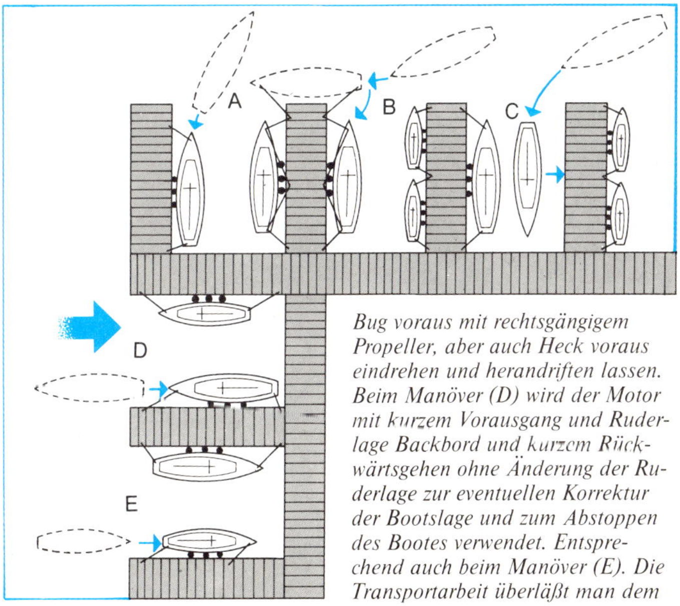

Bei nur geringem Seitenlauf des Propellers geht man mit dem Heck schräg in den Wind rückwärts in die Box (A), sonst Boot an den Kopf des Stegs bringen (B) und an Leinen in die Box verholen. An die Luvseite eines Stegs (C) kann man Bug voraus mit rechtsgängigem Propeller, aber auch Heck voraus eindrehen und herandriften lassen. Beim Manöver (D) wird der Motor mit kurzem Vorausgang und Ruderlage Backbord und kurzem Rückwärtsgehen ohne Änderung der Ruderlage zur eventuellen Korrektur der Bootslage und zum Abstoppen des Bootes verwendet. Entsprechend auch beim Manöver (E). Die Transportarbeit überläßt man dem Wind, der Motor wird nur kurz im Voraus- oder Rückwärtsgang zur Korrektur der Kielrichtung gebraucht. Stoppen oder halten Sie das Boot nicht mit Leinen an den Enden, sondern mit Achterspring (D) und Vorspring (E).

Heck zur Pier

Deutsche nennen es „römisch-katholisch anlegen" weil es die in den katholischen Mittelmeerländern vorherrschende Art des Festmachens ist. Da die Poller häufig aus Beton sind, hat der Mittelmeerskipper besser zwei 1,5 m lange Ketten dabei, die an die Achterleinen geschäkelt und um die Schmirgelpoller gelegt werden. Das Ankern müssen Skipper und Crew beherrschen (Seite 96 ff). Vor allem das kurze Stoppen der Kette auf dem Rückwärtsweg zur Pier, um den Anker einzugraben, den man in gut vier Bootslängen Abstand von der Pier fallen läßt, sonst hält er nicht. So kurz wie auf der Zeichnung darf der Anker nicht liegen.

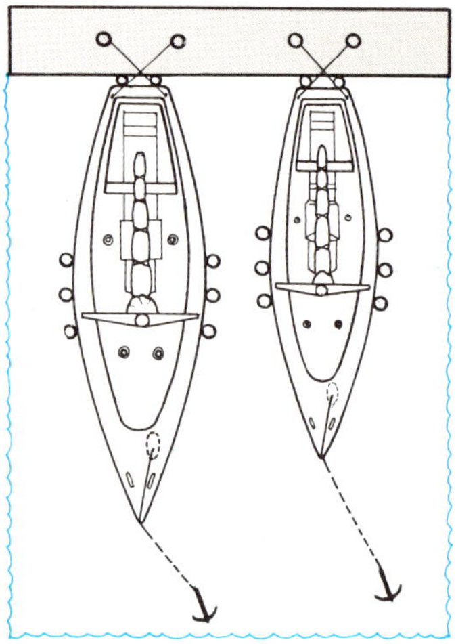

Ablegen

„Römisch-katholisch" ablegen ist anfangs einfach. Man holt die beiden Achterleinen ein, schickt jemand an die Ankerwinsch, geht mit der Maschine voraus und hält Ruder gegen den Wind. Geht das Einholen der Kette nicht so schnell, muß die Fahrt kurz unterbrochen werden. Es ist gefährlich, im Hafen die Kette überholen zu wollen. Das dicke Ende kommt oft beim Ausbrechen des Ankers, weil noch vier andere dran hängen. In jedem Hafen gibt es Taucher, die gegen Gebühr gerne helfen.

Anlegen

Der Ankergrund in Häfen ist fast immer Mutt, in dem der Anker schlecht hält. Es muß viel Kette auf dem Grund liegen, damit auch bei Seitenwind genug Halt vorhanden ist. Daß die Yacht wegen des Propellerseitenlaufs Bögen beim Rückwärtsgehen fährt, muß hingenommen und mit kurzem Vorausgehen zwei oder dreimal korrigiert werden. Der Trick der Bootsleute (Profis) im Mittelmeer ist, recht schnell rückwärts zu fahren, wobei das Ruder mehr Wirkung hat. Und das Eingraben des Ankers bei gestoppter Kette, die dabei heftig springt, richtet das Boot ebenfalls gerade. Ein Versuch, wie unten links dargestellt, würde im Mittelmeer den ganzen Hafen gegen Sie aufbringen. Er geht von allzu theoretischen Überlegungen aus.

Das Manöver kann so eng, wie in der Skizze dargestellt, nicht gefahren werden. Der Anker muß auch bei Seitenwind senkrecht zur Pier ausgelegt werden, nicht wie bei (2) über die Ankertrosse des Nachbarn.

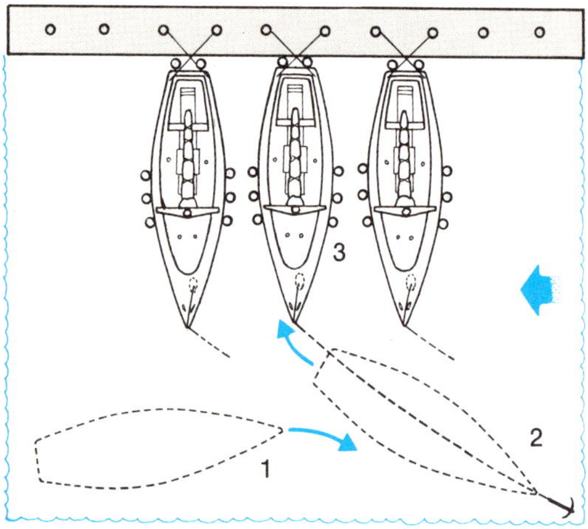

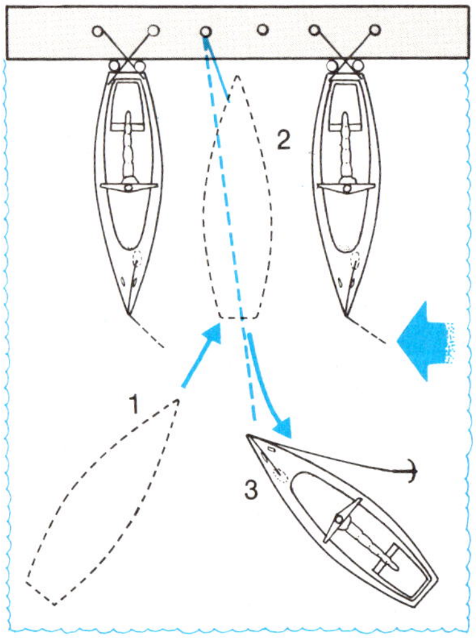

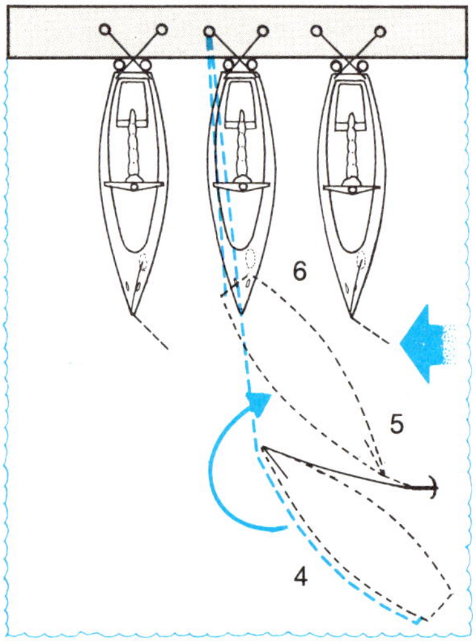

Das hier dargestellte Manöver ist reine Theorie und in der Praxis so nicht ausführbar. Es ist auch nicht einzusehen, warum es so umständlich gemacht werden sollte, denn Platz um rückwärts heranzufahren ist immer vorhanden. – (Übersetzer)

Zwischen Pfählen und Schlengeln

Schlengel sind auf dem Wasser schwimmende Bootsstege, die so verankert sind, daß sie örtlich festliegen, mit unterschiedlichen Wasserständen jedoch auf- und absteigen können. Parallel zu ihnen sind Pfähle gerammt, für sehr große Yachten auch Ankerbojen ausgelegt. Es wird immer senkrecht zu den Schlengeln festgemacht, doch man hat die Wahl, ob mit dem Bug zum Steg oder mit dem Heck. Wer in solch einer Anlage seinen Heimathafen hat, läßt die für sein Boot maßgeschneiderten Festmacher am Schlengel und an den Pfählen gewöhnlich zurück.

Anlegen

Es müssen zwei Vorleinen und zwei Heckleinen bereitliegen. Die Heckleinen werden vor dem Eindrehen nach vorn bis zu den Wanten gebracht, da der Skipper dort das Boot besser erst zu dem einen dann zum anderen Pfahl drehen kann, so daß die Crew am Pfahl festmachen kann. Dann wird vorsichtig mit dem Bug bis an den Schlengel vorgefahren und ein Mann abgesetzt, der die beiden Vorleinen nach jeder Seite ausbringt. Will man mit dem Heck zum Steg festmachen, legt man das Boot im Rückwärtsmanöver mittschiffs auf einen der Pfähle und dreht es an kurzer mittschiffs gehaltener Slipspring mit dem Heck in die Box ein. Dann legt man die Vorleine auf den Pfahl und nützt den Propellerseitenlauf, um den anderen Pfahl zu erreichen und die andere Vorleine aufzulegen. Dann zurück an den Schlengel. Landverkehr ist einfacher übers Heck.

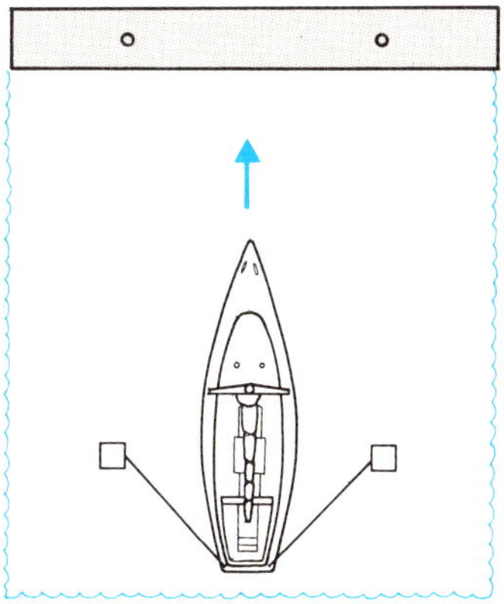

1 *Hole die Achterleinen bis an die Wanten vor und mache sie an den Pfählen fest.*

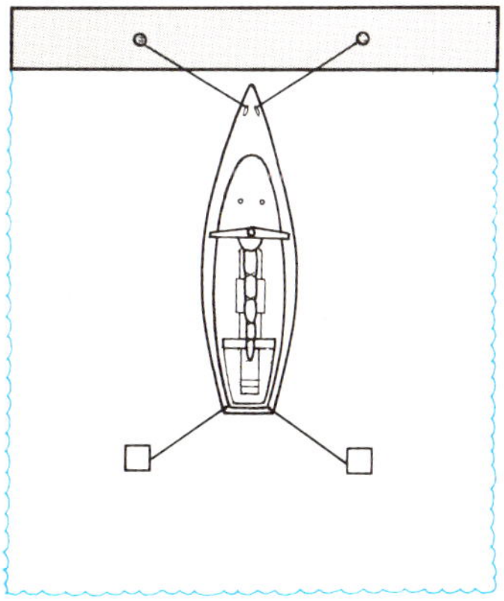

2 *Motore unter Kontrolle der Achterleinen bis dicht an die Pier und mach die Vorleinen fest.*

Ablegen

Die folgenden Instruktionen gelten für Bug zum Steg oder Schlengel. Hat man mit dem Heck angelegt, brauchen sie nur umgekehrt zu werden.
Die anzuwendende Methode hängt von der Windrichtung ab. Kommt der Wind genau von vorn oder achtern, ist die Aufgabe einfacher. Man riggt die Achterleinen auf Slip und bringt die freie Part nach vorn bis zu den Wanten. Dann wirft man die Vorleinen los und zieht das Boot an den Achterleinen zwischen die Pfähle und nimmt die Slipleinen dann herein. Bei starkem Querwind können Sie das Boot nicht wie in Skizze 2 an einer Vorspring zum Pfahl halten; es schlägt quer. Lassen Sie nach Lee Fender aushängen und das Fenderbord bereithalten – am besten von zwei Mann, die jeder einen Fender und einen Stropp des Fenderbords beweglich aus der Hand fahren, damit sich das Boot auf den Pfahl in Lee stützen kann.

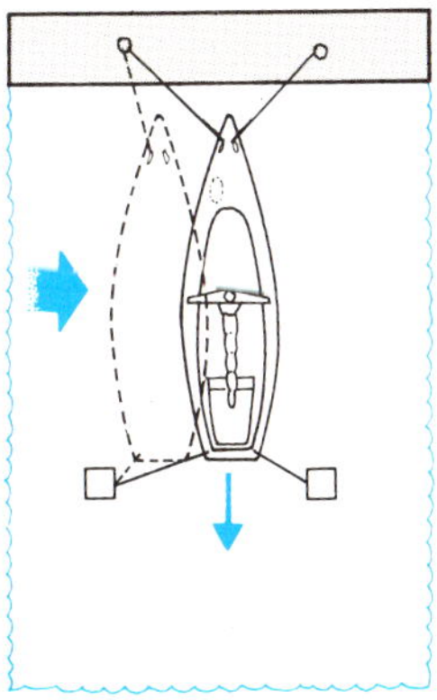

1 *Luvleinen etwas fieren, um die Leeleinen loswerfen zu können.*

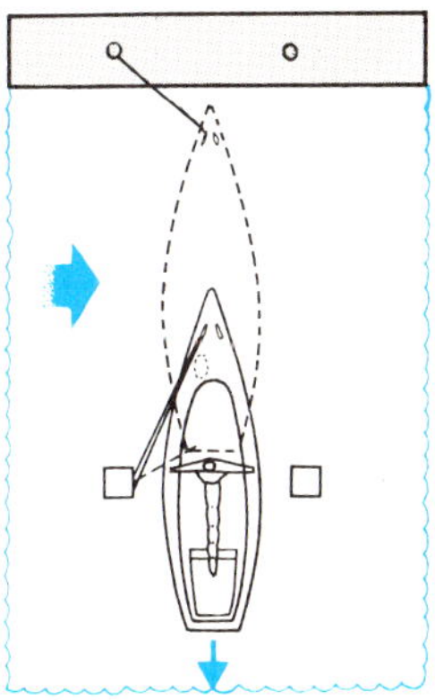

2 *Halte den Bug besser mit langer auf Slip gefahrener Vorleine zum Land. So droht Querschlagen.*

Festmachen zwischen Pfählen

In den Grund gerammte Holz- oder Eisenpfähle, ausgerichtet nach den Tidenströmungen dienen in engen Tidenhäfen zum Festmachen vorn und achtern. Die Pfähle haben Eisenstangen, an denen ein Ring auf- und niederfahren kann, und man schert seine Festmachleinen durch diesen Ring zurück an Bord. So können sie jederzeit leicht losgeworfen werden. Eine dünne Leine ist am Ring und am Topp des Pfahls befestigt, um den Ring aus dem Wasser hochziehen zu können. Gewöhnlich dürfen zwei, höchstens drei Boote im Päckchen zwischen einem Pfahlpaar liegen. Man legt sich immer mit dem Bug gegen den Ebbstrom, weil der stärker ist. Für den Ausgleich des Tidenhubs sorgt der Ring von selbst.

Die Achterleine dieses Bootes ist gerade auf der Klampe belegt worden. Das überschüssige Ende wird aufgeschossen.

Ablegen unter Motor

Auf welche Weise man eine Pfahlmuring verlassen kann, hängt davon ab, ob man sie mit einem anderen teilt oder gar mitten im Dreierpäckchen liegt und die auf Seite 87 beschriebene Methode anwenden muß. Liegt man außen, kann man Vor- und Achterleine mit dem Tender von den Pfählen holen, dann die Leinen zum Nachbarn loswerfen und ablegen wie auf Seite 80 bis 85 beschrieben. Liegt man allein zwischen den Pfählen, manövriert man je nach Wind und Strom wie unten dargestellt.

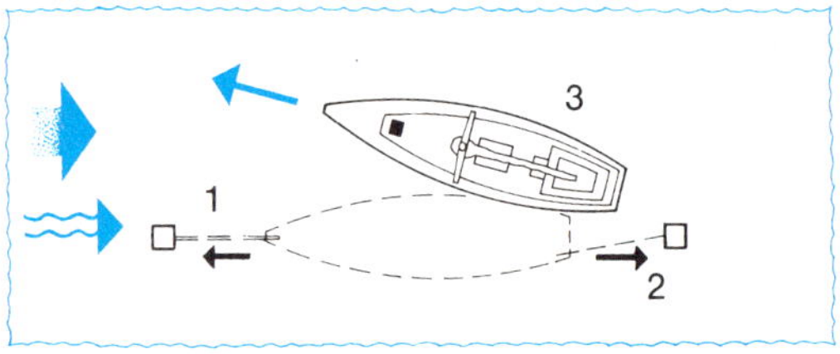

Bug gegen stärksten Einfluß
Ziehe das Boot unter Fieren der Achterleine zum vorderen Pfahl (1) und lege die Vorleine auf Slip. Fall achteraus (2) und löse die Achterleine. Maschine langsam voraus und Vorleine einholen (3).

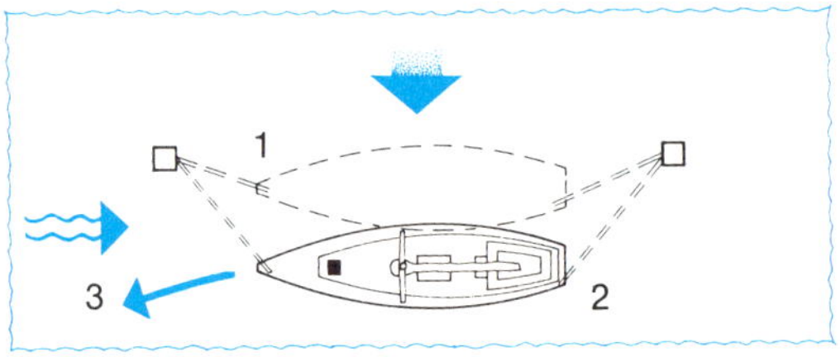

Seitenwind
Kommt der Strom von vorn, beide Leinen auf Slip legen (1). Beide Leinen fieren, bis das Boot frei liegt (2). Motor langsam voraus, Leinen einholen. Bei Strom achterlich siehe unten.

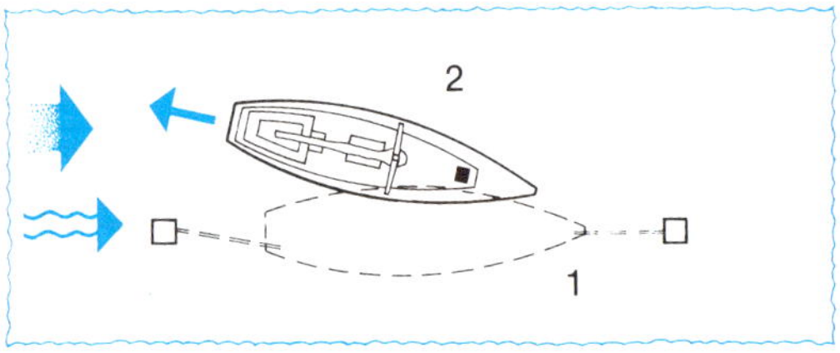

Schub von achtern
Motort das Boot gut rückwärts, beide Leinen auf Slip und Boot zur Richtung des Propellerseitenlaufs rückwärts herausziehen. Manövriert das Boot schlecht rückwärts, das Boot mit Leinen wenden (Seite 81).

Festmachen unter Maschine

Bei der Planung dieses Manövers muß man die gleichen Überlegungen anstellen wie bei den anderen Manövern bezüglich Wind- und Stromeinfluß. Vor- und Achterleine müssen belegt bereitliegen. Das Festmachen am Ring eines Pfahls besorgen am besten zwei gemeinsam. Der Ring wird mit dem Bootshaken herauf- und herangeholt. Der eine hält dann das Boot beim Pfahl, während der andere die Leine am Ring festmacht (Foto). Liegen schon andere Boote da, verfährt man nach der Päckchenmethode auf Seite 86. Will man für längere Zeit bleiben, muß man sein Boot so drehen, daß es mit dem Bug gegen den Ebbstrom liegt.

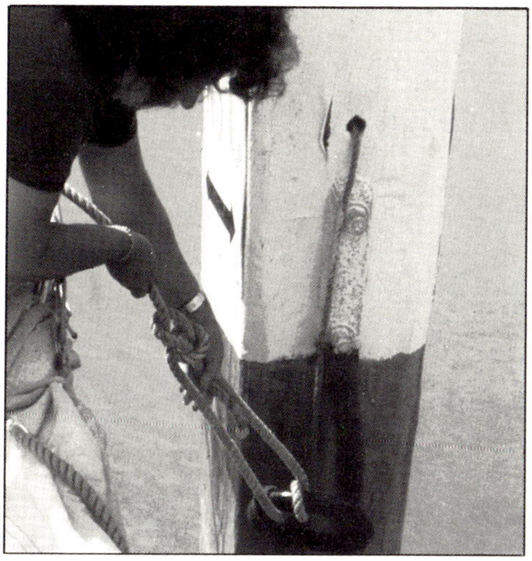

Wind und Strom aus derselben Richtung
Laufe gegen Strom und Wind und bringe den Bug an den Luvpfahl, zum Festmachen der Leine (1). Laß das Boot an der Vorleine zurückfallen bis zum Leepfahl (2). Achterleine festmachen und das Boot bis in die Mitte verholen, eventuell mit etwas Motorhilfe.

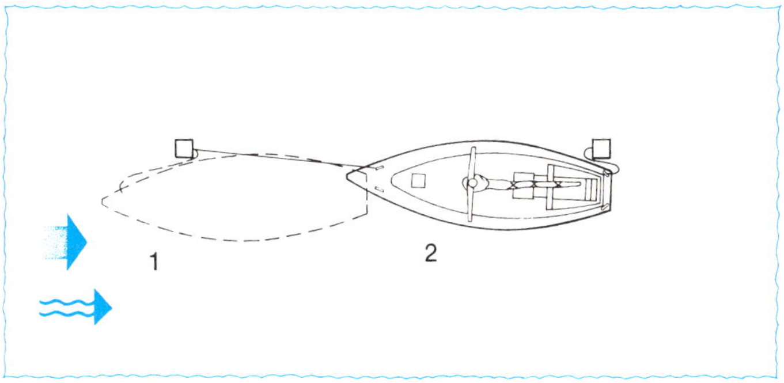

Wind und Strom entgegengesetzt
Laufe gegen den stärkeren Einfluß und stoppe beim ersten Pfahl. Achterleine festmachen und von Bord aus entsprechend fieren (1). Zum nächsten Pfahl laufen und Vorleine festmachen (2). Zurückfallen lassen auf Mitte. Leinen belegen. Motor aus. Wahrschau, daß die Achterleine nicht in den Propeller kommt.

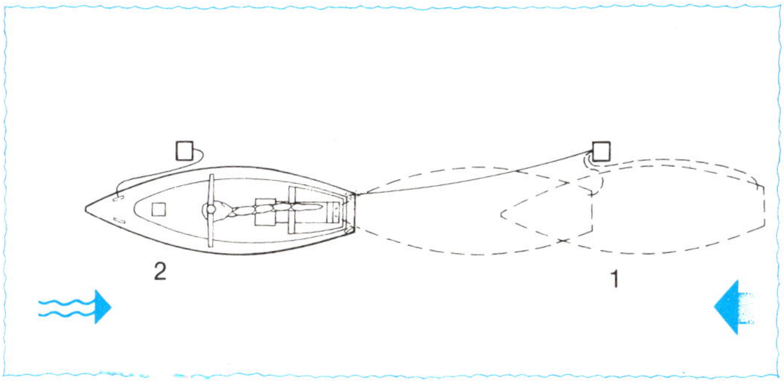

Querwind
Der erste Pfahl wird schräg gegen den Wind angelaufen. Die Achterleine wird bis zu den Wanten vorgebracht, am Pfahl festgemacht (1) und beim Hinüberfahren zum anderen Pfahl um die Achterklampe auf Stopp kurz gefahren, damit sie nicht in den Propeller kommt. Vorleine am zweiten Pfahl fest (27) und zur Mitte verholen.

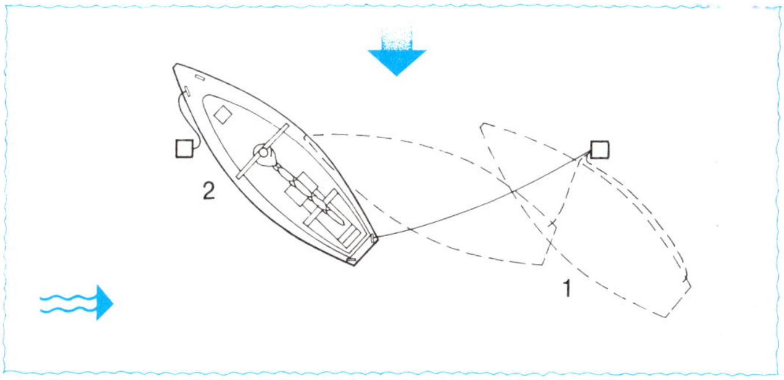

Ablegen unter Segel

Unter Segeln eine Pfahlmuring zu verlassen, ist nicht schwieriger als das Ablegemanöver von einer Mauer. Aber, wie bei allen Hafenmanövern, ist es besser, es nicht unter Segel zu versuchen, wenn der Hafen vollgepackt ist; außer, es bleibt einem nichts anderes übrig. Pfahlmurings liegen gewöhnlich am Rand von Fahrwassern, durch die Tidenströme setzen, und deshalb legt man gewöhnlich mit dem Bug gegen den Strom ab, weil man dabei Fahrt und Ruder besser unter Kontrolle hat. Das bedeutet, man muß das Boot zuerst mittels Leinen drehen, wenn es mit dem Heck zum Strom liegt.
Liegt man allein zwischen den Pfählen, macht man eins der unten beschriebenen Manöver. Im Päckchen holt man Vor- und Achterleine mit dem Beiboot und legt nach den auf Seite 82 und 83 beschriebenen Manövern ab. Hat man das Pech, mitten im Päckchen zu liegen und einen streikenden Motor zu haben, muß man einen der Außenlieger schon bitten, loszuwerfen. Eine professionell eingespielte Mannschaft versteht es aber auch, sich mit Leinen und Muskelkraft in die Freiheit zu verholen.

Zwischen zwei Bojen

In einigen britischen Häfen und Flußmündungen liegen Vor- und Heckbojen zum Festmachen aus, zwischen denen man festmachen soll. Die Methode ist im Prinzip dieselbe wie zwischen Pfählen. Als Gast im United Kingdom sucht man sich wohl besser eine andere Möglichkeit, zumal nur die Einheimischen wissen können, für welche Tonnage die Anker der Bojen gedacht sind.

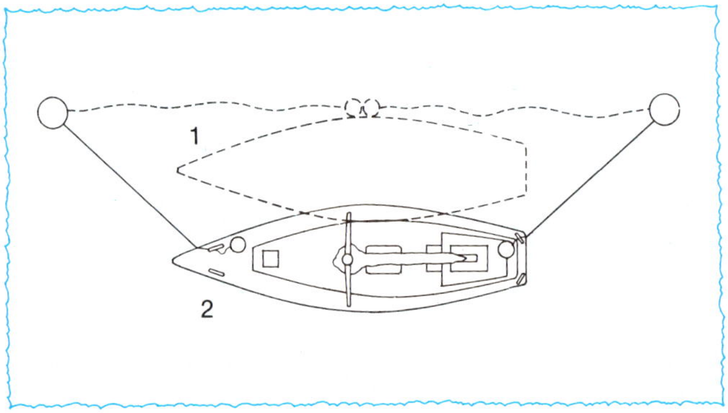

Auffischbojen
Die Hauptbojen der Doppelmurings sind manchmal mit kleineren Auffischbojen an Leinen oder Ketten versehen, die man leicht mit dem Bootshaken an Deck holen kann (1). Der eine Bojenstander wird vorn, der andere achtern belegt (2).

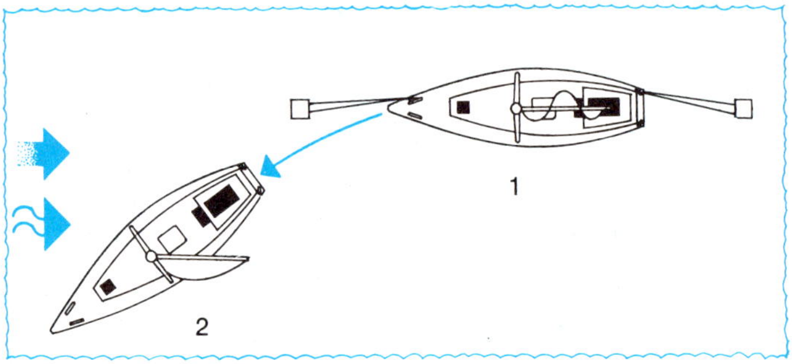

Wind vorlich
Dreh das Boot mit dem Bug gegen den Strom und mach beide Segel fertig zum Setzen. Vor- und Achterleine auf Slip. Setze das Großsegel (1). Schot anholen und Ruder auf abfallen. Heck- und dann Vorleine los (2) und auf Kurs gehen. Sobald alles klar ist, heiß auf die Fock.

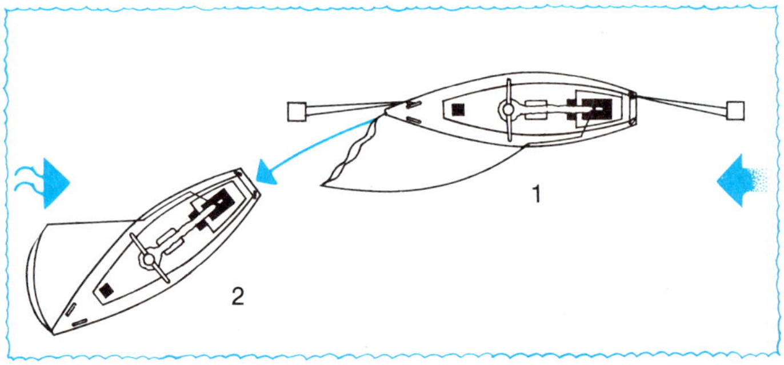

Wind seitlich bis achterlich
Boot mit dem Bug gegen den Strom. Beide Segel klar zum Setzen. Beide Leinen auf Slip. Heiß auf die Fock! (1). Schot anholen und beide Leinen los und ins Fahrwasser steuern, wenn das Boot Fahrt aufnimmt (2). Wenn alles klar ist, Boot in den Wind drehen, um das Großsegel zu setzen.

Festmachen unter Segel

Beabsichtigt man, eine Pfahlmuring unter Segeln anzusteuern, muß man sich selbstverständlich nach Wind und Strom richten, doch ist es meist richtig, den Anlauf gegen die Tide zu machen. Ob man mit dem Vorsegel oder mit dem Großsegel herangeht, ist dann von der Windrichtung abhängig. Kommt er vorlich oder raum? Weil man sehr langsam segeln muß, ist also eifrig mit der Schot zu spielen, um das Boot etwa bei den Wanten an den Luvpfahl zu bringen. Das Festmachen der Leine am Ring muß sehr schnell gehen. Wenn die Crew Knoten nur nach längerem Nachdenken beherrscht, soll sie die Leine besser durch den Ring geschoren als Doppelleine stecken.

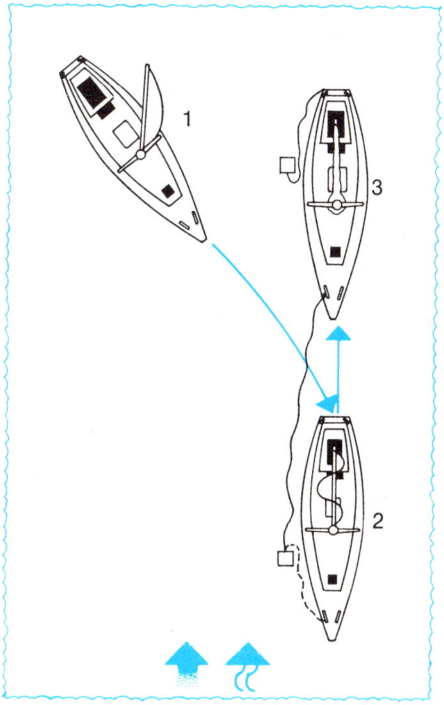

Vorlicher Wind
Auch bei schwachem Strom gegen den Wind nur unter Großsegel am Wind den Luvpfahl anlaufen (1), an ihm stoppen und Vorleine festmachen (2). Großsegel niederholen, zum Leepfahl zurückfallen lassen und Achterleine festmachen (3). Dann auf Mitte verholen.

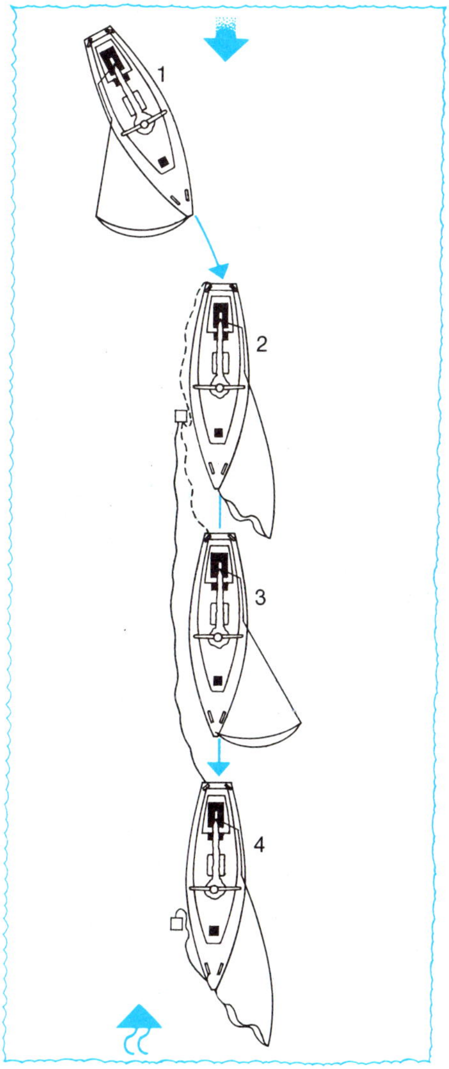

Wind seitlich bis achterlich
Setzt starker Strom bei leichtem Wind, nur unter Vorsegel (1) an den Pfahl herangehen, die Schot auffieren, damit das Boot stoppt, und Achterleine festmachen (2). Schot wieder anholen und zum Vorderpfahl weitersegeln (3), um die Vorleine festzumachen. Vorsegel niederholen (4). Boot auf Mitte verholen.

Ankern und muren

Der Unterschied besagt, anders als in der Berufsschiffahrt, in Yachtkreisen, daß man entweder mit dem eigenen Ankergeschirr am Meeresgrund festmacht oder an einer schon verankerten Muringboje. Ersteres macht der Crew mehr Arbeit und verlangt vom Skipper, daß er weiß, wo zu seinem Anker passender, gut haltender Grund zu finden ist. Auch muß er wissen, welche Ankergröße und welche Länge Kette oder Leine er einsetzen muß. Nur wenige Häfen haben vor ihren Molen eine für unsere kleinen Boote gut geschützte Reede, und die Angaben in offiziellen Seehandbüchern und Seekarten gelten meist nur für größere Schiffe. Festmachen an einer Muringboje kostet Geld, und ehe man es tut, sollte man den Hafenmeister fragen, ob man darf. Erstens gibt es unterschiedliche Haltekraft bei den Murings, zweitens könnte der Mieter der Muring gegen Abend zurückkommen.

Bojenfeld in einer Flußmündung

Grundgeschirr

Man muß ein ordentliches Ankergeschirr an Bord haben, passend zur Größe des Bootes. Die richtige Ankergröße ist aus den Tabellen der Ankerhersteller zu erfahren. Auf eine Ankerwinde kann der Fahrtensegler nicht verzichten, denn wenn ein Ankerplatz unsicher wird, muß er unter Umständen gegen einen schon kräftigen Wind die Kette oder Trosse einholen, was Hand über Hand sehr mühsam wäre. Am Vorsteven muß eine Rolle sein, über die man die Ankerkette oder -trosse führen kann, und sie sollte so beschaffen sein, daß Kette oder Trosse nicht herausspringen können, wenn das Boot vor Anker stampft. Anker werden auf verschiedene Weise an Deck gefahren; auf Holzpaßstücken (Schweinsrücken) gezurrt, an den Bugkorb gelascht oder am Bug stets fallbereit. Die Kette kommt aus dem Kettenkasten unter Deck, in dem ihr Ende am Bitterbolzen angeschäkelt ist.

Oben: Anker am Bugkorb gezurrt. Mitte: Nicht gut; der CQR-Anker kann im Gelenk schlakkern und paßt nicht in die Rolle. Unten: Handbetätigte Ankerwinsch.

Der Ausstich

Ausstich ist die Länge der ausgesteckten Ankerkette oder -trosse. Er wird gewöhnlich als Vielfaches der Wassertiefe bei Hochwasser genannt; das Minimum ist nebenstehend gezeigt. Zu beachten ist bei der Wahl des Ankerplatzes, daß man bei gestreckter Trosse nicht mit anderen Ankerliegern und nicht mit Felsen unter und über Wasser oder ähnlichen Gefahren kollidieren kann. Nur Seekarten großen Maßstabs geben genaue Auskunft über den Ankergrund. Ankere nie, wo „unrein" oder „Steine" steht, außer das Wasser wäre kristallklar.

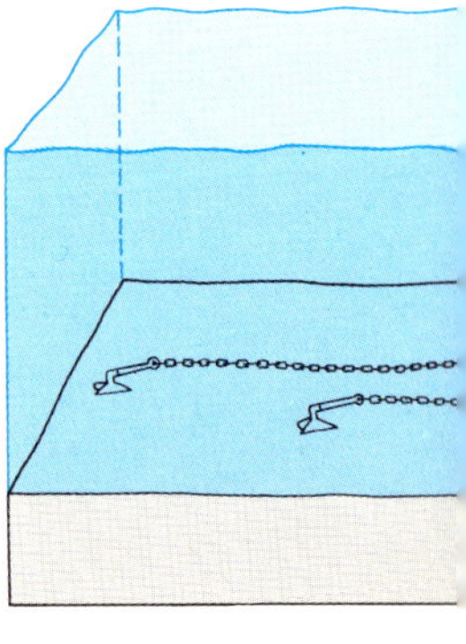

Anker-Typen und Trossen

Die Haltekraft des traditionellen Stockankers beruht hauptsächlich auf seinem Gewicht; außerdem ist er sperrig und deshalb auf Yachten nicht beliebt. Drei empfehlenswerte Leichtanker sind rechts gezeigt. Ihre Haltekraft beruht auf ihrer Fähigkeit, sich schnell mit ihrer großen Fläche einzubuddeln. Auf stark verkrautetem Grund halten sie aber, mit etwas Glück, erst nach mehrmaligem Versuch – nicht im Grund, sondern im Kraut, weshalb man das Boot nicht alleinlassen darf. Auf solchem Ankerplatz ist allein auf den Stockanker Verlaß; man sollte einen in der Backskiste haben. Ankerkette ist teuer und schwer, aber besser als alles andere; man sollte 15 m am Hauptanker angeschäkelt haben, was üblicherweise bei gutem Wetter reicht. Wird mehr Ausstich gebraucht, schäkelt man eine Nylontrosse an, die ein passendes Auge mit Kausch hat. Nylontrossen sind erstklassige Stoßdämpfer, aber man muß sie sorgfältig auf einem Poller belegen, weil sie glatt sind und rutschen.

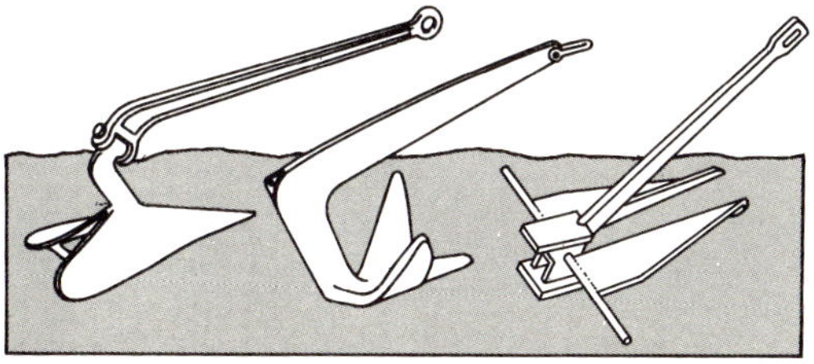

Moderne Anker, deren Haltekraft das Mehrfache ihres Gewichts beträgt, wenn der Haltegrund gut ist. Von links: CQR, Bruce und Danforth, der besonders leicht zu stauen ist.

Rechts: der schwere Stockanker ist unübertroffen auf verkrautetem und steinigem Grund.

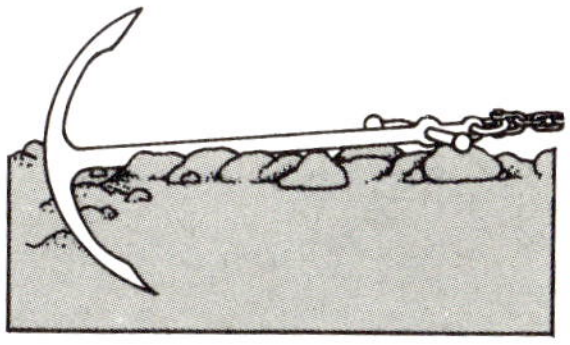

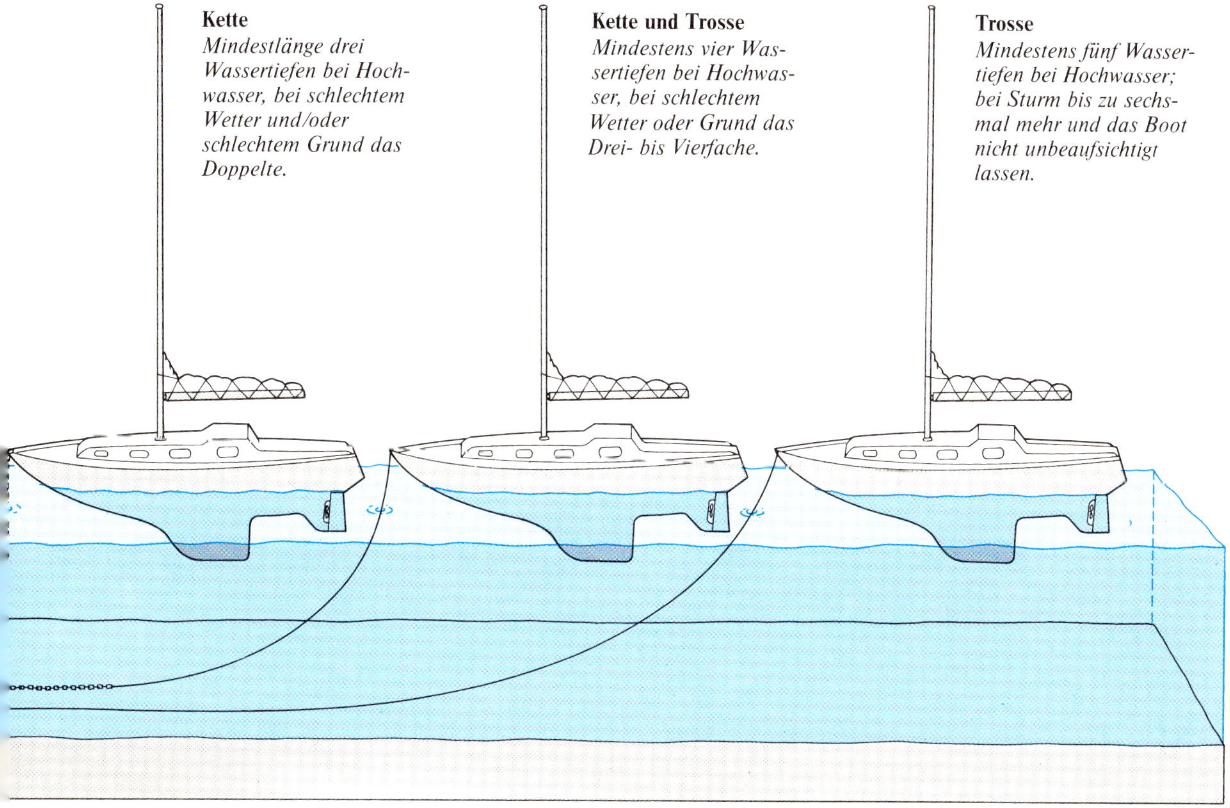

Kette
Mindestlänge drei Wassertiefen bei Hochwasser, bei schlechtem Wetter und/oder schlechtem Grund das Doppelte.

Kette und Trosse
Mindestens vier Wassertiefen bei Hochwasser, bei schlechtem Wetter oder Grund das Drei- bis Vierfache.

Trosse
Mindestens fünf Wassertiefen bei Hochwasser; bei Sturm bis zu sechsmal mehr und das Boot nicht unbeaufsichtigt lassen.

Wahl des Ankerplatzes

Man muß sich seinen Ankerplatz sorgfältig aussuchen, wenn das Boot sicher und ruhig liegen soll; vor allem, wenn man es alleinlassen will. Da ist allerlei zu beachten, ehe man den Anker fallen lassen kann. Wie ist der Grund beschaffen? Auskunft gibt eine Detailkarte, so man hat, selten das Seehandbuch, das ist für große Dampfer geschrieben. Man kann das Handlot mit Speise (Talg) hinablassen, an der dann etwas vom Grund klebt. Eignet sich der Grund nicht für den Anker, auf den man angewiesen ist, dann gehe man weiter auf Suche. Natürlich muß man nachrechnen, ob die Trossenlänge für die Wassertiefe auch bei Hochwasser reicht oder umgekehrt, ob das Boot bei Niedrigwasser auch noch schwimmt und schwojen (um den Anker kreisen) kann, ohne mit anderen Booten zu kollidieren oder auf Untiefen festzukommen. Man muß wissen, wo der Anker eines benachbarten Bootes liegt, denn als Hinzugekommener ist man verpflichtet, eine Kollision mit anderen schon ankernden Booten zu vermeiden. Boote einer ähnlichen Bauart wie das eigene schwojen auch ähnlich wie das eigene. Großer Tiefgang schwojt vornehmlich mit dem Strom, flachbodige Boote mit hohen Aufbauten (Motoryachten) tanzen nach dem Winde und liegen oft schief zur Kette. Von so artfremden Booten halte man gehörigen Abstand, weil Kollisionen möglich sind. Bei artgleichen Booten dürfen sich die Schwojkreise schneiden.
Aus Gründen der Sicherheit, aber auch der Annehmlichkeit, suche man sich einen Platz, der gegen möglichst viele Windrichtungen, vor allem aber gegen den Schlechtwetterwind geschützt ist, in dem nur geringer Gezeitenstrom setzt und der fernab vom Berufsverkehr liegt, will man nicht dauernd von dessen Fahrtschwell geschaukelt werden. Überhaupt verboten ist das Ankern in Fahrwassern.

Rechts: Eine geschützte und friedliche Reede in einer Flußmündung bei Sonnenuntergang.

Wahl einer Muring

Auch bei der Wahl einer Muring gelten die Überlegungen über Wassertiefe, Windschutz und Verkehrsruhe. Überdies muß man sicher sein, daß die Boje nicht Privateigentum, sondern frei ist, und daß sie das Boot auch halten kann. In manchen Häfen steht auf der Boje für welche Bootsgröße sie gedacht ist, aber in metrischen Ländern ist manchmal unklar, ob Meter Länge oder Tonnen Verdrängung gemeint sind. Man wendet sich am besten gleich an den Hafenmeister. Der Schwojkreis an Murings ist kleiner als vor Anker und die Bojen liegen in Abständen, bei denen nichts passieren kann, wenn Boote der für sie bestimmten Größe daran festmachen. In einigen vollen Häfen liegen Bojenreihen vor Stegen oder Schlengeln, an denen meist mehrere Boote mit einer durch den Bojenring geschorener Slipvorleine festmachen. Rückwärts gehen sie dann mit dem Heck an den Steg. Auch Bojenreihen, zwischen denen man mit Bug- und Heckleine festmacht, findet man in vollen Häfen.

Nachdem festgestellt worden ist, daß die Haltekraft der Muring genügt, holt die Crew die Kette an Bord und macht sie fest.

Anker fallen, Anker lichten

Ehe der Anker fallen kann, muß die Trosse (Kette, Leine) auf Deck in Serpentinenbuchten oder überlappenden Achterbuchten, obere Bucht zum Anker hin, aufgeschossen werden, damit sie ohne Kinken auslaufen kann. Bei Kettenwinden entfällt das, es wird nur die Kupplung der Kettennuß gelöst. Das Ende muß belegt sein, damit es nicht ausrauscht. Muß mit Unklarkommen des Ankers am Grund gerechnet werden, knote man eine Trippleine an sein Kreuz und stecke an ihren freien Tamp eine kleine Boje (Fender). Auf Zeichen des Skippers läßt die Crew den Anker fallen – er wird niemals geworfen! Ist der Anker am Grund angekommen, läßt man das Boot gewöhnlich vom Anker wegtreiben und gibt entsprechend Trosse aus. Ist ein Viertel der Trosse ausgefiert, stoppt man sie auf Poller oder Klampe, um zu prüfen, ob der Anker hält, die Trosse unter Spannung kommt. Bei leichtem Wind oder Strom sollte man versuchen, den Anker mit rückwärtsgehender Maschine zu setzen. Greift er dabei nicht, muß er gelichtet werden, um festzustellen, ob Kraut die Ursache ist. Gegebenenfalls muß an anderer Stelle ein neuer Versuch unternommen werden.
Zum Ankerlichten fährt, segelt oder verholt man das Boot zum Anker bis die Trosse, die dabei stetig eingeholt wird, senkrecht steht. Gelingt es nicht, den Anker mit der Trosse auszubrechen, versuche man es mit der Trippleine. Den Anker durchs Wasser ziehen, damit er sauber an Deck kommt.

Die Fock ist klar zum Setzen. Einer holt die Ankerkette auf, ein anderer leitet sie in den Kettenkasten.

Anker mit dem Beiboot ausbringen

Es wird nur Trosse verwendet, weil Kette zu schwer ist. Gründe für das Manöver gibt es einige: Das Boot bei auflandigem Wind abwarpen oder bei Hafenschwell von der Mauer abhalten, oder das Boot beruhigen, wenn es an einem Anker hin und her giert (Skizze rechts). Dazu benutzt man meist den etwas leichteren Warp- oder Beianker. Man holt das Beiboot längsseits an der Seite der Yacht, an der die Trosse durch die Klüse läuft, belegt die Trosse an der entsprechenden Klampe, führt sie außen herum und schäkelt sie an den Ankerring, durch den man eine weitere dünne Leine schert, die lang genug ist, um das Beiboot quer ganz zu umfassen. So kann man den Anker unter das Boot hängen, wenn es sich um ein leichtes Schlauchboot handelt, denn im Wasser wiegt er weniger. Bei einem Festboot kann er auch übers Heck gehängt werden. Die Trosse wird im Dingi in Buchten aufgeschossen, der Anker ausgefahren und an der vorgesehenen Stelle fallengelassen. Eingegraben wird der Anker durch Holen der Trosse von der Yacht aus.

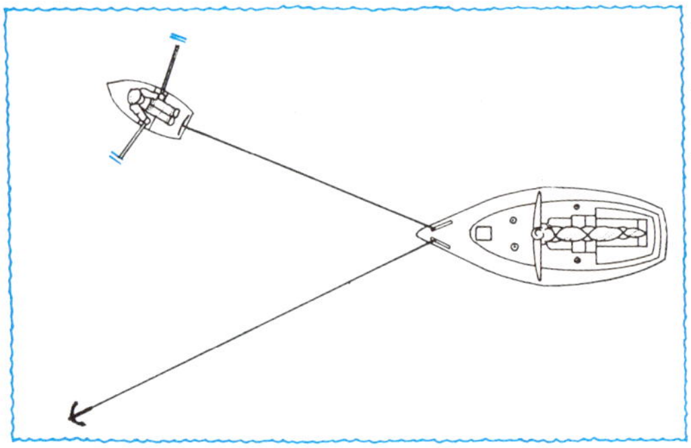

Ausbringen des Warpankers mit dem Beiboot, um das Boot am Gieren zu hindern.

Vermuren

Das Prinzip zeigt die Zeichnung rechts oben. Diese Muring mit eigenen Mitteln hat den Zweck, den Schwojkreis klein zu halten. Führt man sie mit dem Warpanker als zweiten Anker aus, dann muß der Hauptanker gegen die Richtung des (stärkeren) Ebbstroms gelegt werden. Die Trosse zum Anker A muß doppelt so lang gesteckt werden wie eigentlich nötig, um Anker B fallenlassen zu können. Dann wird das Boot an Trosse A zur Mitte verholt, und beide Trossen werden mit einem Stopperstek, Ketten mit einem Kenterschäkel, in einer Wassertiefe C verbunden, die die Trossen frei vom Kiel der Yacht hält. Besser sind zwei gleichwertige Anker. Die Muring empfiehlt sich überall, wo der Schwojkreis begrenzt ist. Das Manöver mit zwei Ankern an V-förmig ausgesteckten Trossen dient nur der Ruhigstellung am Anker gierender Boote. Die Trossen müssen ungleich lang sein, weil bei starkem Zug und schlierenden Ankern die Anker allmählich zusammenkommen und sich bei gleicher Trossenlänge gegenseitig am neuen Eingraben hindern. Die Haltekraft ist proportional dem Quadrat des Ankergewichts. So hält ein Anker von 25 kg (625) gleich gut wie zwei Anker von je 15 kg und 20 kg (225 + 400 = 625).

Hauptanker A und Beianker B sind ausgelegt und bei C mit ihren Trossen verbunden, um den Schwojkreis zu verkleinern.

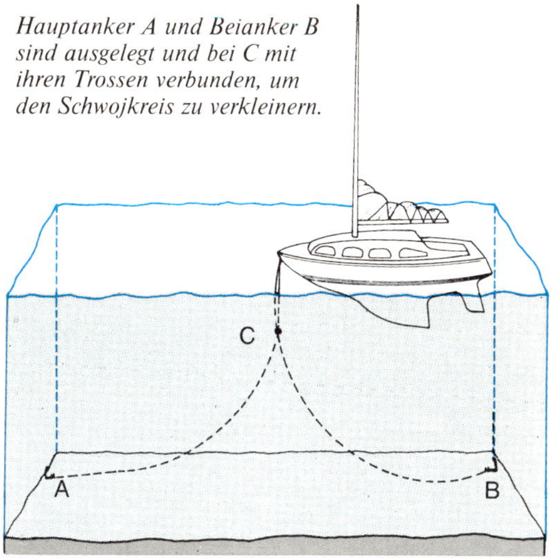

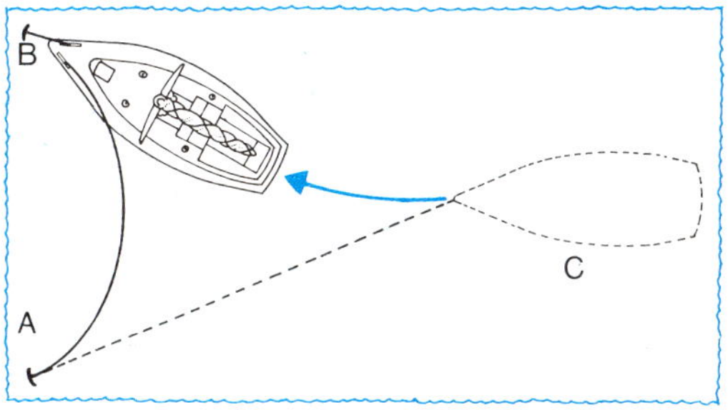

Nach Legen des Ankers A sofort mit möglichst kurz ausgegebener A-Trosse nach B fahren, den zweiten Anker legen, Motor aus und nach C zurückfallen lassen. (Der blaue Pfeil und die gestrichelte Linie sind falsch).

An die Boje gehen

Bevor die Boje erreicht wird, muß die Crew mit Bootshaken und Festmacher bereitstehen, so daß die Boje schnell seitlich vom Bug gefaßt werden kann, wenn das Boot stoppt. Ob mit dem eigenen Festmacher am Bojenring oder mit dem meist schmuddeligen Bojenstropp festgemacht wird, ist Geschmackssache. Es ist jedenfalls nicht gut, den eigenen Festmacher einfach durch den Ring zu ziehen, wenn man länger liegen bleibt, weil er im Ring schamfilt.
Um von der Boje zu gehen, wird der eigene Festmacher durch eine auf Slip gefahrene Leine ersetzt, die auf Kommando losgeworfen wird. Den Bojenstropp kann man mit einem Törn um die Klampe halten, bis das Kommando „los" kommt.

Die Auffischboje ist mit dem Bootshaken an Deck gezogen worden, nun wird an ihrer Leine der Bojenstropp geholt.

An- und Ablaufen

Die Methode, mit der das Boot an die Boje oder einen Ankerplatz gebracht wird, ist für den Skipper die gleiche. Er muß das langsame Segeln und präzise Stoppen beherrschen. Das Boot muß genau dorthin, wo der Anker liegen soll oder die Boje gefischt werden kann, und an dem Punkt soll es still liegen, zum Ankern besser schon leicht rückwärts treiben, damit auf das Kommando „Fallen Anker!" nicht alle Kette auf den Anker fällt und ihn unklar macht. Bei Beendigung des Manövers sofort einige Peilungen nehmen und aufschreiben. Nützlich ist auch eine Deckpeilung etwa querab, falls möglich. Im Nebel das Handlot hinablassen und mit etwas Lose in der Leine an der Reling festbinden. Es zeigt an, ob man vor Anker driftet und schwojt, vorausgesetzt, es wird entsprechend dem Tidenhub Leine gesteckt oder eingeholt.
Eine Boje so ansteuern, daß sie in Lee vom Bug kommt, damit man bei ungenauem Steuern auf sie zutreibt. Zum Ablaufen den Kurs im Voraus so planen, daß man ohne Kollisionen an allen eventuellen Hindernissen klarkommt. Der Skipper soll der Crew immer seine Pläne vorher verklaren und ihr Zeit geben, alles für das Manöver vorzubereiten.

Mit Maschine

Man läuft den Ankerplatz oder die Boje gegen den stärksten Einfluß (Wind oder Strom) an. Was überwiegt, erkennt man daran, wie dem eigenen ähnliche Boote ausgerichtet liegen. So wird das Boot allmählich gestoppt, wenn man den Propeller auskuppelt, und man hat es besser unter Kontrolle. Man vergewissere sich, daß die Crew Bescheid weiß und alles vorbereitet hat. Beim Ankern mit dem Ankerfallen so lange warten, bis das Boot anfängt, rückwärts zu treiben. Den Ankerplatz so wählen, daß das Boot beim Schwojen auf keinen Fall ins Fahrwasser kommt. Beim Ankerlichten kann man der Crew mit kurzem Einkuppeln des Propellers helfen, die Trosse einzuholen. Den Anker zunächst nur bis zur Wasseroberfläche aufholen, wenn er sehr schmutzig ist, damit er bei langsamer Fahrt reinspülen kann. Nur bei Seegang muß er schnell an Deck gebracht werden, damit er nicht gegen den Rumpf schlägt und ihn beschädigt.
Eine Boje wirft man los und geht rückwärts mit der Maschine von ihr weg, bis man weit genug von ihr ab ist, um Kurs aufnehmen zu können.

Unter Segel

Der Anlauf wird nur unter Großsegel, bei vorlichem Wind, oder nur unter Vorsegel, bei raumem Wind, gemacht, um die Geschwindigkeit unter Kontrolle zu halten. Dazu muß man wissen, wie das Boot an der Boje, beziehungsweise beim Ankerfallen liegen wird. Es ist eine gute Idee, zur Orientierung erst mal eine Runde zu segeln. Der Crew ist reichlich Zeit zum Wegnehmen des jeweiligen Segels und zur Vorbereitung des Manövers zu geben. Die Fahrt regelt man jeweils durch Fieren und Holen der Schot.
Ankerlichten oder Loswerfen von der Boje und ablaufen geschieht nach denselben Regeln. Kommt der Wind von vorn bis querab (vorlich), läuft man unter Großsegel ab. Das Vorsegel ist aber schon am Vorstag und Vorfall angepickt und bis auf wenige Zeisinge klar zum setzen. An einer Muringboje holt man das Boot am Stropp heran, bis die Boje bei den Luvwanten liegt und wirft dann erst los. Das erhöht die Ruderwirkung, so daß der Skipper gleich Kurs aufnehmen kann.
Bei raumem Wind (von achtern bis querab) setzt man das Vorsegel und wirft gleich los oder lichtet Anker. Bei starkem Wind das Vorsegel erst dann setzen, wenn der Anker ausgebrochen ist. Mit dem Heißen des Großsegels wartet man, bis freies Wasser erreicht ist.

Rechts: Um das Großsegel niederzuholen, ist das Boot zu einer Boje gesegelt, wo es vorübergehend mit einer Slipleine festgemacht wird.

Trockenfallen

Viele britische, französische und einige friesische Häfen fallen bei Niedrigwasser ganz oder stellenweise trocken, worauf man sich vorbereiten muß, ganz besonders mit Booten mit nur einem Flossenkiel. Kimmkieler sind demgegenüber weniger problematisch. Die Gewichte an Bord möglichst gleichmäßig über die Länge verteilen und seitlich etwas mehr Gewicht auf die Anlegeseite geben, damit das Boot sich beim Aufsetzen leicht zur Mauer hin neigt, aber nicht mehr als 10° aus der Senkrechten. Nie von Bord gehen, bevor das Boot trocken steht!
Vor- und Achterleine müssen in Häfen mit großem Hub sehr lang ausgebracht werden, am besten beschwert wie in der Zeichnung unten. Die beiden Springs müssen mit dem Tidenhub nachgesetzt werden. In einem unbekannten Hafen erkundige man sich nach der Grundbeschaffenheit, denn es tut nicht gut, zwischen Felsbrocken oder allerlei Unrat trockenzufallen. Einheimische warnen oft, aber nicht immer. Auch meide man Stellen, an denen der Grund steil von der Mauer weg abfällt. Vorsicht beim Festmachen an Schuten, die beim Aufsetzen schräg auf dem Boden liegen und Reling und Bordwand eindrücken, wenn die Yacht auf dem Kiel feststeht. Ist keine Auskunft zu bekommen, wartet man besser draußen vor Anker ein Niedrigwasser ab und schaut hinein, wie's drinnen aussieht, oder man kann an einer tieferen Stelle im Hafen ankern.
Beim Längstrimmen immer an das Gewicht des Motors denken, das in Schwimmlage nicht auffällt, weil der Motor etwa am breitesten Spant eingebaut ist, aber das trägt nicht mehr, wenn die Kielflosse aufsteht. So sieht man öfters in solchen Häfen eine achtern heruntergekippte moderne Yacht.
Schon beim Festmachen muß dafür gesorgt werden, daß die Springleinen klar von Reling, Fendern und Wanten bleiben. Damit sich die Fender beim Fallen des Bootes nicht an der Mauer hochschieben, sollten sie durch ein vorgehängtes Fenderbrett gesichert werden. Ostsee- und Binnenskipper sollten ihre offenen Lippklüsen zur Führung der Leinen durch geschlossene oder verschließbare Klüsen ersetzen, ehe sie sich in Häfen mit fünf und mehr Metern Tidenhub wagen.

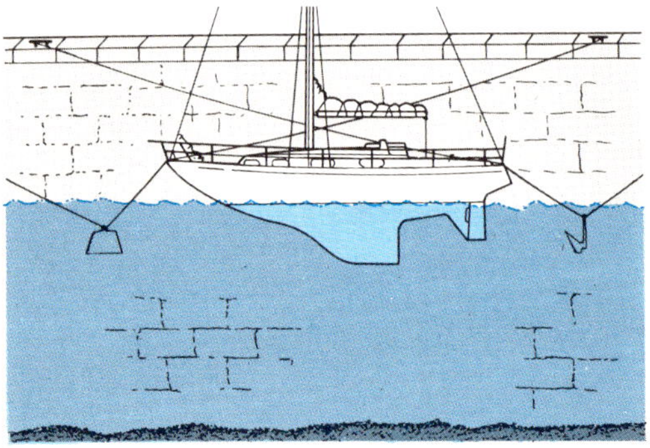

Befestige Gewichte an der Vor- und Achterleine, um das Boot bei der Mauer zu halten.

Rechts: Ist das Boot trockengefallen, kann man Reparaturen und Ausbesserungen am Rumpf machen.

Spinnaker

Eine hochgetaktelte Slup leidet vorm Wind unter Vortriebsmangel. Dem kann durch Anschaffung eines Spinnakers für leichte Brisen von achtern bis backstags abgeholfen werden. Viele Fahrtenskipper scheuen Spinnaker und halten sie für ein Attribut des rekordsüchtigen Rennseglers. Aber es ist nicht allzu schwierig, in leichtem Wetter, wenn man den Spinnaker am dringendsten braucht, mit ihm umzugehen.

Mit der Anschaffung eines Spinnakers kommen weitere: Spinnakerbaum mit dazugehörigem Beschlag am Mast, Spinnakerfall, Auf- und Niederholer, Schot und Achterholer nebst dazugehörigen Leitblöcken und Winschen. Zudem muß die Crew lernen, mit alldem richtig umzugehen und das leichte Segel ohne Vorstagwickel zu setzen und zu bergen. Das ist freilich seit Erfindung einer Art großen Netzstrumpfes einfacher geworden, in dem das Segel steckt, bis sein Kopf oben ist. Dann wird der Strumpf zum Kopf des Segels hochgezogen, worauf der Spi ausbrechen kann. Beim Bergen geht's umgekehrt, und der Spi bleibt in der Socke aufbewahrt.

Spinnakerformen

Spinnaker, kurz Spi genannt, werden aus besonders leichtem und reißfestem Nylongewebe hergestellt. Das Tuch ist elastisch und wird in Bahnen geschnitten, um dem Segel vorhersehbares Dehnungsverhalten zu geben. Darauf hat die Art wie die Bahnen zusammengenäht werden großen Einfluß. Die bauchigeren Schnitte sind für achterliche Winde gedacht, die flacheren für Kurse näher beim Wind. Die beiden Grundschnitte, Radial und Horizontal haben den Nachteil, daß sie sich am Fuß, beziehungsweise Kopf recken. Kombinierte Schnitte, wie Triradial und Kopfradial, haben das Problem weitgehend gelöst und geben gute Mehrzweckspi; Kopfradial eignet sich vielleicht besser für leichten Wind. Der fünfte Typ, der Sternschnitt, ist ein Am-Wind-Spi, weil er eine flachere Form hält. Die Wahl hängt davon ab, welche Kurse man vorzugsweise segelt.

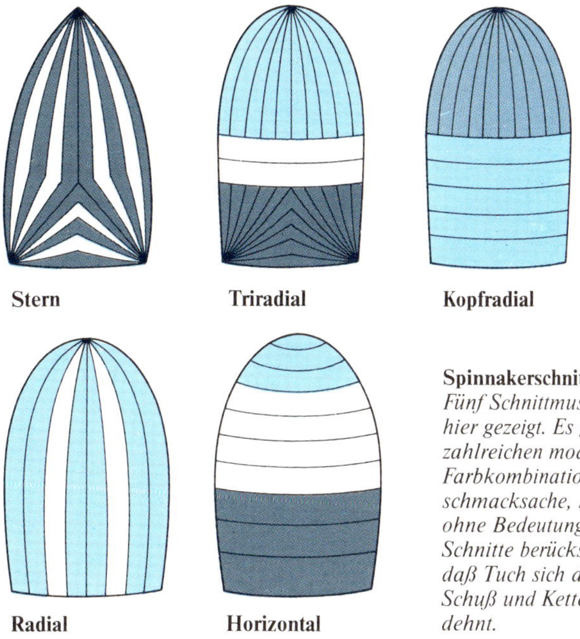

Spinnakerschnitte
Fünf Schnittmuster werden hier gezeigt. Es gibt sie in zahlreichen modischen Farbkombinationen, die Geschmacksache, sonst aber ohne Bedeutung sind. Die Schnitte berücksichtigen, daß Tuch sich diagonal zu Schuß und Kette mehr dehnt.

Spinnakertuchgewebe

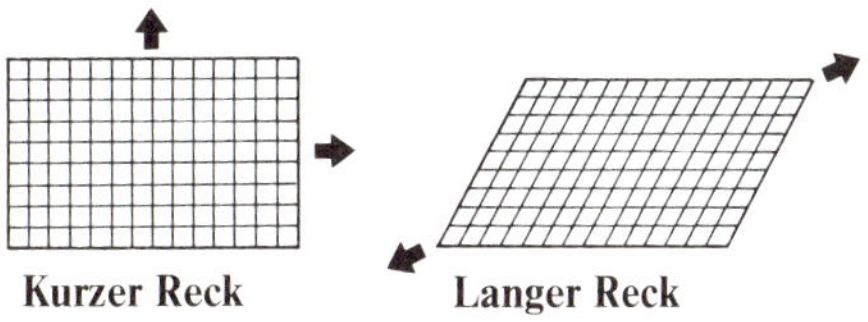

Spinnaker-Details

Spinnaker sind symmetrische dreieckige Segel, deren Seitenlieken abwechselnd als Luv- und Achterliek fungieren; die Rolle wechselt jeweils beim Schiften während des Halsemanövers. Der jeweilige Hals wird mit dem Spi-Baum ausgebaumt. Getrimmt wird das Segel mit Achterholer und Schot, die beide über Umlenkrollen beim Heck ins Cockpit geführt werden. Die Zeichnung zeigt ein für mittlere Fahrtenyachten typisches Spinnakerrigg.

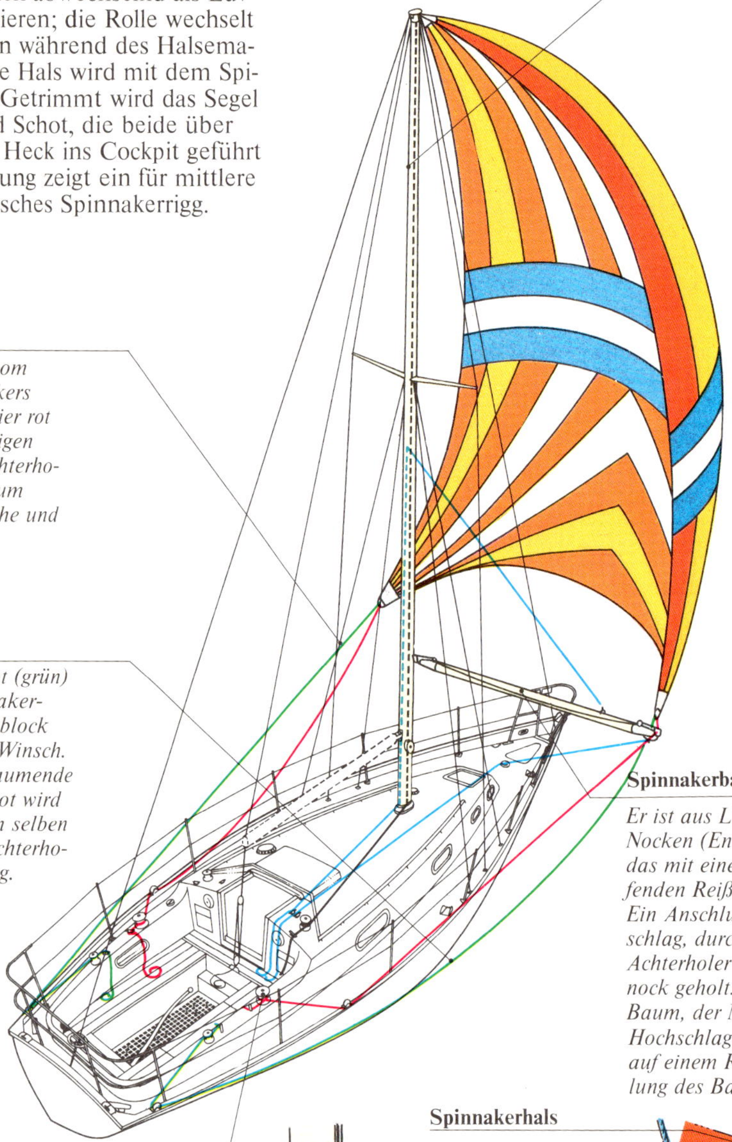

Fall

Man kann das Reservevorfall zum Heißen des Spi benutzen, besser hat er aber ein eigenes Fall, das über eine Rolle mit Wirbel führt, die dem größeren Richtungswinkel des Spi folgen kann. Abhilfe beim Reservefall: einen Wirbelschäkel dazwischen setzen.

Achterholer

Das ist die Leine, die vom Baumende des Spinnakers nach achtern führt – hier rot dargestellt. Vom jeweiligen Schothorn fährt der Achterholer lose nach achtern zum Leitblock in Cockpithöhe und von dort zur Winsch.

Schoten

Die durchgesetzte Schot (grün) führt vom freien Spinnakerhorn über den Umlenkblock beim Cockpitende zur Winsch. Die beim jeweiligen Baumende mit angeschlagene Schot wird lose gefahren; der beim selben Horn angeschäkelte Achterholer (rot) steht unter Zug.

Spinnakerbaum

Er ist aus Leichtmetall und hat an den Nocken (Enden) ein Kolbenanschlußteil, das mit einer längs des Baums verlaufenden Reißleine geöffnet werden kann. Ein Anschluß kommt an den Mastbeschlag, durch das andere wird mit dem Achterholer das Spihorn an die Baumnock geholt. Der Toppnant trägt den Baum, der Niederholer verhindert sein Hochschlagen. Der Mastbeschlag fährt auf einem Rutscher zur Höheneinstellung des Baumes.

Winschen

Bei den meisten mittleren Kreuzeryachten haben Schot und Achterholer auf jeder Seite ihre eigene Winsch auf dem Cockpitsüll, gleich hinter den Genuawinschen, aber kleiner als diese.

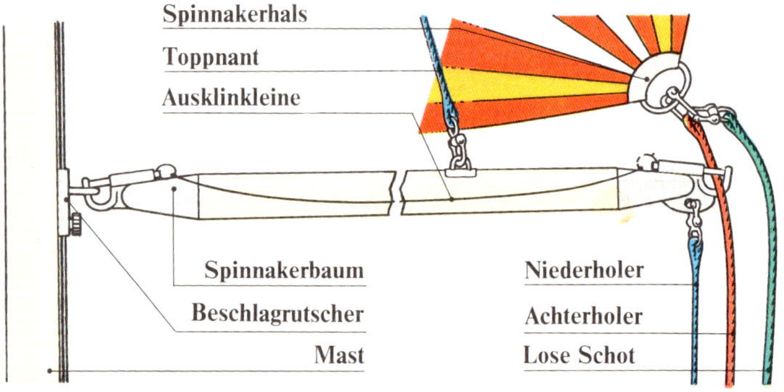

Spinnaker setzen

Selbst eine Fock kann man falsch setzen, wenn sie falsch eingesackt worden ist, aber ein Spinnaker kann sehr leicht unklar kommen. Deshalb sollte er mit gleicher Sorgfalt gepackt werden wie ein Fallschirm; jedesmal! Der Spisack wird am Bugkorb oder an der Leereling gesichert, wenn die Vorsegel an Stagreitern gefahren werden. Der Sack wird geöffnet und der Spinnakerkopf am Spifall befestigt und an jedem Hals ein Achterholer und eine Schot. (Auf kleinen Booten geht an jeden Hals nur eine Leine, die als Achterholer und Schot benutzt wird.) Die Leinen müssen außerhalb der Wanten nach achtern zu einer Winsch geführt werden. Vor dem Setzen das Boot auf Backstagskurs legen. Den Spibaum am Mast einhängen und den luvseitigen Achterholer in den Nockbeschlag des Baums einpicken. Den Baum mit dem Toppnant horizontal holen. Das Fall einen Törn um die Fallwinsch legen und nun sehr schnell holen und belegen, sobald der Spi oben ist. Den Achterholer mit der Winsch holen, bis der Spi an der Baumnock steht und der Baum etwa senkrecht zum scheinbaren Wind; belegen. Die Schot holen, bis der Spi sich füllt. Vorsegel nieder!

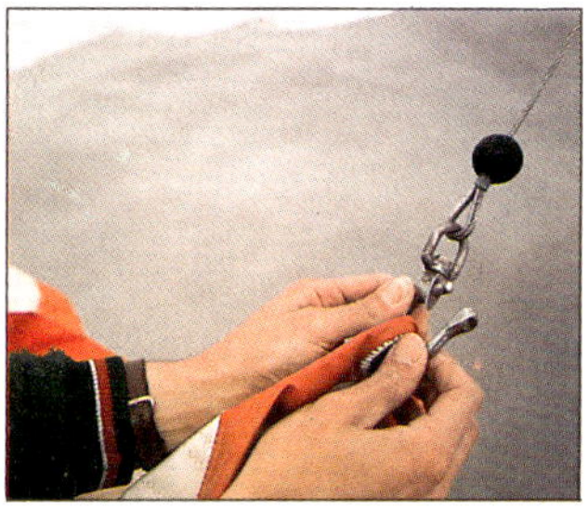

1 *Schäkel den Spinnakerkopf ans Spinnakerfall.*

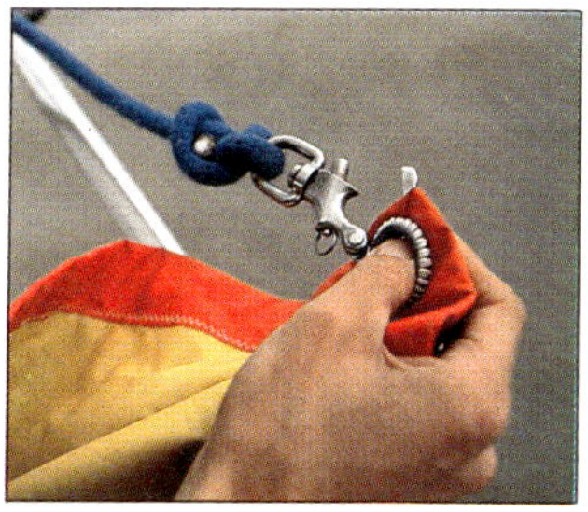

2 *Schäkel die Achterholer an die Hörner und führe sie außen um die Wanten herum zu Leitblöcken und Winsch. Schäkel die Schoten an und führ sie zum Cockpit.*

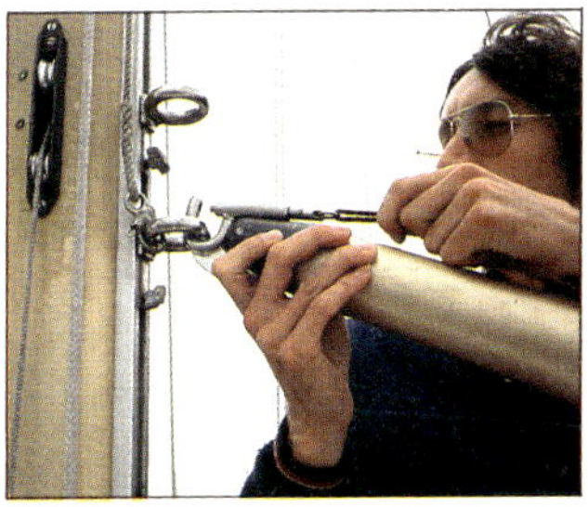

3 *Pick die Inbordnock des Baums am Mastbeschlag ein.*

4 *Leg den Achterholer in den Außennockbeschlag des Baums. Geh auf Raumschots-Kurs.*

5 *Pick Toppnant und Niederholer ein und bring den Baum damit in die Horizontale. Jetzt schnell den Spinnaker setzen.*

6 *Den Luv-Achterholer holen und belegen. Die Spinnakerschot holen bis der Spi voll steht. Anschließend die Fock bergen.*

Spinnaker trimmen

Die drei Dinge, die den Stand des Spinnakers hauptsächlich bestimmen, sind: die Schotspannung, die Höhe und die Seitenstellung des Spinnakerbaums. Hals und Schothorn des Spi sollen auf etwa gleicher Höhe „fliegen", damit der Spi symmetrisch steht. Der Baum soll im rechten Winkel vom Mast abstehen, aber Toppnant und Niederholer sollen nicht steif durchgesetzt sein, damit dem Baum etwas Spielraum für Seegangsbewegungen bleibt. Das Fall wird nicht so weit geholt, daß der Kopf an der Rolle steht; er darf bis zu 30 cm Abstand haben.
Wenn der Baum horizontal steht, hat er die weiteste Ausladung. Weil der Spi bei stärkerem Wind steigt, soll man den Baumbeschlagschlitten – falls es ihn gibt – am Mast entsprechend höher stellen. Der Baum wird durch Fieren oder Holen des Achterholers so gestellt, daß er senkrecht zum scheinbaren Wind (siehe Verklicker im Masttopp) steht.
Die Schot wird über eine Winsch, meist ohne Kurbel, so gefahren, daß das Luvliek gerade nicht einrollt oder „löffelt". Dieses ständige Spielen mit der Spinnakerschot ist bei Regatten wichtig, trägt aber nicht zum Glücksempfinden einer Fahrtencrew bei, die vornehmlich segelt, um sich zu erholen. Der ehrgeizige Skipper kann dem Rechnung tragen, indem er die Schot belegen läßt, sobald der Spi gut steht, und durch seine Steuermannskunst dafür sorgt, daß er nicht einfällt.
Anders als die Rennkapitäne nimmt der Fahrtenskipper den Spi weg, wenn der Wind dwars (quer) einkommt, und läßt statt dessen die Genua hochgehen.

Damit der Spinnaker optimal zieht, fiert man die Schot so weit, daß sich das Luvliek etwas einrollt (links), und holt sie dann wieder soweit an, daß die Rolle gerade eben verschwindet (rechts). Der Baum muß beide Hörner auf gleiche Höhe bringen.

Rechts: Der Spinnaker steht so, daß sich das Luvliek gerade leicht einrollen will; so zieht das Segel optimal.

A-1323
A-1323
KA
R333
R333

Schiften mit gesenktem Baum

Das ist, mit wenigen Ausnahmen, die übliche Art, auf mittleren bis großen Kreuzern bei einer Halse den Spi auf die andere Seite zu bringen. Sie ist allerdings nur möglich, wenn auf jeder Seite Achterholer und Schot geriggt sind, sonst muß Nock für Nock (unten) geschiftet werden.
Zur Einleitung des Schiftens wird das Boot platt vor den Wind gebracht, Schot und Achterholer und der Spi entsprechend getrimmt. Ein Mann geht nach vorn und führt den losen Achterholer der bisherigen Leeseite. Mit der Ausklinkleine am Baum löst er den Achterholer aus dem Nockbeschlag und geht zum Bugkorb, wobei er den Baum etwas mit nach vorne nimmt. Gleichzeitig fiert ein zweiter im Cockpit, bei Crewmangel der Skip selbst, den Toppnant so weit, daß die Baumnock, in die der Mann vorne den neuen Achterholer einpickt, unterm Vorstag durchschwingen kann. Es kann sein, daß der Mann vorn dazu vorher auch noch den Baumbeschlagschlitten am Mast hat hochfahren müssen. Hat die Yacht ein Babystag, muß dies entspannt und ausgehakt werden. Ist das nicht möglich, sollte man die Takelung ändern lassen. Es sei denn, es sind, gut und teuer, zwei Spinnakerbäume vorhanden. Vom Cockpit her wird der Baum mit dem Toppnant angedirkt und Achterholer und Schot werden geholt, so daß der Spinnaker richtig steht. Nun kann das Großsegel rund achtern (geschiftet) gebracht werden und der Spi ist, wie beschrieben, für den neuen Kurs einzutrimmen.
Schot und Achterholer werden mit drei Törns um die Winschtrommel in Drehrichtung genommen und von Hand am Tamp geholt. Die Törns dienen als Bremse beim Fieren. Eine Kurbel ist nur bei sehr starkem Wind nötig.

Der Baum ist vom Achterholer gelöst und auf Deck gefiert.

Mit eingepicktem neuen Achterholer wird der Baum unterm Vorstag durch auf die neue Seite gebracht.

Das Groß wird geschiftet, der Spibaum zum Spihals gehoben.

Der Spinnakerbaum wird mit dem Achterholer für den neuen Kurs getrimmt.

Schiften Nock für Nock

Wenn Ihr Boot dieses einfache Spinnakersystem hat, bei dem an Hals und Schothorn nur eine Leine gefahren wird, die als Achterholer und als Schot verwendet wird, und bei dem Toppnant und Niederholer in Baummitte angreifen, dann müssen Sie Nock für Nock schiften. Das Boot wird vor den Wind gebracht, der Spi entsprechend getrimmt, Schot und Achterholer werden belegt. Der Baum wird dann mit der Ausklinkleine vom Achterholer gelöst und anschließend vom Mast. Die Innennock des Baums wird übers Boot gebracht und mit der bisherigen Schot verbunden, die damit neuer Achterholer wird. Der Baum wird zur neuen Seite hinausgedrückt und sein freier Nockbeschlag am Mast eingeklinkt. Währenddem schiftet der Skipper das Großsegel, und der Spinnaker wird dem neuen Kurs entsprechend getrimmt. Man hüte sich aber, bei einer frischen Brise dieses Manöver zu praktizieren. Entweder man nimmt den Spi weg, halst und setzt ihn wieder neu, oder man entscheidet sich gleich für die ausgebaumte Genua.

Rechts: Auch ausgebufte Renncrews können Schwierigkeiten mit dem Spi bekommen. Wenn die hier nicht schnell klarkommen, könnte der Spinnaker reißen.

Spinnaker bergen

Man sollte ein Vorsegel setzen ehe man den Spinnaker niederholt, dann kann er sich nicht ums Vorstag wikkeln, wenn man was falsch macht. Das Boot wird auf raum-achterlichen Kurs gebracht, dann der Achterholer so weit gefiert, daß der Wind aus dem Segel fällt. Auf großen Booten genügt das nicht. Einer muß nach vorn und die Kolbenleine des Schnappschäkels ziehen, der den Achterholer mit dem Spihals verbindet. Der Spi weht daraufhin wie eine Flagge in Lee von Vor- und Großsegel aus. Einer der Crew steht im Niedergang und zieht an dem Ausholer den Spi unterm Großbaum durch in den Niedergang, während ein anderer langsam das Spinnakerfall fiert, damit der Spi nicht ins Wasser weht. Unter Deck wird das Segel gleich in den Sack gepackt, wie unten beschrieben.

1 *Vorm Niederholen des Spinnakers das Vorsegel hoch und trimmen.*

2 *Achterholer aus der Spi-Baumnock lösen und Spi in Lee des Großsegels fliegen lassen.*

3 *Mit der losen Schot den Spi unterm Großbaum durch zum Niedergang ziehen, Spi-Fall fieren und Spi entsprechend in die Kajüte holen.*

Spinnaker einsacken

Um sicherzugehen, daß der Spinnaker beim nächsten Mal unverdreht in die Höhe steigt, muß er unter Deck mit Sorgfalt verpackt werden. Dafür übernimmt am besten nur einer die Verantwortung. Er sucht zuerst den Kopf und legt ihn auf die Seite, sucht dann entlang des jeweiligen Seitenlieks das zugehörige Schothorn und legt es unverdreht auf die Seite neben den Kopf. Nun packt er den Mittelteil des Segels in den Sack und als letztes die Lieken, Kopf und Schothörner. Kopf und Hörner läßt man hervorschauen. Man kann sie mit einem kurzen Ende verbinden, so daß klar ist, was beim nächsten Setzen wohin gehört.

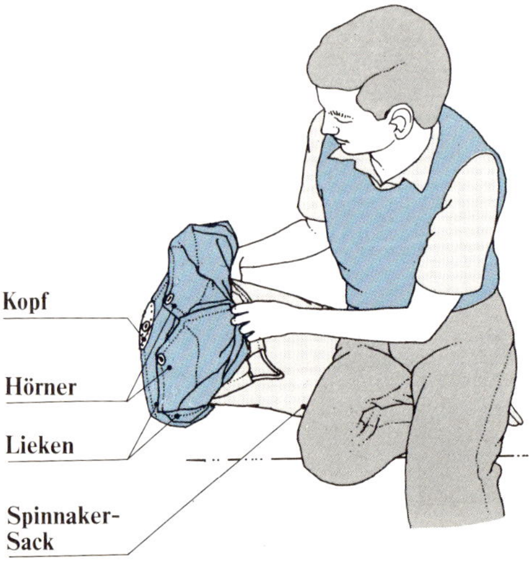

Rechts: Triradial-Spinnaker bei halbem Wind bei einer Regatta perfekt getrimmt. Die Vorsegel sind stehengelassen worden, um zusätzlichen Vortrieb zu leisten.

22500
US67281

Segel reffen

Wenn es auffrischt, kommt es zu dem Punkt, an dem das Boot nicht mehr alles Tuch tragen kann. Es hängt von der jeweiligen Bootsgröße und Konstruktion ab, wann dieser Punkt erreicht wird. Große Yachten können alle Segel meist bei stärkerem Wind noch tragen, aber viel hängt auch von anderen Gegebenheiten ab, wie Seegang, Verteilung der Segelflächen über die Länge, und der Unterwasserschiffsform beispielsweise.

Es gibt zwei Möglichkeiten, die Segelfläche zu verkleinern: man wechselt die Segel gegen kleinere aus oder man refft sie. Gewöhnlich werden die Vorsegel gegen kleinere ausgewechselt, das Großsegel aber wird gerefft. Weil es zu groß und unhandig zum Auswechseln ist, wird es gewöhnlich erst bei schwerem Sturm durch ein kleines Sturmsegel ersetzt, und dann auf dem Baum aufgetucht. Moderne Methoden haben das Reffen beschleunigt und vereinfacht. Gewöhnlich verkleinert man zuerst die Vorsegelfläche und refft bei weiter zunehmender Windstärke dann das Groß.

Es gibt keine eiserne Regel, wann man reffen muß. Der Skipper muß ein Gefühl dafür haben, wenn es seinem Schiff zuviel wird. Gewöhnlich ist das der Fall, wenn das Leedeck durchs Wasser zieht oder der Rudergänger Schwierigkeiten hat, das Boot auf Kurs zu halten. Wenn Sie fühlen, daß es Zeit zum Reffen ist, dann tun Sie es sofort, denn es wird bei zunehmendem Wind immer schwieriger. Einzige Ausnahme: der Hafen ist schon in Sicht.

Es ist wichtig, beim Segelverkleinern zwischen Vorsegel- und Großsegelfläche eine Balance zu halten, bei der das Boot noch gut auf dem Ruder liegt. Man kann nicht bei Stärke 6 gleich die Sturmfock nehmen. Zuerst wird das Vorsegel etwas gerefft, wenn das möglich ist, oder gegen ein kleineres ausgetauscht, dann das Groß gerefft, wenn es nötig wird; dann wieder das Vorsegel und so weiter.

Zum Vorsegelwechseln reduziert man die Fahrt, legt das Boot am besten vor achterlichen Wind, wobei das Vordeck dann im Lee des Großsegels liegt, so daß die Crew nicht von den Füßen gerissen und von überkommendem Wasser durchgeweicht wird. Die Crew muß bei dieser Arbeit ihren Sicherheitsgurt tragen und die Leine einpicken. Das Groß refft man bei an den Wind gedrehtem Boot, so daß sich das Großsegel nicht mit Wind füllen kann. Zur Vermeidung von Unfällen darf keiner in Lee eines killenden (schlagenden) Segels stehen und nie auf einem an Deck liegenden Vorsegel – es ist naß und deshalb glatt.

Rennyacht beim Schnellreffen. Die vom Achterliek wehenden Leinen sind die Reffstander.

Schnellreff fürs Großsegel

Das Schnellreff ist die moderne Ablösung für das Bindereff, bei dem das durch teilweises Niederholen des Großsegels weggenommene Tuch gefaltet und mit Reffbändseln auf dem Baum festgebunden wird. Beim Schnellreff gibt's nur eine Reffkausch am Vorliek und eine am Achterliek, gewöhnlich in drei verschiedenen Höhen. Das Fall wird gefiert, bis die vordere Kausch in einen Haken beim Lümmel eingehängt werden kann, und das entsprechende hintere Auge wird mit seinem Reffstander auf die Baumhöhe heruntergeholt. Dann setzt man das Fall wieder durch. Das geht ruckzuck und das Segel steht gut. Das von den Briten „jiffy reefing" (jiffy = Augenblick) genannte Verfahren wurde von Rennseglern eingeführt, denen die umständliche Reffbinderei nicht schnell genug ging. Es ist rationeller als der Rollreff (nächste Seite), weil es von einem Mann ausgeführt werden kann, der nicht mal aus dem Cockpit zu steigen braucht, wenn statt des Reffhakens vorn eine Leine gefahren wird. Das Segel steht besser als beim Rollreff, und die ganze Einrichtung ist auch billiger. Zum Reffen werden Baumniederholer und Schot gelöst und der Baum angedirkt. Wird das Vorliek von Rutschern gehalten, muß die Mastschienensperre geöffnet werden, und alle Rutscher bis zur Reffkausch müssen heraus. Dann schiebt man den Riegel wieder vor, gibt der Dirk lose und holt den Baumniederholer steif. Den Segelbausch kann man hängen lassen wie er ist oder ihn zu einer Wurst wickeln und mit einer Reihleine an den Baum zurren. Ausgerefft wird in umgekehrter Reihenfolge.

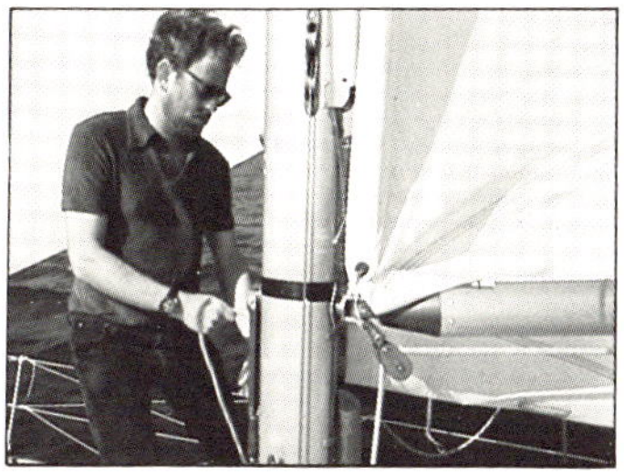

1 *Bei angedirktem Baum und gelöstem Niederholer das Fall fieren bis das vordere Reffgat in den Reffhaken am Lümmel eingehakt werden kann. Dann das Fall wieder durchsetzen und belegen.*

2 *Mit dem entsprechenden Reffstander das achtere Reffgat auf den Baum niederholen und nach achtern ausholen.*

3 *Baumdirk fieren und Niederholer spannen.*

4 *Falls gewünscht, überschüssiges Segel zur Wurst rollen und mit Marlschlägen am Baum zurren – nötig ist das nicht.*

Das Reff der Rennyacht ist fertig, und das Segel steht gut.

Großsegel-Rollreff

Für manche ist das Rollreff schon „konventionell". Bei ihm wird das Segel zum Reffen auf den drehbaren Baum gewickelt. So kann man die Segelfläche nach Bedarf stufenlos verkleinern. Die Kurbel befindet sich entweder seitlich beim Lümmelbeschlag oder vor dem Mast. Vor Beginn des Reffens muß der Baum angedirkt und der Baumniederholer ausgepickt werden. Die Großschot wird gefiert, der Stopperriegel unten an der Mastschiene geöffnet, wenn das Vorliek an Rutschern hängt, und dann wird entsprechend den Drehungen an der Reffkurbel das Großfall gefiert, was mit etwas Geschicklichkeit ein Mann machen kann. Ein zweiter ist an der Baumnock nötig, um das Achterliek auszuholen, damit sich das Segel nicht als Knödel um den Baum wickelt. Liegen die Segellatten beim Aufwickeln nicht exakt parallel zum Baum, müssen sie herausgenommen werden. Ist das Segel genug gerefft, wird die Kurbel blockiert (oder der Kurbeltrieb bei abnehmbarer Kurbel), die Dirk gelöst und das Großfall durchgesetzt. Rollreffen ist im Hafen leicht, auf See jedoch nicht ganz so einfach, denn bei den Bootsbewegungen ist es schwierig, das Achterliek beim Rollen schön auszuholen, und die Mastrutscher am Vorliek können dabei auch Ärger machen. Das Resultat ist dann ein recht dürftig stehendes gerefftes Segel. Für den Baumniederholer braucht man eine besondere Haltevorrichtung, damit er über dem aufgerollten Segel festgemacht werden kann. In umgekehrter Reihenfolge wird das Reff wieder ausgeschüttet.
Bei einer neueren und bislang noch aufwendigen Reffvorrichtung wird das Großsegel zum Mast hin oder in den Mast hinein aufgewickelt; meist elektromotorisch und deshalb nur auf großen Luxuskreuzern praktikabel. Die Zukunft wird zeigen, was daraus wird.

Ein Trysegel setzen

Bei sehr starkem Wind kann es sein, daß es nicht genügt, nur das Großsegel zu reffen. Man muß ein besonderes Segel setzen, das Trysegel, auch Sturmsegel genannt. Es wird gewöhnlich zusammen mit der Sturmfock gesetzt. Zwar braucht man das Trysegel nur sehr selten, aber weil es dafür keinen richtigen Ersatz gibt, muß auch ein Familienkreuzer ein solches Segel haben, wenn er die See befährt. Auch muß man es einmal bei nicht übermäßig bewegter See gesetzt haben, um im Sturm zu wissen, was zu tun ist.
Das Trysegel wird ohne Baum gefahren. Das Großsegel wird auf dem Baum aufgetucht und der Baum auf Deck herabgelassen und festgezurrt. Das Try wird mit Rutschern in der Mastschiene oder Mastkeep so gesetzt wie das Großsegel. Der Sperriegel wird eingesetzt und vom Hals des Segels ein Niederholer (Halstalje) zum Mastfuß geriggt. Der Trykopf wird am Großfall angeschäkelt, die Schot einfach oder als Talje am Schothorn befestigt durch kräftige Blöcke auf beiden Seiten des Hecks geschoren. Sodann kann das Segel gesetzt werden. Die Höhe muß so sein, daß die Schot im richtigen Winkel zieht. Das ist zumeist der Fall, wenn der Kopf des Try bei der unteren Saling steht. Die richtige Höhe kann man am Fall markieren. Das Segel hat ein zum Mast ansteigendes Fußliek und ist so geschnitten, daß es frei bleibt von über Bord gehenden Brechern und bei hartem Wind effektiv arbeitet. Ist es in richtiger Höhe gesetzt und sind die Schoten belegt, dann wird die Halstalje durchgesetzt. Sollte ihre Übersetzung zu klein sein, kann die holende Part auf eine Winsch genommen werden. Das Try wird nach Lee geschotet. Die Schoten werden wie Vorschoten behandelt, doch muß beim Wenden oder Halsen die Luvschot schon angeholt werden, ehe die Leeschot gefiert wird, denn das Segel soll in dem starken Wind möglichst nicht flattern und schlagen, weil die Kräfte auf dem Segel und den Rutschern enorm sind.

Trysegel, wie das rechts, sollten orange gefärbt sein, damit sie in rauher See besser auffallen.

K
106

Rollfock

Normalerweise wechselt man zu einem kleineren Vorsegel, wenn es auffrischt, aber mit einer Rollfock läßt sich die Zahl der Segelwechsel drastisch mindern, wie auch die Zahl der nötigen Segel. Eine Rollfokkeinrichtung hat immer ein Profilstag. Mit ihr kann man sich auf drei Vorsegel beschränken: schwere Genua 1, Genua 3 und Sturmfock, die man wohl am besten an einem wegnehmbaren Stag hinter dem Rollstag fährt, weil es bei rauhem Wetter kein Vergnügen ist, Segel niederzuholen. Wahlweise könnte man die Sturmfock auch „fliegend" fahren, ohne sie an einem Stag anzupicken. Das aufgerollte Segel bleibt dabei aufgerollt.

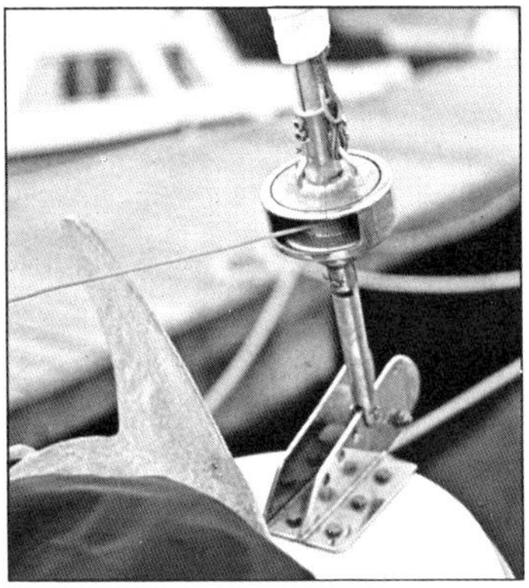

Mit der Drahttrommel kann das Profilstag gedreht und das Vorsegel mehr oder weniger aufgewickelt werden. Bleibt das Segel während der Liegezeit aufgewickelt, muß es gegen Sonnenbestrahlung mit einem Überzug abgedeckt werden.

Vorsegel reffen

Nach herkömmlicher Art wird ein Vorsegel mit Reffkauschen, Reffgatchen und Reffstander verkleinert. Zunächst muß man die Schoten an die achtere Reffkausch legen, wobei man mit der losen Luvschot beginnt. Wenn das Boot dann beigedreht mit backstehender Fock liegt, kann auch die Leeschot umgesetzt werden. Man kann nun ein Dreieck des Segelfußes vom Hals bis zum neuen Schotpunkt als Teilreff wegstecken oder voll reffen, indem ein Reffstander durch die vordere Reffkausch und den Halsbeschlag nach achtern zu einer Winsch geführt wird. Bei langsamem Fieren des Falls wird der Stander geholt, bis die Kausch am Halsbeschlag ist. Dann wird er belegt und das Fall wieder durchgesetzt. Das Reff wird eingerollt und mit einer Reihleine oder Reffbändseln gezurrt.

Führe den Reffstander durch die Reffkausch und den Bugbeschlag zu einer Klampe und hol die Kausch bei gleichzeitigem Fieren des Falls bis an den Bugbeschlag. Beleg den Reffstander und setz das Fall durch. Rechts: Das überschüssige Tuch ist aufgerollt und beigezeist.

Segeln im Sturm

Stürmischer Wind und hochgehende See mögen einer unbefahrenen Crew Angst machen, sind aber keine wirkliche Gefahr für ein seetüchtiges Boot und die Leute an Bord, wenn Skipper, Navigator und Mannschaft wissen, wie man solches Wetter abreitet. Am wichtigsten ist, daß die Ausrüstung sicher und in Ordnung ist und gehalten wird, so daß sie den erhöhten Beanspruchungen durch Sturm und grobe See standhalten kann. Kleine Boote vertragen erstaunlich harte Knüppelei, und ein Skipper mag sich schon mal wünschen, seine Mannschaft wäre ähnlich gut im Nehmen. Besonders eine unbefahrene Crew wird in einem Wetter schwach und müde, das einer befahrenen Crew gerade Spaß zu machen anfängt. Zwar bekommt es weder der sportlichsten Crew noch dem festesten Boot, wenn der Skipper unnötig lange gegen eine See anknüppelt. Wenn's nicht unbedingt sein muß, segelt man besser einen ruhigeren Kurs. Der Sturm könnte länger dauern, und eine am Ende doch abgewirtschaftete Crew ist ein Sicherheitsrisiko, auch wenn sie Sicherheitsgurte und Rettungswesten trägt – sie macht Fehler.

Die Sicherungsleine muß schon vor dem Aussteigen aus dem Niedergang eingepickt werden, warme Kleidung an Deck ist Vorschrift. Warme Getränke und energiereiche Kost müssen zur Verfügung stehen. Notfalls müssen die Wachzeiten an Deck auf eine Stunde verkürzt werden. Keinen Hafen in Lee ansteuern, wenn keiner in Luv zu erreichen ist. Den Sturm auf See unter größter Schonung des Bootes abreiten, notfalls vor Topp und Takel (ohne jedes Segel). Nie das Boot verlassen, wenn es nicht wirklich sinkt; es ist mit Wasser in der Kajüte sicherer im Sturm als die Rettungsinsel.

Die in schwerem Wetter wirkenden Kräfte sind enorm. Boot und Ausrüstung müssen dem gewachsen sein.

Wind und See

Was genau ist rauhe See? Windstärke 7 (28 bis 33 kn) gelten als Yachtmanns Sturm, aber für fahrtensegelnde Familien fängt's schon bei Windstärke 5 (17 bis 21 kn) an; berechtigt, wenn es gegenan geht. Die Wetterberichte geben gewöhnlich regelmäßige Voraussagen, die größtenteils auch stimmen. Ist Dreckwetter angesagt, sollte ein Skipper mit unerfahrener Crew seinen Reiseplan entsprechend ändern. Bei Stärke 7 sollte man auf kleinste Fläche heruntergerefft und alle lose Ausrüstung weggestaut haben. Man ist dann gewöhnlich auf dem Wege zu einem sicheren Hafen. Stärke 8 (34 bis 40 kn) ist für eine kleine Yacht äußerst ungemütlich; man sollte sich da tunlichst heraushalten. Als Segel fährt man Sturmfock mit drittem Reff im Groß, und wenn nicht ein sicherer Hafen in der Nähe ist, muß man sehen, genug Seeraum zu gewinnen, um driften oder beiliegen zu können, bis das Wetter vorüber ist.

Stärke 5 (17 bis 21 kn): Frische Brise
Der Seegang ist mäßig mit vielen Schaumkronen, Höhe im freien Wasser um 1,8 m. Gegenan wird es mit einer Familiencrew schon ungemütlich.

Stärke 7 (28 bis 33 kn): Steifer Wind
Seegangshöhe im freien Wasser im Mittel 4 m, leichte Schaumstreifen in Windrichtung. Es wird hart. Wer kann, verkriecht sich in einen geschützten Hafen.

Vorbereitung und Taktik

Wenn Sturm angesagt worden ist, muß der Skipper entscheiden, ob er versuchen soll, einen Hafen zu erreichen, oder ob er's draußen abreiten will. Es ist gefährlich, zu einem Hafen an einer Leeküste zu laufen, wenn er nicht sicher vor Eintreffen des Sturm erreicht werden kann. In Leehäfen kann man bei Sturm nicht einlaufen und muß dann dicht vor der Küste kreuzen und hat keinen Seeraum zum Reparieren, falls am Rigg etwas bricht. Es lohnt hingegen immer, zu einer Luvküste zu segeln, weil man Seeraum gewinnt und vielleicht noch rechtzeitig Landschutz findet. Doch Vorsicht vor schwierigen Küsten! Ist man im Hafen, verdoppelt man alle Festmacher und bleibt an Bord, bis das Wetter vorüber ist.
Als nächste Aufgabe muß das Boot auf den Sturm vorbereitet werden, und zwar rechtzeitig. Beiboot und Rettungsinsel müssen auf Deck mit zusätzlichen Laschings gesichert werden. Unter Deck müssen alle losen Dinge in Kästen und Schüben weggestaut werden, denn sie können gefährlich wie Geschosse werden. Nochmal den Lukenverschluß prüfen und Lüfter stopfen, wenn sie zur leckenden Sorte gehören. Die Steckschotten im Niedergang müssen gesichert werden und sollten im Sturm nur zum Ein- und Aussteigen teilweise weggenommen werden. Man dränge die Crew, sich warm anzuziehen und den Sicherheitsgurt anzulegen. Die Sorgleine muß an Deck eingepickt werden, noch bevor man aus dem Niedergang steigt, denn ein plötzliches Überlegen könnte einen über Bord katapultieren. Bei Sturmmeldung sollte unverzüglich eine kräftige Dosensuppe aufgewärmt und in dichtschließende Thermosbehälter gefüllt werden; ebenso heißer Kaffee oder Tee. Vielleicht ist noch Zeit für ein Essen. Schließlich die Bilge lenzen, ehe es losgeht und dann in regelmäßigen Abständen, wenn man drinsteckt. Radarreflektor hoch! Bei schlechter Sicht: Positionslichter an!

Eine Yacht unter Arbeitsfock und gerefftem Groß unterwegs bei frischer Brise, doch unter Landschutz und mit halbem Wind. Am Wind müßte die Segelfläche noch weiter verkleinert werden.

Der Skipper, links, steuert nicht gerade rücksichtsvoll für seine Crew auf dem Vordeck. Statt ihr beim Segelwechsel ein Vollbad zu geben und sie riskanten Situationen auszusetzen, sollte er die Großschot fieren und langsamer segeln oder, noch besser, auf Raumwind-Kurs gehen.

Segeln im Seegang

Mit auffrischendem Wind wird man nach und nach die Segelfläche verkleinern müssen, entweder durch Reffen oder Auswechseln. An der Kreuz merkt man die Wetterverschlechterung eher und muß schneller Segel kürzen. Vor Wind und See laufen ist angenehmer und sollte, falls möglich, als Kurs gewählt werden. Dabei besteht jedoch die Gefahr, daß das Boot zu schnell wird und man eine der Bremstechniken (siehe unten) anwenden muß. Wächst sich das Wetter zum Sturm aus, wird man nur noch mit einem kleinen Vorsegel weitermachen können, und bei Orkan bleibt einem nur das Ablaufen vorm Wind unter „Topp und Takel" (ohne jedes Segel). Auf allen Kursen versuche man, das Boot so schonend über die Seen zu bringen wie möglich; das schont auch die Crew.

Hoch am Wind – wenn es sein muß – luvt man an, um dem Kamm zu begegnen und fällt nach dessen Überwindung ab. Bei Halbwind läuft das Boot parallel zu den Wellen; man sollte auf dem Vorderhang versuchen abzufallen, wenn es eine besonders hohe Welle ist, um zu verhüten, daß das Boot kentert. Auf raumen Kursen sollte schon bei frischer Brise ein Bullenstander geriggt werden, damit der Großbaum nicht versehentlich auf die andere Seite wuchten kann, was schwere Schäden am Rigg verursachen könnte. Auf keinen Fall darf das Boot die Seen überholen, sonst unterschneidet der Bug in der See voraus.

Beiliegen

Der Ausdruck besagt, daß man das Boot im Sturm, mit dem Ruder hart zu Luv gelascht, vor „Topp und Takel" treiben läßt. Es liegt dabei etwa 70° am Wind und treibt nach Lee, wobei es ein breites Kielwasser zieht, an dem sich die Seen in einigem Abstand vom Boot brechen, so daß nur wenig Wasser an Deck kommt. Am ruhigsten liegen so Langkieler; annehmbar sind auch Boote mit geteiltem Lateralplan, wenn das Ruder eine größere Vorfläche (Skeg) hat. Yachten mit Schweberuder lassen sich kaum beilegen. Voraussetzung ist immer genügend Leeraum.

Ablaufen vorm Wind

Ist das Boot beigedreht zu unruhig, bleibt einem nur das Ablaufen vorm Wind unter Topp und Takel, vorausgesetzt, man hat genug Seeraum. Der Baum wird auf Deck abgedirkt und gründlich festgelascht. Es muß mit großer Aufmerksamkeit gesteuert werden, damit das Boot die Seen spitz von achtern nimmt, es darf nicht aus dem Kurs laufen. Wenn es zu schnell läuft und die Seen achteraus durch Überlagerung mit der eigenen Heckwelle zum Brechen bringt oder den Seegang überholt, muß gebremst werden (siehe unten). Tatsächlich hält ein Boot meistens viel mehr aus als die Crew, besonders wenn sie eine noch unerfahrene ist.

Fahrt mindern

Es gibt mehrere Bremsmethoden, doch am verbreitetsten ist das Ausstecken einer schweren Trosse von 45 m Länge in einer Bucht, von der Heckklampe an Backbord zu der an Steuerbord, wobei man einen Tamp noch um eine achtern stehende Winsch törnen kann, bevor man ihn belegt. Hat man keine Leine, die lang genug ist, schleppt man zwei getrennte Leinen, wie in der Abbildung. Man kann auch einen Seeanker schleppen, aber meist bremsen die zu schlecht oder zu gut und brechen die Leine oder halten das Boot zu fest, wenn ein schlimmer Brecher heranrollt.

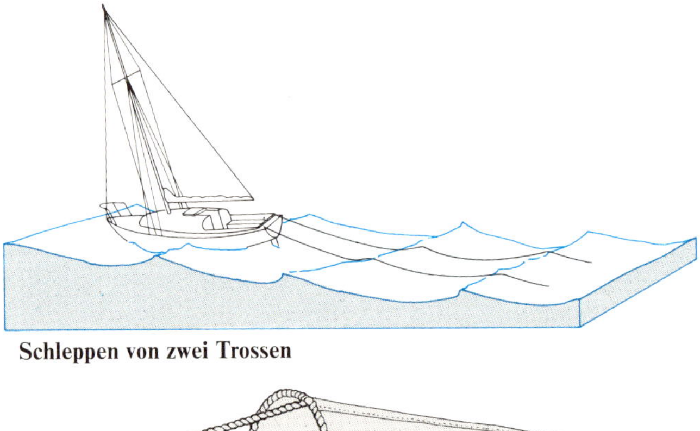

Schleppen von zwei Trossen

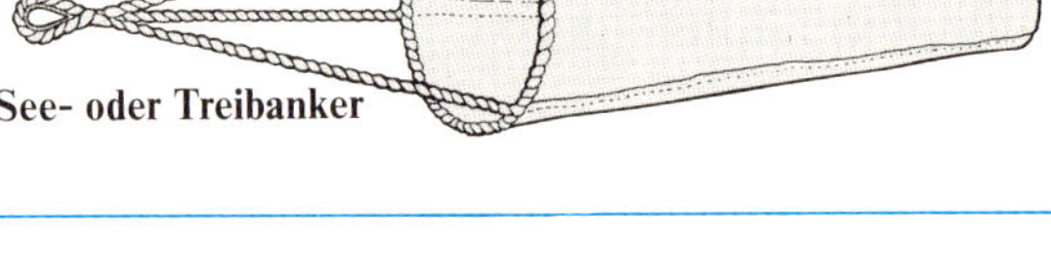

See- oder Treibanker

Mann über Bord

Einen Mann von Bord zu verlieren ist das übelste, was einem auf See passieren kann. Es ist deshalb überaus wichtig, daß Skipper und Mannschaft wissen und beherrschen, was dann zu tun ist, und es muß immer wieder exerziert werden; unter Segel und unter Motor. Zum Üben benutzt man eine Netzboje oder einen Fender mit einem kleinen Treibanker, damit der Wind das Ding nicht unnatürlich schnell übers Wasser hinwegpustet. Auf einem neuen Boot oder mit einer neuen Crew sollte dieser Drill das erste sein, was Sie vor dem Hafen üben, bis es klappt und jeder seine Rolle bei diesem Manöver beherrscht. Es könnte ja sein, daß Sie selbst über Bord gefallen sind. Das im Folgenden beschriebene Manöver ist kurz, unkompliziert und erfüllt meist seinen Zweck.

Auf Segelbooten fallen Leute gewöhnlich beim Segeln über Bord. Sollte es bei Maschinenfahrt passieren, dann tun Sie *nicht,* was in allen Schulbüchern steht: Legen sie *nicht hart Ruder* zu der Seite, an der der Mann über Bord ging, denn das erzeugt am Heck möglicherweise erst den Sog, der ihn in den laufenden Propeller zieht und verletzt. Reißen Sie schnell den Gang heraus, sollte es – bei Zweihebelbedienung – auch ein paar Ersatzteile für den Motor kosten. Ist der Mann vom Heck frei, kann man den Gang wieder einlegen und auf Gegenkurs gehen und den Mann so ansteuern, daß man gegen den Wind und in seinem Luv nicht zu dicht bei ihm zum Stillstand kommt. Dann sollte die Maschine abgestellt werden, damit der Propeller garantiert nicht wegen einer klebenden Kupplung noch läuft. Schon bei leichtem Wind driftet ein Boot schneller, als selbst Wettkampfschwimmer in Kleidern schwimmen können. Die Person im Wasser mit einer Leine davor sichern, von der Bootsdrift unter Wasser gezogen zu werden – Palstek oder weiter Augspleiß unter den Armen durch. An Deck bringt man die Person mit einer der im Folgenden beschriebenen Methoden.

Das Rettungsmanöver unter Maschine ist etwas anders, wohl auch einfacher als das auf Seite 124 beschriebene unter Segeln. Eine unbefahrene Crew tut deshalb besser, die Segel zu bergen und mit der Maschine das Rettungsmanöver zu versuchen. Bei Wassertemperaturen unter 22 °C ist immer Eile geboten, bei solchen unter 18 °C große Eile, um Unterkühlung vorzubeugen. Aus demselben Grund nie die Kleidung nach dem Überbordgehen ausziehen; sie zieht nicht hinab, sondern trägt und hält auch im Wasser warm.

Sehr ernst ist der Unfall, wenn man den außenbords Gegangenen wegen Seegang, Nebel oder Nacht aus den Augen verliert. Die Rettungs-Chance hängt davon ab, daß Zeitpunkt, Kurs und Fahrt beim Überbordfallen festgehalten werden, daß der Steuermann – der Beste ans Ruder! – exakten Kurs steuern kann, und der Navigator Gegenkurs, Fahrt und Zeit bis zum Unfallpunkt berechnen kann. Gelingt es nicht, damit in Sicht oder Rufweite zu kommen, muß mit dem Abfahren eines Suchquadrats begonnen werden, wie in der Skizze gezeigt. Diese Lage wäre schon fast hoffnungslos ohne Mithilfe von anderen.

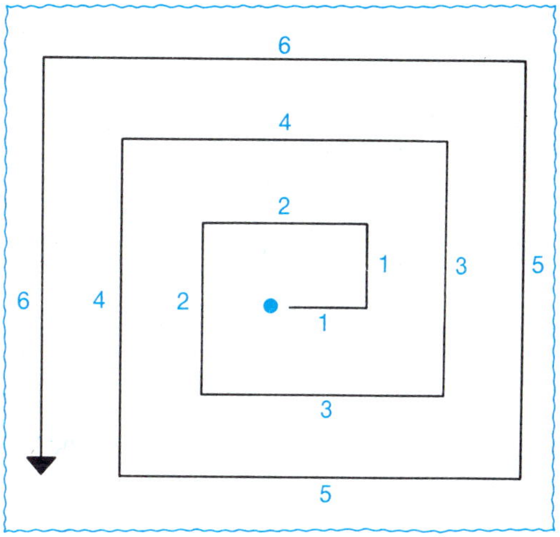

Die Quadratsuche muß gefahren werden (Motor), wenn einer bei Nacht oder Nebel über Bord gefallen ist. Der Navigator muß die Länge des ersten Schlags doppelt so lang berechnen, wie man von der Person im Wasser entfernt sein möchte. Die folgenden Schläge werden wie in der Skizze gezeigt gefahren.

Bergung unter Segeln

Fällt einer über Bord, müssen ein paar Dinge sehr schnell getan werden: Ihm muß ein Rettungsring mit Markierungsboje zugeworfen werden, dabei luvwärts vom Schwimmer zielen, denn der Ring treibt mit dem Wind. Es muß laut „Mann über Bord" gerufen werden und „alle Mann an Deck". Einer muß abgestellt werden, den Schwimmer dauernd im Auge zu behalten und mit ausgestrecktem Arm zu ihm hinzuweisen. Ist der Spinnaker gesetzt, muß er schnell weggenommen werden. Der Navigator muß Zeit und Kurs notieren für den Fall, daß man den Schwimmer im Seegang aus den Augen verliert. Der Steuermann muß so schnell wie möglich auf Gegenkurs wenden; segelt er nur unter Vorsegel, kann es nötig sein zu halsen, weil das Boot nicht durch den Wind geht. Der Aufpasser darf während der Manöver nicht einmal vom Schwimmer wegsehen, denn alle anderen werden durch die Manöver desorientiert. Zwei Leinen müssen während des Rücklaufs zum Werfen bereitgelegt werden, ebenso ein Bootshaken. Rücklaufkurs und Zeit muß der Navigator notieren, da dies zur Berechnung der Ankunftzeit beim Schwimmer eventuell wichtig ist. Der Steuermann muß das Boot in Luv des Schwimmers stoppen – eventuell mit Maschine, doch zum Bergen muß der Motor abgestellt werden. Es genügt nicht, nur den Propeller auszukuppeln, denn er könnte versehentlich eingekuppelt werden und die Person im Wasser verletzen. Also Motor aus!

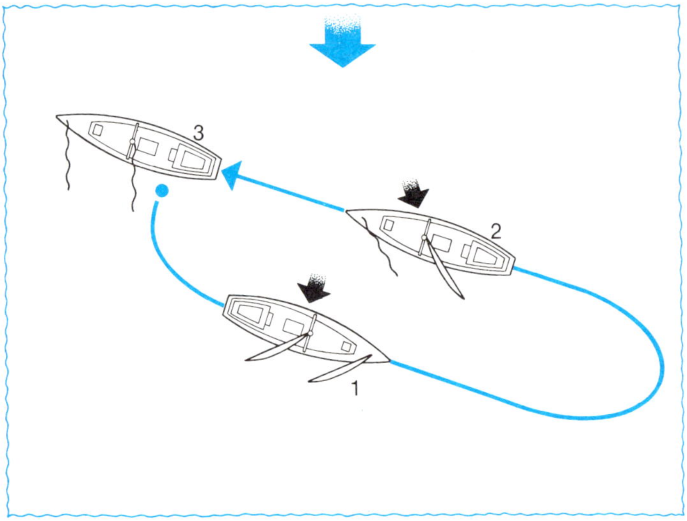

Halse so schnell wie möglich auf Halbwind-Kurs (1) und bei genug Seeraum, nach etwa 10 Bootslängen, wende zum Kurs hoch am Wind auf Gegenkurs (2). Vorschot los, um die Fahrt zu mindern. Stoppe in Luv der Person im Wasser (3).

Zur Übung des Manövers wirft man einen Rettungsring oder beschwerten Fender über Bord. Kommando: „Boje über Bord!" Hier ist die Yacht aufgestoppt beim Dummy angekommen.

Jemand an Bord holen

Zum über Bord Gefallenen zurückkehren, ist nur der erste Akt des Dramas. Der zweite, recht schwierige Akt ist, ihn wieder an Bord zu hieven, vor allem wenn das Wasser sehr kalt ist, was den Schwimmer schnell klamm und lethargisch macht. Als erstes muß man eine Leine unter seinen Armen durch um Rücken und Brust bekommen, um ihn beim Boot und seinen Kopf über Wasser zu halten, bis alles zur Bergung bereit ist. Man hole ihn neben das Cockpit, weil aus diesem heraus am sichersten zu arbeiten ist. Welche Methode zum Erfolg führt, das ist von Boot zu Boot verschieden, hängt außerdem vom Seegang und der Anzahl der Leute an Bord und von deren Kräften ab. Das beste ist, man probt das mal an einem schönen warmen Tag mit einem Freiwilligen als Versuchskaninchen. Danach wird man vielleicht etwas erfinden müssen, um den unteren Relingsdurchzug loswerfen zu können. Eine über die Seite einhängbare Badeleiter kann eine Hilfe sein, aber die Leine unter den Armen durch darf dabei nicht fehlen. Man kann eine Leine mit einem Palstek, in den der Schwimmer einen Fuß setzt, über die Seite geben und versuchen, sie mit einer Winsch so weit zu hieven, daß die Person sich mit der Brust auf Deck legen kann; dann kann man mit Griff am Hosenboden und Hosenbein meist auch ein Bein an Deck bringen. Oder man befestigt eine Talje (evtl. den Baumniederholer) am ausgeschwenkten Baum und hievt ihn damit. Oder man senkt den Baum aufs Seitendeck oder in die Plicht, fiert das Großsegel, hängt es in einer Bucht ins Wasser, schwimmt die Person in die Bucht ein und holt dann mit der Großfallwinsch das Segel wieder an. Ähnlich mit dem Vorsegel, dessen Hals und Schothorn aber zuvor an der Fußreling oder an Relingsstützen festgezurrt werden müssen. Die Bergung mit dem Segel empfiehlt sich vor allem für schwere Personen, denn die Holekraft im Fall beträgt nur die Hälfte seines Gewichts. Auch ist die Methode gut für den Fall, daß die Person schon unterkühlt ist (Muskelzittern oder Bewußtseinstrübung), denn Unterkühlte sollen möglichst horizontal geborgen werden. Der Geborgene soll so wenig wie möglich bewegt werden und sich nicht selbst bewegen. Bei Muskelzittern entkleiden, nicht frottieren, in die Koje bringen und in Decken einhüllen. Stärker Unterkühlte mit den nassen Kleidern in die Koje legen und in Decken und Rettungsfolie (alluminiumbedampftes Plastik) einhüllen, durch Gespräche wachhalten. Bei Bewußtsein reichlich stark gesüßten warmen Tee trinken lassen. Auf keinen Fall Unterkühlte warm duschen lassen, das kann tödlich sein. Holen Sie über Funk ärztlichen Rat, wenn nötig und wenn möglich. Und üben Sie mit Ihrer Crew das Bergen bei nächster Gelegenheit und nicht nur bei glattem Wasser.

Möglichst den zu Bergenden immer mit einem Palstek unter den Armen abfangen. Es bleibt fraglich, ob der Frau gelingt, den Mann mit der Schotwinsch hoch genug zu hieven.

Eine Badeleiter ist eine große Hilfe (aber die wackelige Konstruktion auf dem Bild ist für diesen Zweck völlig ungeeignet).

Nebel

Der befahrene Segler fürchtet Nebel mehr als wirklich schlechtes Wetter, denn schlechte Sicht steigert die Gefahr von Kollisionen mit anderen Schiffen. Hören Sie immer den Wetterbericht und bleiben Sie im Hafen, wenn Nebel angesagt wird. Es wäre Leichtsinn, bei Nebel auszulaufen.
Wird man auf See vom Nebel überrascht, sind die Maßnahmen zur Minimierung der Gefahren vor allem Navigatorsache. Alles tun, um die eigene Position festzustellen und einen Kurs wählen, der das Boot am schnellsten aus dem Dampfertrack und regem Schiffsverkehr herausführt, auch wenn das vom Reiseziel wegführt.
Möglichkeiten, andere zu entdecken und seine eigene Anwesenheit bekanntzugeben, bieten die in der Seestraßenordnung und Seeschiffahrtstraßen-Ordnung beschriebenen Nebelsignale und ein Radarreflektor.
Da mit Kollision und Untergang gerechnet werden muß, Schläfer unter Deck wecken, Rettungswesten anlegen lassen, Personalpapiere, Schiffspapiere und Geld einstecken, um dies dabei zu haben, wenn das Boot aufgegeben werden muß.

Schallsignale

Ist man in Nebel geraten, muß man mit gesetzlich geregelten Signalen kundtun, daß man vorhanden ist. Außerdem muß man horchen und verstehen, wer sonst noch im Nebel steckt, und was der über seine Aktionen tutend, läutend und gongend bekanntmacht. Macht er unter Segel oder Maschine Fahrt durchs Wasser? Ist er in Fahrt oder liegt er gestoppt im Wasser und hat keine Verbindung zum Land? Ankert er oder sitzt auf Grund? Je größter er ist, um so tiefer seine Stimme. Boote von weniger als 12 m Länge über alles brauchen nur ein beliebiges kräftiges Schallsignal zu geben, beispielsweise ein Gasflaschenhorn, dessen Druckflasche freilich schnell die „Luft" ausgeht, so daß man einen ziemlichen Vorrat davon haben muß. Man kann auch mit einem Schraubenschlüssel auf die Bratpfanne schlagen. Größere Boote haben eine Glocke, und Schiffe von 100 m Länge und mehr noch zusätzlich einen Gong. Mit dem Horn werden kurze Töne (1 Sekunde) und lange Töne (4 bis 6 Sekunden) gegeben. Mit der Glocke gibt es den Einzelschlag und schnelles Läuten. Mit dem Gong gibt es nur den Einzelschlag. Es gibt im Zubehörhandel Merktafeln, wasserfest und selbstklebend, die man sich ins Cockpit pappt, weil man nicht alles behalten kann, zumal auch viele Fahrwasser- und Untiefentonnen Schallsignale geben, die in der Karte genannt sind. (Überdies muß man als deutscher Segler die amtlichen Vorschriften an Bord haben, in denen das alles umständlich und unlesbar beschrieben ist.)

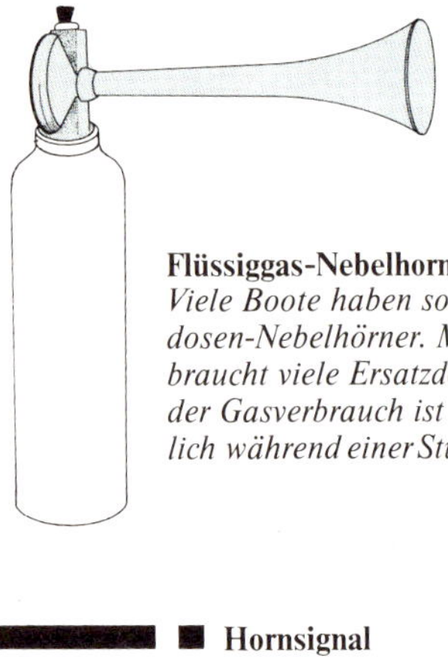

Flüssiggas-Nebelhorn
Viele Boote haben solche Spraydosen-Nebelhörner. Man braucht viele Ersatzdosen, denn der Gasverbrauch ist beträchtlich während einer Stunde Nebel.

Hornsignal

Glockenschlag

Schnelles Läuten

Gongschlag

Unter Segel
Ein langer und zwei kurze Töne alle 2 min; ebenso beschränkt manövrierfähiges Fahrzeug.

Mit Motor Fahrt durchs Wasser
Alle 2 min ein langer Ton.

Treibend (in Fahrt)
Alle 2 min zwei lange Töne.

Am Grunde fest, bis 100 m
3 Einzelschläge gefolgt von schnellem Läuten jede Minute.

Am Grunde fest, ab 100 m
3 Einzelschläge, Läuten, 3 Einzelschläge, Gong jede Minute.

Ankernd, bis 100 m
Läuten jede Minute.

Ankernd, ab 100 m
Läuten auf dem Vorschiff, danach Gong auf dem Achterschiff jede Minute.

Lotsenboot im Dienst
Ein langer, vier kurze Töne alle zwei Minuten.

Maßnahmen

Der Radarreflektor sollte auf einer Yacht eigentlich immer oben sein, nicht nur im Nebel. Es ist freigestellt, ob man auf See bei Nebel die Positionslichter anzündet oder nicht. Am Tage nützt es nichts, sparen Sie die Batteriespannung für die Nacht. Solange Sie nicht mit Motor fahren, brauchen Sie einen Ausguck vorn im Bugkorb vor dem Segel. Nach achtern kann der Steuermann selber aufpassen. Jeder an Bord muß die Rettungsweste angelegt haben; bei einer Kollision ist dazu keine Zeit mehr. Aber nicht anleinen! Am besten sind alle an Deck, jedenfalls keiner im Vorschiff. Wenn möglich, das Beiboot zu Wasser lassen und nachschleppen. Die Rettungsinsel sollte einsatzbereit liegen, ebenso rote und weiße Signalmunition (Seite 144).
Um sich ein Bild von der Sichtweite zu machen, wirft man ein Knäuel Papier ins Heckwasser und stoppt die Zeit bis es aus der Sicht kommt. Aus Zeit mal Fahrt ergibt sich die Sichtweite: Knoten x 0,514 x Sekunden = Meter Sichtweite. So weiß man, auf welche Entfernung andere Schiffe sichtbar werden. Als erstes sieht man meist die Bugwelle.

Man fahre nicht schneller als zum Steuern gerade nötig ist, doch dazu reicht im Nebel oft nicht der Wind, und man muß motoren, wobei man aber nichts hört. Drum ab und an mal den Motor abstellen, aber nicht alle paar Minuten, denn der Anlasser braucht mehr Strom, als die Lichtmaschine in kurzen Abständen nachladen kann. Schiffahrtswege sollte man im Nebel nicht kreuzen, sondern im flacheren Wasser, das Großschiffe nicht befahren können, ankern und abwarten bis die Sicht besser wird. Es ist eine gute Idee, sich in flacheres Wasser zu verholen, aber die Idee können auch andere haben. Doch besser mit einer Yacht kollidieren als mit einem Tanker. Vor Anker das Signalgeben nicht vergessen!
Man darf nicht damit rechnen, daß die Großschiffahrt die Schallsignale kleiner Boote hört. Allein der Fahrtwind eines Großschiffs erzeugt in den Ohren des Ausgucks auf der Back ein Geräusch von wenigstens 85 dB-A (wenn ein Ausguck überhaupt vorhanden ist). Also halte man selbst aufmerksam Ausschau und gebe als der kleinere und wendigere den Leviathans den Weg frei.

Der schnellstes Weg, einem herankommenden Schiff aus dem Kurs zu gehen, ist, rechtwinklig zu dessen Kurs mit aller Kraft abzulaufen. Nur ein 90°-Ausweichmanöver hat überhaupt eine Chance, auf dem Radarbild noch erkannt zu werden.

Radar-Reflektoren

Die Berufsschiffahrt in Europa und Nordamerika ist fast ausnahmslos mit Radar ausgerüstet, aber Segelyachten geben nur ein gut erkennbares Radarecho auf dem Bildschirm, wenn sie mit einem Radarreflektor ausgerüstet sind, der richtig montiert oder geheißt wird und eine Innenkantenlänge von wenigstens 30 cm hat. Je höher er gesetzt wird, um so besser hebt er sich aus den Seegangsechos heraus. Sehr wichtig ist, daß die Flächen exakt senkrecht aufeinanderstehen, daß die Bleche nicht verbogen oder verbeult sind. Er muß so montiert oder geheißt werden, daß eine Tripelecke nach oben weist, „Regenfängerstellung". Fast gar nicht reflektiert er, wenn man ihn an einer seiner äußeren Ecken aufhängt. Die untere Halteleine muß außermittig angebracht werden, damit der Reflektor sich nicht dreht.

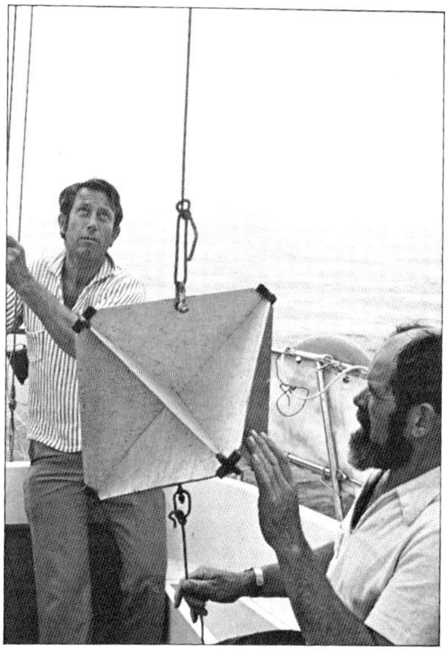

Es gibt viele Möglichkeiten, einen Radarreflektor zu zeigen. Diese ist wenig effektiv und nach den Empfehlungen des Deutschen Hydrographischen Instituts falsch.

Das Navigationskonzept

An Bord einer jeden Yacht, klein oder groß, muß wenigstens eine Person Küsten- und Fahrwassernavigation beherrschen, um das Boot sicher an sein Ziel zu bringen. Auf kleinen Kreuzern besorgt der Skipper meist auch diese Aufgabe, was indes nicht ideal ist, wenn beide Künste gleichzeitig gebraucht werden, beispielsweie beim Ansteuern von Häfen. Es ist eine große Hilfe, wenn da noch einer oder eine an Bord ist zur Bestimmung von Positionen und der Berechnung von Fahrt und Strom und Kursbeschickung zu einem Kurs, der am Kompaß zu steuern ist.

Was verlangt wird, hängt von der Art der Reise und den durchsegelten Gewässern ab. Beim Segeln in Landsicht und in bekanntem Gewässer, etwa Kieler Bucht, genügt gewöhnlich Navigation nach Sicht und Ortskenntnis. In der Küstensegelei aber führt der Kurs oft auch über Strecken ohne Landsicht, und man braucht Mittel und Kenntnisse, um die Schiffsposition wenigstens rechnerisch schätzen zu können, was nicht ohne Seekarten möglich ist. Funkpeilungen sollte man machen können. Abstandbestimmungen mit dem Sextanten ebenso, zumal das Künste sind, die auch Weltumsegler beherrschen müssen, sobald ein Landfall ansteht.

Außer Landsicht ist die Navigation meist gemütlich. Gewöhnlich wird auf dem Ozean nur einmal täglich ein astronomischer Schiffsort bestimmt, und es ist nicht schlimm, wenn der zehn Meilen falsch ist. Erst wenn man dem Lande näherkommt muß es wieder genauer werden, bis auf eine Zehntel-Seemeile genau.

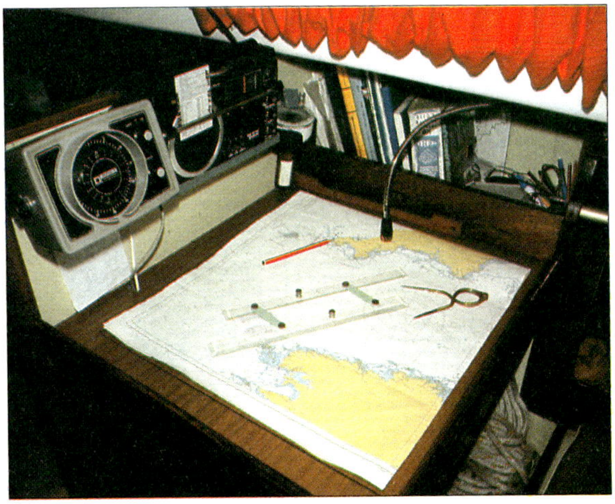

Kartentisch einer mittleren Fahrtenyacht.

Raffinierte Ausrüstung braucht man nicht, obwohl davon eine Menge angeboten wird, die manches vereinfacht – solange sie funktioniert. In kleiner Fahrt (Ostsee, Mittelmeer) braucht man keine astronomische Navigation, kann sich aber manchmal gut damit helfen, wenn eine Insel zu gegebener Zeit nicht da liegt, wo sie sollte. Man muß die Navigation auch ohne Elektronik und programmierte Rechner beherrschen. Die nachstehende Ausrüstung sollte vorhanden sein:

Revierfahrt

Unbedingt: Logbuch, Fernglas, Radio, Karten, Tidenkalender, Hafen- oder Seehandbuch, zwei Kursdreiecke oder Kurslineal, Kartenzirkel, Bleistifte, Radierer, Steuerkompaß, Handpeilkompaß, Lotleine oder Echolot, Log (eingebaut) mit Fahrtanzeige und Streckenzähler.

Empfehlenswert: UKW-Seefunkstelle (Radiotelefon).

Küstenfahrt

Unbedingt: Wie für Revierfahrt

Ratsam: UKW-Seefunkstelle, Funkpeileinrichtung, Sextant.

Seesegeln

Unbedingt: Wie Revier- und Küstenfahrt, guter Kurzwellen- oder Weltempfänger statt einfaches Radio (Zeitzeichen, Weltnachrichten), Nautisches Jahrbuch, Höhen- und Azimuttafel(n) für astronomische Navigation, Quarzuhr, programmierbarer Rechner.

Empfehlenswert: SSB-Empfänger, Wetterkartenschreiber, Morsedekoder, Satellitnavigation, Navigationsrechner. Nur begrenzt anwendbar: Decca (Europäische Atlantikküste, Nordsee, Ostsee). Loran C (Nordeuropäische Atlantikküste, Nordsee außer Deutsche Bucht, Mittelmeer, Nordamerika). Radar.

Nachtfahrt

Nachtfahrten gehören zu jedem Törn, der länger als 12 Stunden dauert, aber viele Fahrtensegler verschwenden viel Reisezeit um sich davor zu drükken. Ihre Abneigung ist verständlich, aber ihre Befürchtung unbegründet. Nachtsegeln ist nicht schwierig und gewöhnlich wirklich lohnend. Wie immer beim Segeln muß man sich ein paar spezielle Kenntnisse aneignen, aber damit wird die Nachtfahrt zum selbstverständlichen Bestandteil einer Kreuzerreise, und man verplempert keine Zeit mehr in uninteressanten Häfen, um durch eine Nacht zu kommen.

Zur ersten Nachtfahrt nimmt man am besten einen mit, der sich auskennt, die Lichter der anderen Schiffe erläutert, das Erkennen und Bestimmen der Feuerkennungen zeigt. Vor Einbruch der Dunkelheit muß die Crew sich mit allem an Deck auskennen und alles, was nicht zum Segeln gebraucht wird unter Deck verstaut haben. Ist für die Nacht mit Segelwechsel zu rechnen, wechselt man schon in der Dämmerung oder zeist das Vorsegel auf dem Vordeck schon zum Setzen bereit.

Eine Wacheinteilung (Seite 29) muß gemacht und strikt eingehalten werden. Der Navigator sollte für die Nacht vorgearbeitet haben, vor allem eine Liste der Feuer und der ungefähren Zeit ihres Insichtkommens anfertigen. Auf größeren Yachten ist er wachfrei und darf geweckt werden, wann immer etwas unklar ist. Prinzipiell wird an Deck der Sicherheitsgurt getragen und benutzt. Die Positionslichter müssen bei Sonnenuntergang angeschaltet und geprüft werden, Ersatzglühlampen an Bord sein.

Das Boot segelt bei Nacht nicht anders als am Tage, aber erst mal kommt es einem anders vor, und mancher wird dabei unnötig nervös und kurzzeitig desorientiert. Kein Licht, vor allem kein weißes Licht an Deck gebrauchen. Die Kompaßbeleuchtung so dunkel wie möglich dimmen, außer sie wäre rot; rotes Licht stört die Dunkeladaption der Augen nicht, aber jede andere Farbe. Kajütsbeleuchtung nicht zu hell und so abschirmen, daß die Lampe aus der Plicht nicht zu sehen ist. Zehn Minuten vor Wachwechsel Kajütsbeleuchtung ausschalten; an Deck dauert es noch weitere zehn Minuten bis volle Nachtsicht erreicht ist.

Zwar muß dauernd Kompaßkurs gesteuert werden, aber nicht dauernd auf den Kompaß starren. Das macht dösig. Bei klarem Himmel bietet sich immer ein Stern als Steuermarke für eine Weile – auf Nord-Süd-Kursen ändert er sein Azimut in 4 Minuten um ein Grad. Entfernungen in der Nacht zu schätzen, ist eine Fähigkeit, die erst mit längerer Praxis kommt. Am besten sind nachts immer zwei auf Wache; einen allein könnten Halluzinationen befallen. Bleiben Sie ruhig und freundlich, wenn Sie nachts mal unnötig geweckt werden.

Arbeit in der Dämmerung während eines Nachtrennens.

Positionslichter

Ein Schiff ist verpflichtet, bei Nacht und unsichtigem Wetter die Positionslichter anzuzünden. Über die Lichterführung und Art der Lichter bestehen internationale Gesetze, und Sie müssen die für Ihr Boot vorgeschriebenen Lichter führen. Die Lampen müssen eine amtliche Zulassung haben. An der Art der Lichterkombinationen ist erkennbar die Art des Schiffes, wie es sich bewegt, ob es sich bewegt und zum Teil, welches seine Aufgabe ist und mit was es gerade beschäftigt ist. Der Steuermann auf Wache muß dem Skipper unerwartete Lichter melden und sie beschreiben können. Da man als Amateurschiffsführer nicht alle Lichterkombinationen im Kopf haben kann, muß eine Merktafel zur Hand sein. Gleichbleibende Peilungen von Schiffslichtern bedeuten Kollisionskurs. Aufgabe des Navigators ist, die Lichter der Tonnen und Küstenfeuer zu kennen und der Wache zu sagen, welche Feuer sie als nächste zu erwarten hat. Die für Segel- und Motorboote in Fahrt vorgeschriebenen Positionslichter sind unten gezeigt. Sie bestehen aus einem weißen Hecklicht, einem roten an Backbord, einem grünen an Steuerbord und für Motorboote oder ein motorendes Segelboot ein weißes Licht am Mast. Über die Sektoren, in welche diese Lichter scheinen sollen, bestehen sehr genaue Vorschriften, und man muß immer wieder prüfen, ob deren Ausrichtung noch stimmt. Kleine Boote, kürzer als 7 m und unter Motor langsamer als 7 kn brauchen nur ein weißes Rundumlicht zu führen. Zu ihrer eigenen Sicherheit sollten sie aber auch Seitenlichter zeigen.

Alle Boote sollten immer eine kräftige weiße Stablampe und weiße Handfackeln für Notfälle an Bord haben (Seite 144).

Links: Ein Segler länger als 7 m führt ein weißes Hecklicht 135°, und Seitenlichter 112,5°, Backbord rot, Steuerbord grün.

Links unten: Ein Motorboot unter 20 m Länge und ein unter Motor fahrendes Segelboot müssen im Mast ein weißes Licht 225° zeigen. Die Seitenlichter können in einer Laterne kombiniert sein.

Unten: Segelboote unter 12 m Länge dürfen im Masttopp die Dreifaltigkeitslaterne führen, Seiten- und Hecklichtsektoren aus einer Laterne; aber nicht, wenn der Motor mitläuft.

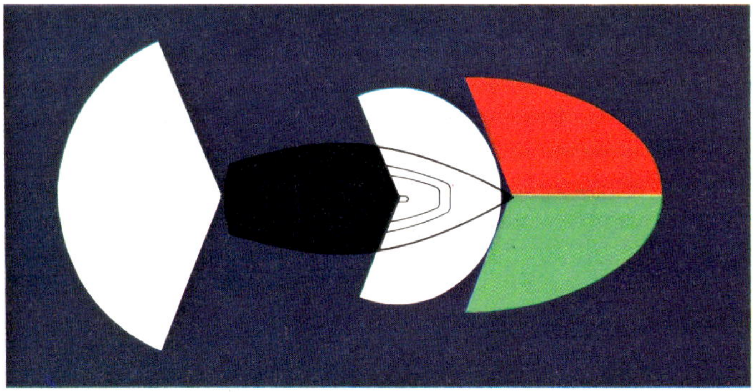

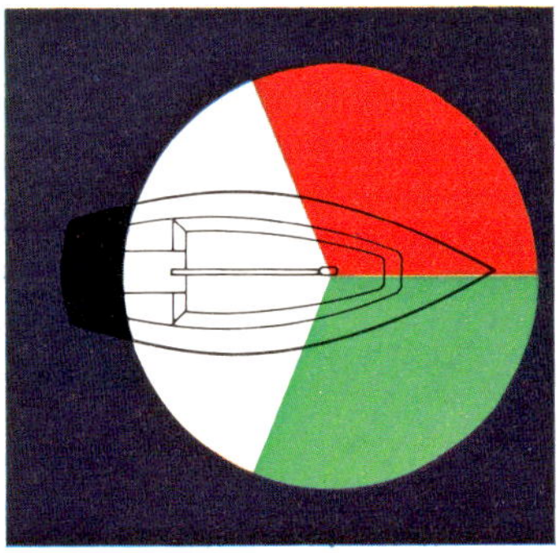

Schiff länger als 50 m, führt ein zweites, höheres Mastlicht achtern. Seitenlichter- und Hecklicht-Sektoren wie auf gegenüberliegender Seite unten links.

Ankerlieger länger als 50 m mit 2 weißen Rundumlichtern, die tiefere Ankerlaterne hängt achtern.

Fischer mit rotem über weißem Rundumlicht. Zusätzliches weißes Rundumlicht auf der entsprechenden Seite, wenn sein Schleppnetz weiter als 150 m ausgebracht ist.

Nicht mit Fischer verwechseln; das ist ein Lotse (weißes über rotem Rundumlicht).

Ein wegen seiner Arbeiten manövrierbehindertes Fahrzeug hat rot-weiß-rotes Rundumlicht zusätzlich zum Mastlicht im (Fock-) Mast.

Schiff auf Grund. Nur wenn es länger als 50 m ist, zeigt es die Heckankerlaterne. Zeigt es zu den 2 roten Rundumlichtern die In-Fahrt-Lichter, ist es nur manövrierunfähig.

Wegerechtschiff, das wegen seines Tiefgangs in der Manövrierfreiheit beschränkt ist (zusätzlich 3 rote Rundumlichter).

Schlepper mit Anhang unter 200 m. Der Schlepper führt 2 weiße Rundumlichter und am Heck ein gelbes Steuerlicht. Der Anhang nur Seiten- und Hecklaternen.

Das ist ein Hecktrawler von weniger als 50 m Länge beim Schleppnetzfischen. Grünes über weißem Rundumlicht und Seitenlichter.

Verkehrsregeln

Auch auf See und den mit ihr verbundenen Gewässern gibt es Verkehrsregeln, die man kennen und befolgen muß. Deutsche lernen sie zwangsläufig, weil sie die Kenntnis der Regeln zur Erlangung des Sportbootführerscheins nachweisen müssen. Für die offene See gilt die Seestraßenordnung von 1972, die 1977 international in Kraft getreten ist. Neben dieser gibt es für nationale Hoheitsbereiche der Länder noch besondere Vorschriften und Hafenordnungen – in der Bundesrepublik Deutschland ist dies die Seeschiffahrtstraßen-Ordnung. Wenn man ein fremdes Land anläuft, muß man sich Kenntnis über diese nationalen Verordnungen verschaffen; etwa bei der Kreuzer-Abteilung des Deutschen Segler-Verbandes, die entsprechende Druckschriften zur Verfügung hat. Wer ein fremdes Land durchfährt – und selbst sein eigenes – muß auch die schiffahrtpolizeilichen Verordnungen für die Binnenwasserstraßen kennen und an Bord haben; für beinahe jeden Fluß, Kanal und Bach gibt es eine besondere.

Als Skipper muß man das alles recht ernst nehmen, denn Unkenntnis schützt nicht vor Strafe.

Maßnahmen

Segelt man auf einer verkehrsreichen Schiffahrtstraße, muß man dauernd aufpassen. Auf den meisten kleinen Kreuzern ist die Mannschaft klein und unerfahren. Als Skipper muß man deshalb auch unter Deck immer informiert sein, was sich oben ringsherum so tut. Am besten sagt man der Crew, sie solle einem jedes Schiff nach der Uhrzeigermethode (siehe Zeichnung) melden. Man muß dann feststellen, ob man mit dem Schiff auf Kollisionskurs liegt oder nicht. Dazu peilt man das Schiff in zeitlichen Abständen mit dem Handpeilkompaß; hat man keinen, wählt man irgendwas an Bord, etwa eine Relingsstütze, hinter oder über der das andere Schiff peilt und beobachtet, ob sich die Peilung mit der Zeit ändert. Überholt das andere Schiff den bordeigenen Peilpunkt, dann kreuzt man selber den Kurs des anderen hinter seinem Heck. Wandert die eigene Marke aber vor den Bug des anderen, dann heißt auch das „kein Kollisionskurs" - aber aufgepaßt! Man wird den Kurs des anderen vor seinem Bug kreuzen, aber man muß auch sicher sein, daß das in einem großen Abstand erfolgen wird, wenn der andere ein großes Schiff mit langem Stoppweg ist. Es könnte ja sein, daß der Wind einen just dann im Stich läßt, wenn man in dessen Kurs liegt. Ändert sich die Peilung nicht, „steht" sie, dann läuft man auf Kollisionskurs.

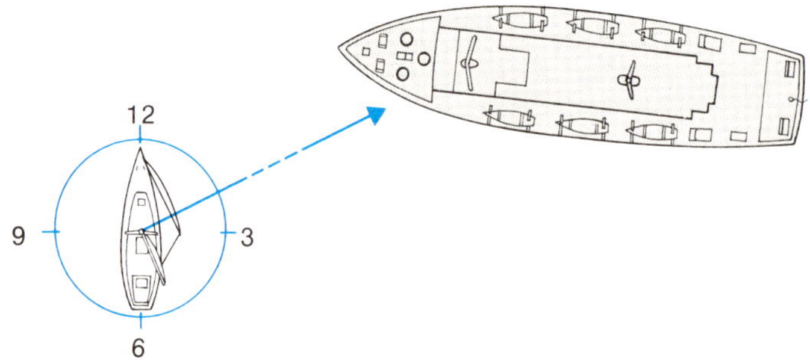

Das große Schiff würde als „Schiff peilt zwei Uhr, läuft von rechts nach links" gemeldet. Natürlich würde die Meldung schon auf größere Distanz erfolgen.

Maschinenschiffe sind gegenüber Segelfahrzeugen ausweichpflichtig, außer sie führen das Signal eines manövrierbehinderten Schiffs (Ball-Rhombus-Ball am Tag, rot-weiß-rote Lichter nachts), aber als Skipper eines Segelbootes bedenke man immer die Schwerfälligkeit von 10 000 und mehr Tonnen Masse.

Macht man als der Kleinere und Klügere ein Ausweichmanöver auch dann, wenn man es nach der Seestraßenordnung nicht braucht, dann mache man es deutlich mit einer radikalen Kursänderung und nicht in kleinen Raten, die nur schwer zu erkennen sind. Immer daran denken, daß die Reaktionszeit eines großen Schiffs nicht nach Sekunden, sondern nach Minuten und Viertelstunden zählt.

Schallsignale

Boote machen ihre Kursabsichten anderen Schiffen durch Schallsignale klar. Diese werden mit dem Horn oder der Pfeife gegeben. Die in der Seestraßenordnung enthaltenen Bestimmungen schreiben bestimmte Signale für Schiffe unter Maschinenkraft vor, die einander in Sicht haben (die wichtigsten unten), den Kurs ändern oder ein besonderes Manöver fahren wollen. Nachts kann die Absicht durch ein weißes Rundumlicht mit oder ohne synchrones Schallsignal signalisiert werden. Nähert sich ein Schiff einer nicht einsehbaren Kurve, soll es einen langen Ton blasen. Ein eventuell entgegenkommendes Schiff muß dann mit dem gleichen Signal antworten. Auch die Absicht, in einem engen Fahrwasser zu überholen, muß mit Schallsignal angekündigt werden.

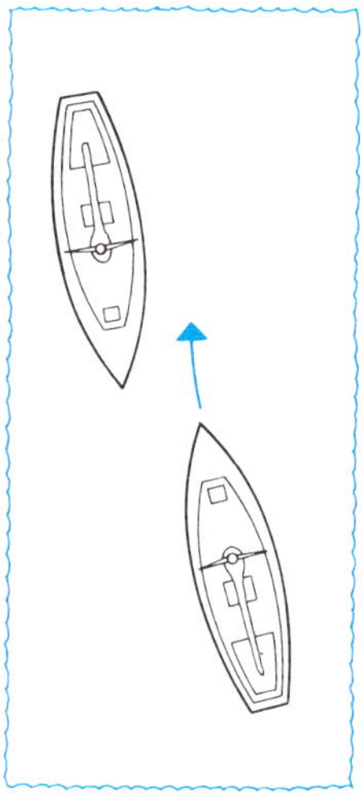

Ein kurzer Ton
Ich ändere meinen Kurs nach Steuerbord.

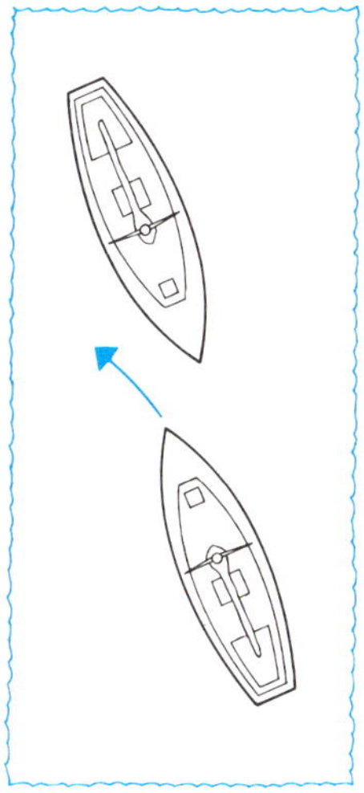

Zwei kurze Töne
Ich ändere meinen Kurs nach Backbord.

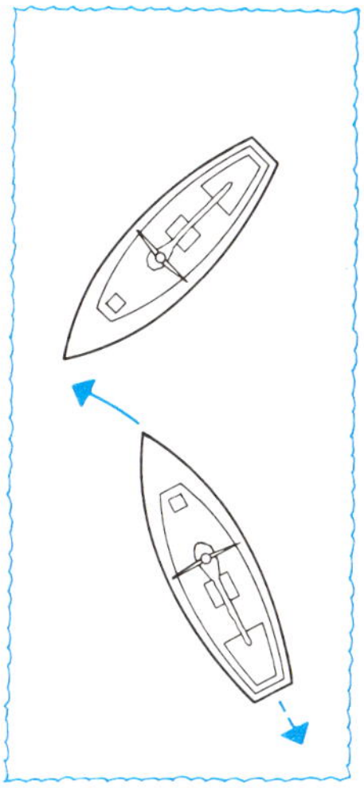

Drei kurze Töne
Meine Maschine geht rückwärts.

Zwei lange, ein kurzer Ton
Ich möchte Sie an Ihrer Steuerbordseite überholen (enges Fahrwasser).

Lang kurz lang kurz
Ich bin mit Überholung einverstanden.

Zwei lange, zwei kurze Töne
Ich möchte Sie an Ihrer Backbordseite überholen (enges Fahrwasser).

Fünf kurze Töne
Ihre Absicht ist nicht klar oder nicht möglich.

Signalkörper

Diese Körper aus Metall oder Plastik dienen zu besonderer Kennzeichnung von Schiffen, die einer speziellen Beachtung bedürfen oder besondere Rechte haben. Die Körper werden dort gesetzt, wo sie am besten von allen Seiten zu sehen sind. In der Nacht werden sie durch Lichter ersetzt (Seite 130/31).

Unter Segel und Motor

Beim Schleppnetzfischen – länger als 20 m

Ankerlieger

Tiefgangbehindert

Manövrierbehindert

Ausweichregeln

Die Regeln legen fest, welches Schiff Kurs und Geschwindigkeit beibehalten und welches ausweichen muß. Die grundsätzlichen drei Regeln für Begegnungen von Segelbooten untereinander werden in den drei Skizzen unten gezeigt. Dazu einige für die häufigeren Begegnungen mit anderen Schiffen. Doch muß hier auf die amtlichen Texte verwiesen werden, die man an Bord haben und kennen muß. Da die Regeln in großem Maße durch die Art der beteiligten Schiffe bestimmt werden, muß man in der Lage sein, die Art des Fahrzeugs zu erkennen. Das erleichtern zum Teil die Signalkörper am Tage und die besonderen Lichterführungen bei Nacht. In verkehrsreichen Gebieten sind Trennungsgebiete eingerichtet worden, so vor der niederländischen und deutschen Nordseeküste, wo der ostgehende Verkehr einen küstennäheren Streifen befährt, der westgehende einen abgetrennten Weg im Norden. Doch diesen Zwangsweg mit Mittelstreifen trennt noch ein Streifen für Küstenfahrer von der eigentlichen Küste. Der Mittelstreifen darf nur rechtwinklig überquert werden.

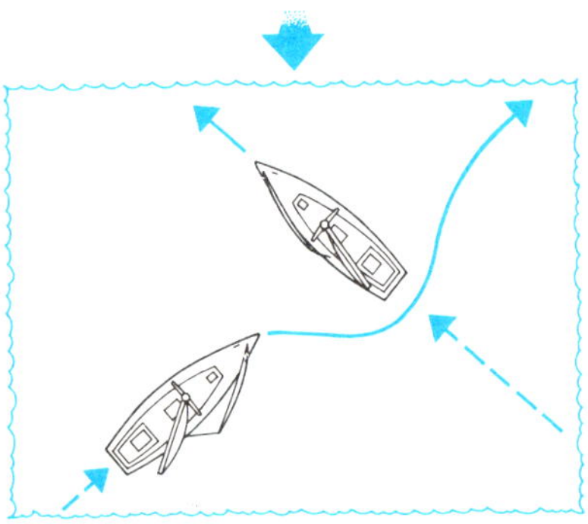

Segeln zwei Boote auf verschiedenem Bug, so muß das ausweichen, das den Wind von Backbord hat.

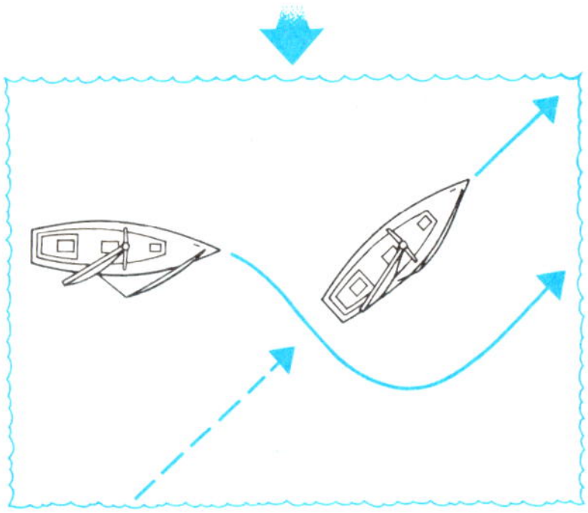

Ein überholendes Boot muß sich in jedem Fall von dem langsameren freihalten.

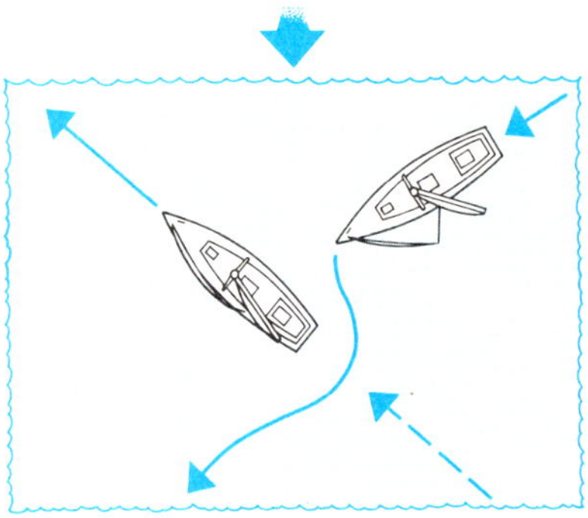

Segeln zwei Boote auf demselben Bug, dann muß sich das luvwärtige Boot vom leewärtigen frei halten.

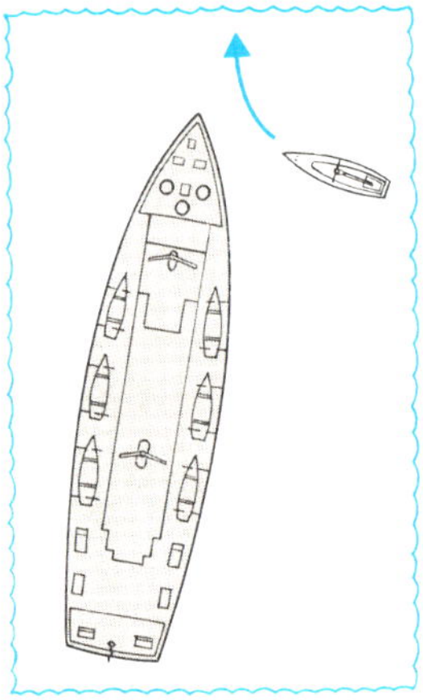

Alle Fahrzeuge, außer manövrierbehinderten, müssen einem tiefgangsbehinderten Schiff ausweichen.

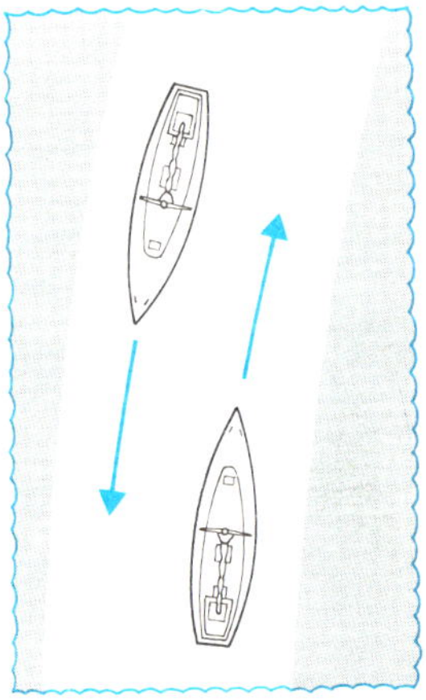

In engen Fahrwassern und Kanälen ist die rechte Fahrwasserseite einzuhalten

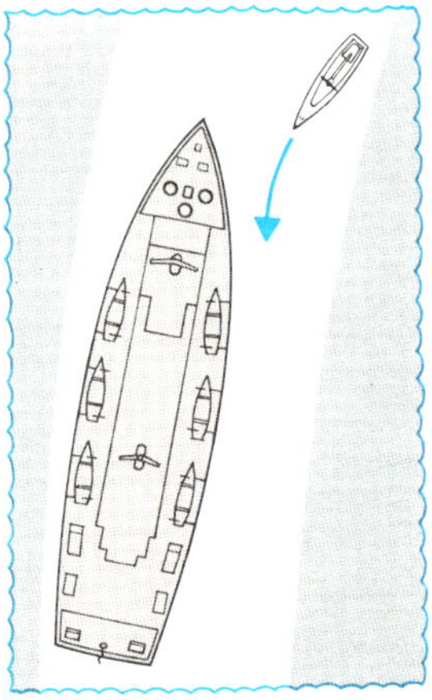

Fahrzeuge von weniger als 20 m Länge müssen sich klar von Fahrzeugen halten, die wegen ihrer Größe nur im Fahrwasser operieren können.

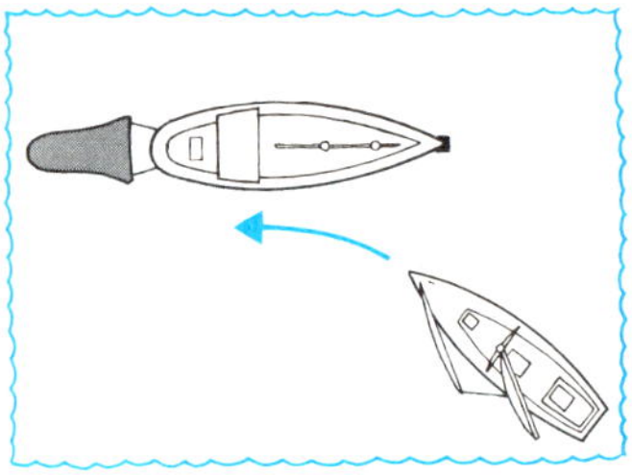

Fischenden Fahrzeugen, ausgenommen solche mit Angelleinen, haben alle anderen Fahrzeuge auszuweichen, sofern sie nicht manövrierbehindert oder -unfähig sind.

Rechts: Das ist genau die Situation, die man vermeiden muß, wenn man nicht ganz firm in Ausweichregeln ist.

K 46
3
LUV

Sicherheit an Bord

Jeder Segler weiß, daß zu seinem Sport ein nicht geringes Gefahrenrisiko gehört, und mancher würde sagen, daß dieses Wissen ein wichtiger Bestandteil des Spaßes am Segeln ist. Der Skipper trägt aber eine große Verantwortung und ist verpflichtet, nicht unnötig mit Gefahren zu flirten, sondern sein Boot und seine Mannschaft vernünftig gegen mögliche Gefahren zu sichern.

Leider gibt es viele Skipper, die sich zu optimistische Vorstellungen über ihre zukünftigen Törns machen, und dieser Optimismus wächst mit jeder gelungenen Segelpartie. Aus „ich fahre nur bei guten Wetterberichten" wird mit der Zeit, „ach es wird so schlimm nicht werden", oder „bis das Sturmtief da ist, sind wir längst in Dings." Wer lange genug zur See fährt, weiß es genau, weil er es wenigstens einmal erlebt hat: Gute Wetterberichte können falsch sein. Der vom 13. August 1979 um 18.00 Uhr GMT gab keinen Anlaß zur Beunruhigung und führte – zum großen Unglück eines Fastnet-Rennens. Schlimmer noch sind für den Neuling die Sturmansagen, die nicht eintreffen. Glücklich, wer seine Denkzettel von der See in der Ausbildung unter einem befahrenen Mann bekommt.

Die Seetüchtigkeit des Boots, seiner Ausrüstung, Stauordnung und Sicherheitsausrüstung muß routinemäßig vor jeder Ausreise aus einem Hafen überprüft werden. Einmal im Monat Mann-über-Bord üben und extra jedesmal, wenn einer neu zur Crew kommt – eisern, auch wenn's stur ist, Skipper, denn Sie könnten der Nächste im Bach bei Windstärke 8 sein. Mit einer neuen Crew muß man alles üben, sie einweisen. Werden nur einige Leute ausgewechselt, kann das die Stammbesatzung besorgen, sofern die Neuen mitmachen, was sie oft nicht tun, wenn sie „erfahrene" Segler sind. Dann muß sich der Skipper ruhig, aber bestimmt durchsetzen: „Noch ist das mein Schiff, also fahrt es auf meine Weise!" Besserwisserei mitten in einem Routinemanöver führt nicht zum Erfolg, selbst wenn sie richtig ist. Ein kluger Skipper akzeptiert besseres Wissen, verlegt dessen Aneignung aber auf einen Zeitpunkt, wenn das nicht stört.

Es ist besser und für die Rettungsdienste und deren Finanziers auch billiger, wenn sich Sportskipper zur übervorsichtigen Seite der Möglichkeiten hin irren. Es gibt etwas zuviel Rettungseinsätze wegen der Sportskipper, und sie kosten viel Geld.

Sicherheitsausrüstung

Ehe man in See geht, muß man immer prüfen, ob man außer den persönlichen Dingen, wie Kleidung, Ausweis und Bettzeug sowie Wasser und Brennstoff, bestimmte notwendige Ausrüstungsgegenstände an Bord hat. Selbst wenn man nur ein paar Stunden segeln will, darf es nicht passieren, daß man wegen irgendeiner Panne draußen ohne Proviant und Hilfsmittel liegenbleibt. Die wichtigsten Ausrüstungsteile sind hier aufgelistet.

- **Sicherheitsgurte**
- **Rettungswesten**
- **Rettungsinsel**
- **Seenotfeuerwerk**
- **Nebelhorn**
- **Rettungsring mit Blitzlicht u. Treibanker**
- **Markierungsboje**
- **Seeanker**
- **3 Feuerlöscher u. 1 Löschtuch**
- **Bordapotheke**
- **Wasserdichte Stablampen mit Reservebatterien u. -birnen**
- **Radio**
- **Fernglas**
- **Reserve-Gasflasche**
- **Reserve-Winschkurbel**
- **Reserve-Pumpenhebel**
- **Reserve-Glühlampe für Positions-Lichter**
- **Navigationsbesteck**
- **Gezeitentafel**
- **Seekarten**
- **Logbuch**
- **Eimer mit Handleine**
- **Reserveleinen**
- **Notproviant**
- **Kanister mit Trinkwasser**
- **Notreparaturmaterial (Seite 142)**

Feuerverhütung

Feuer im Schiff ist eins der schlimmsten Risiken und muß deshalb unter allen Umständen vermieden werden. Sorgfältige Wartung der Maschine, der Elektrik, der Kochstelle, der Tank- und Gasanlage trägt ein gut Teil zur Minderung des Feuerrisikos bei. Eine weitere Maßnahme ist, das Rauchen in der Koje zu verbieten. Weil es kein praktisch verwendbares Schalldämm-Material gibt, das unbrennbar ist, sollte der Motorraum mit einer automatischen Halon-Löscheinrichtung ausgerüstet sein. Wird ein Benzinmotor gefahren, dann muß ein Sauglüfter mit einem ganz nach unten in den Raum reichenden Saugrohr installiert und vor jedem Anlassen des Motors zwei Minuten lang betätigt werden, um eventuelle Bezindämpfe abzusaugen, die sich an Kommutatorfunken des Anlassers entzünden könnten. Beim Tanken ist der Motor abzustellen, der Niedergang und alle Luken und Fenster sind zu schließen, damit die aus dem Tank verdrängten Brennstoffdämpfe nicht ins Bootsinnere wehen können – sie sind schwerer als Luft und sinken nach unten. Lassen Sie keine öligen Lappen offen im Maschinenraum oder in Staukisten herumliegen; sie gehören in verschlossene Blechbehälter, weil sie sich selbst entzünden können.
Der Gasherd in der Pantry muß Sicherheitsbrenner haben, die das Gas abstellen, wenn die Flamme durch Luftzug oder Überkochendes verlöscht. Flüssiggas ist schwerer als Luft und in einem schon explosiblen Gas-Luftgemisch noch nahezu geruchslos. Ein Gaswarngerät am Kajütsboden ist deshalb eine lohnende Anschaffung. Nach dem Kochen Hauptventil an der Gasflasche schließen. Elektrokabel sollten nach jeder Segelsaison nach schadhafter oder brüchig gewordener Isolation abgesucht und schadhafte ausgewechselt werden.
Wenn ein Feuer ausbricht, Ruhe bewahren, elektrischen Hauptschalter abschalten und Hauptabsperrventile der Brennstoffleitungen schließen. Ein Mann muß sofort mit der Brandbekämpfung beginnen. Mit dem Feuerlöscher auf den Brandherd zielen, nicht in die Flammen. Brennende Polster sind schwer zu löschen; solange es noch geht, Polster an Deck bringen, eventuell über Bord werfen. Das Boot so drehen, daß man nicht durch Rauch behindert wird. Wenn möglich Durchzug in der Kajüte vermeiden. Rettungsinsel einsatzbereit machen, Seenotfeuerwerk daneben an Deck, Rettungswesten, Trinkwasserkanister, Notproviant. Wichtig ist eine reibungslose Arbeitsteilung.

Feuerlöschmittel

Kleine Brände und brennende Kleidung löscht man mit einer Löschdecke, auch Decken aus Schurwolle eignen sich, nicht aber solche aus Kunstfaser. Für Kajutbrände und Elektrobrände außerhalb des Maschinenraums sind Pulverlöscher geeignet, doch richte man sie nicht ohne Not auf Elektronik. Gas- und Fettbrände (Pantry) löscht man besser mit Halon, ebenso alle Brände im Maschinenraum, denn mit Pulver oder Schaum macht man den Motor betriebsunfähig. Halon eignet sich weniger für Glutbrände von Polstern, ist aber ansonsten das beste Allroundlöschmittel, wenn auch teuer. Ist die Flamme in die Bratpfanne geschlagen, löscht man mit dem passenden Deckel, der immer griffbereit sein sollte. Löschdecken enthalten Asbest, das die Mahlzeit nicht schmackhafter macht.

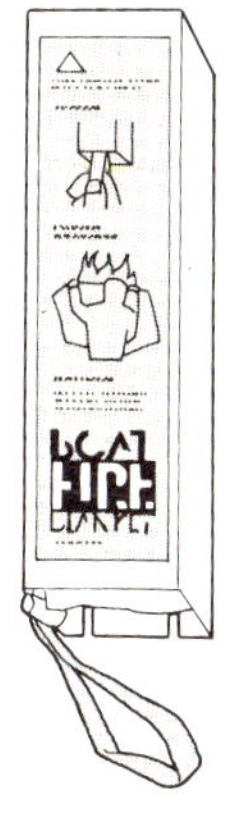
Löschdecke

Pulverlöscher

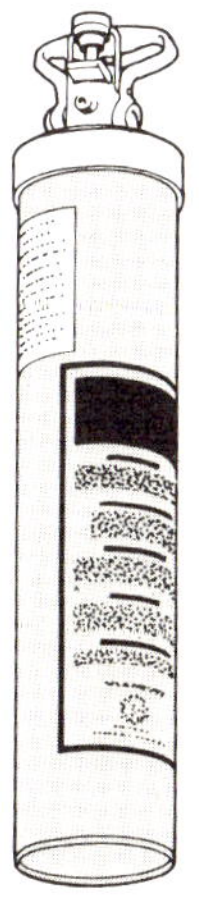
Halon-Löscher

Technik an Bord

Der größte Unterschied eines heutigen Kreuzers gegenüber einem von vor rund 20 Jahren ist seine Vielfalt an Hilfsmaschinerie. Ein Motor gilt heute als unerläßlich, und die Eigner erwarten, daß er ebenso zuverlässig läuft, wie der in ihrem Auto, dazu kräftig und so leise, daß man ihn über lange Strecken fahren kann, ohne einen Gehörschaden zu bekommen.

Die Hilfselektrik und Elektronik hat in einem kurzen Zeitraum geradezu dramatisch zugenommen. Man legt Wert auf Annehmlichkeiten wie daheim und auf elektronische Navigationshilfen. Die meisten Eigner erwarten, daß dies alles störungsfrei und ohne große Wartungskosten funktioniert, obwohl die Salzwasseratmosphäre gerade dieser Technik hart zusetzt. Wenn diese meist teure Ausrüstung fehlerlos arbeiten soll, muß man sich schon pfleglich um sie kümmern und Wartungstermine einhalten, sonst sind Pannen - meist im ungeeigneten Augenblick - unvermeidlich.

Elektro-Installation

Üblich ist auf kleinen und mittleren Booten ein Gleichstromnetz von 12 V oder besser 24 V Spannung. Das Netz wird gewöhnlich von Bleibatterien versorgt, die größere Kapazität haben als bei Autos, weil sie nicht im Pufferbetrieb arbeiten, sondern Versorgungsaufgaben haben. Wenn der Motor zu groß ist, um ihn noch mit der Hand starten zu können, sollte eine besondere Starterbatterie neben der Versorgungsbatterie vorgesehen werden, damit der Motor immer gestartet werden kann, auch wenn die Batterie im Nachtbetrieb und Funkverkehr heruntergefahren ist. Eine ordentliche Elektro-Installation ist Sache der Bootswerft. Darum sehe man sich schon beim Kauf an, ob die Kabel ordentlich verlegt und farbkodiert sind, ob eine ordentliche Schalt- und Verteilertafel mit Stromkreissicherungen und Hauptschalter vorhanden ist. Alle Massen müssen durch ein Erdungskabel miteinander verbunden sein, damit keine korrodierenden Potentialunterschiede auftreten können. Es dient auch dem Blitzschutz. Die Kapazität der Versorgungsbatterie sollte für zwei bis drei Tage ohne Nachladen reichen. Nachgeladen wird mit der Lichtmaschine des Motors, und das sollte heute nur noch eine Drehstromlichtmaschine (Alternator) sein. Ein automatisches Ladegerät zum Anschluß ans Landstromnetz in Häfen ist empfehlenswert, doch sollte ein Trenntransformator (keine Sparschaltung!) zwischen Land- und Bordnetz geschaltet sein. Nur wenn Sie selbst in diesen Dingen absolut firm sind, sollten Sie die Installation selber machen. Sonst geht Ihr schöner Propeller womöglich in Lösung. Bootselektriker können Sie für Schaltfehler zur Verantwortung ziehen.

Gleichstromnetz *Normale Elektrik einer mittleren Kreuzeryacht.*

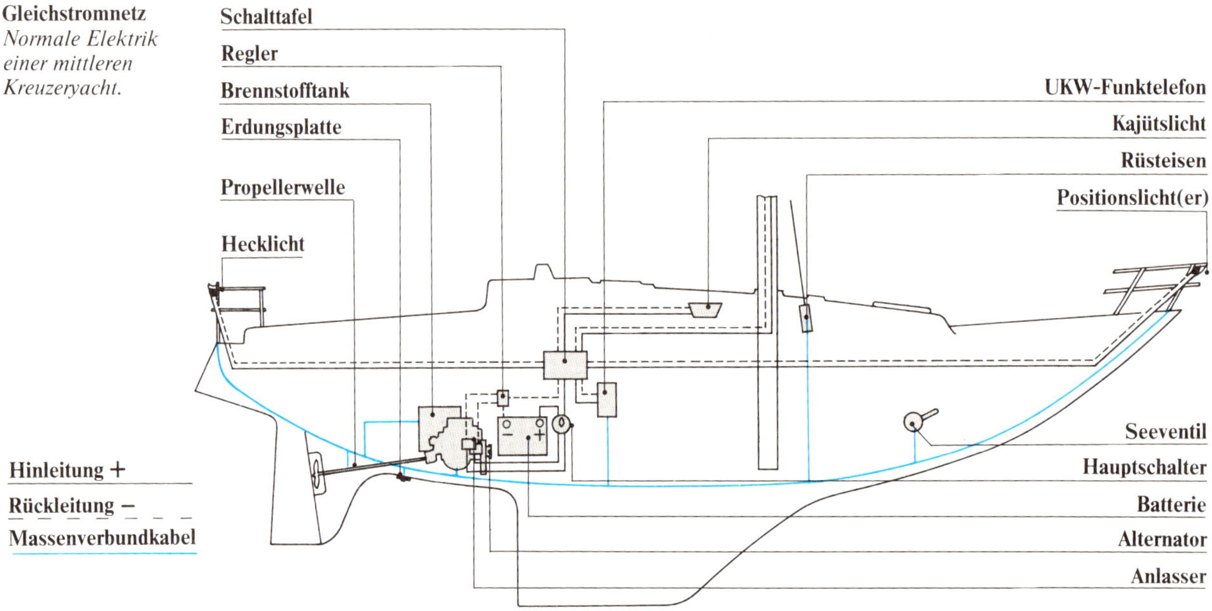

Motoren

Heutzutage ist der Motor nicht nur als Antrieb, sondern auch als Stromlieferant ein wichtiger Teil einer Yacht. Meist ein Kleindiesel wegen des ungefährlicheren Brennstoffs und seiner Zuverlässigkeit. Ob Diesel oder Benziner, beide brauchen ausreichend Luft und sauberen Brennstoff. Die Zündprobleme bei Benzinmotoren sind durch elektronische Anlagen weitgehend überwunden. Motorversager kommen bei beiden Typen gewöhnlich von der Brennstoffseite, nämlich Wasser oder Schmutz im Sprit und blockiertes Filter. Ersatzfilterpatronen sollten an Bord sein. Ein ernsteres Problem ist eine Blockierung der Kühlung durch das viele achtlos ins Wasser geworfene Plastikzeug. Ehe man das merkt, kann ein Kolben schon gefressen haben. Wenn keine Temperaturwarnung am Motor ist, sollten Sie sofort eine einbauen lassen, die auch akustisch warnt.
Wer Wert darauf legt, möglichst wenig Kondenswasser im Tank zu sammeln, der tankt gleich nach dem Einlauf in den Hafen auf, denn je größer das Gasvolumen im Tank ist, um so mehr kann es wasserdampfhaltige Luft einatmen, wenn der Tank abkühlt.

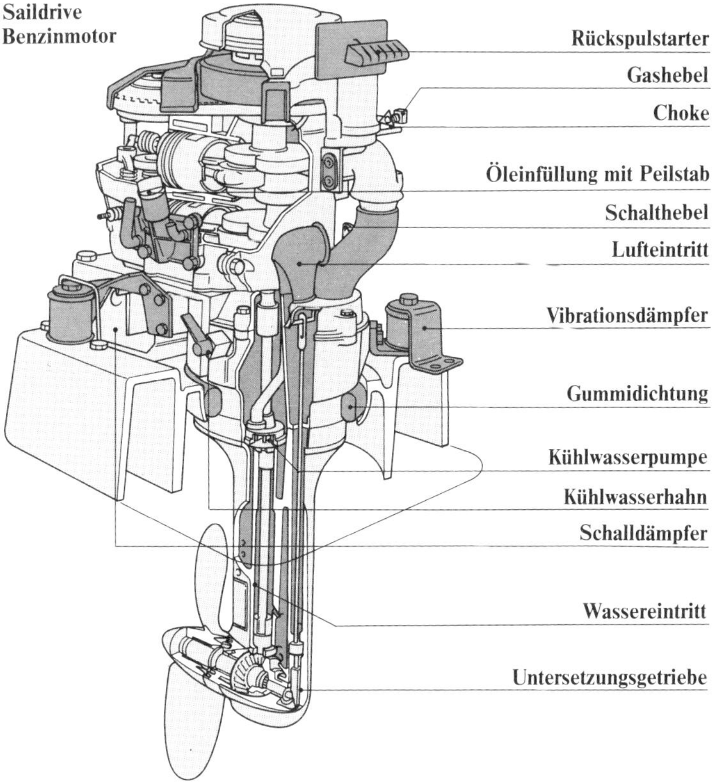

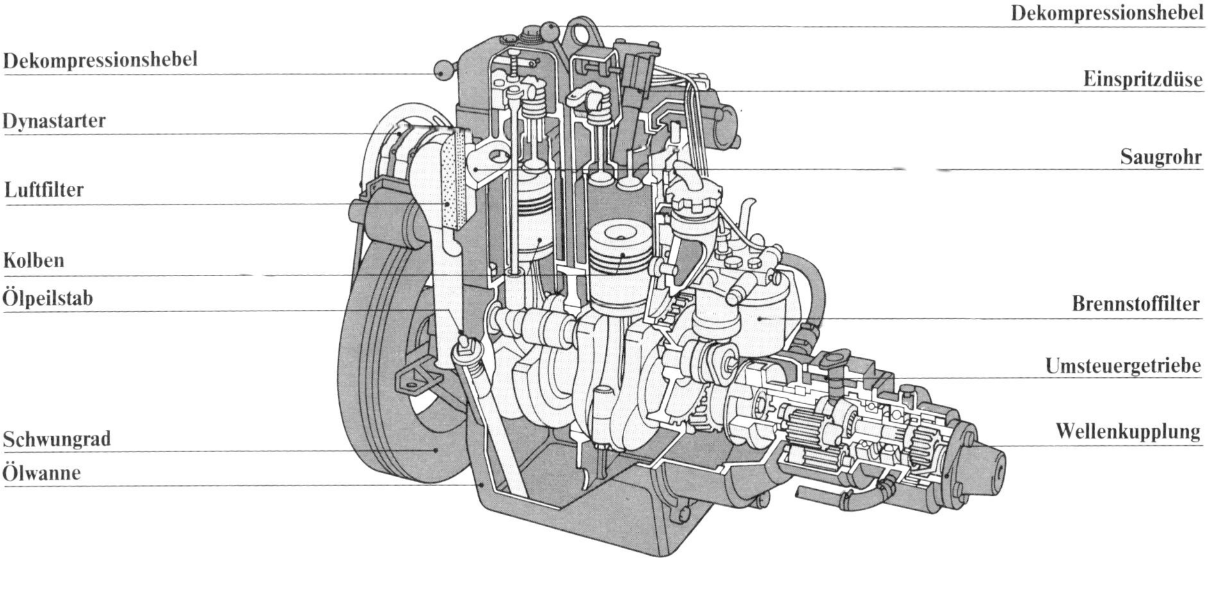

Festkommen auf Grund

Die meisten Skipper setzen ihr Boot unabsichtlich auf Grund, wobei gewöhnlich, außer verletztem Stolz, kein schlimmer Schaden entsteht. Es kann zuweilen aber auch gefährlich werden, sei es wegen der Grundbeschaffenheit oder der See. Hat das Boot einen einziehbaren Kiel, dann lupft man den etwas an und ist wieder frei. Sonst muß man warten, bis das Wasser steigt und einen herunterspült, oder schnellere Maßnahmen ergreifen, wieder in tieferes Wasser zu kommen. Ein kleines Boot kann man vielleicht mit dem Bootshaken oder Spinnakerbaum in tieferes Wasser staken, nachdem man mit demselben Gerät gelotet hat, wo das tiefere Wasser ist. Pech hat, wer bei Springhochwasser festkommt; dann kann er ein paar Wochen warten, bis das Wasser wieder hoch genug ansteigt, um einen Versuch zu starten, freizukommen. Bis dahin muß das Boot mit ausgebrachten Ankern (Seite 101) gegen Vertreiben gesichert werden, falls es sich selbst befreien sollte. Sitzt das Boot auf abfallendem Grund, muß gesorgt werden, daß es nicht talwärts kippt – Anker zum flacheren Wasser hin!

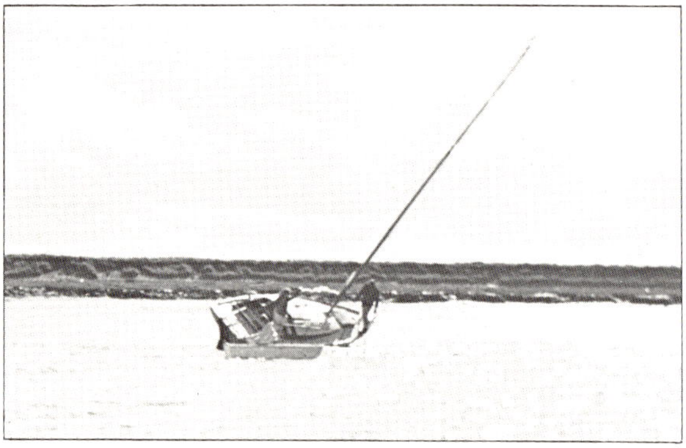

Anker ausfahren zum Abwarpen beim nächsten Hochwasser.

Fürs Boot sorgen

Wenn man das Pech hat, auf Grund zu laufen, mühe man sich, ruhig zu bleiben und die Methode zu überlegen, mit der man wieder loskommt. Wo ist tieferes Wasser, wie ist der Grund beschaffen? Bietet sich keine Chance, das Boot gleich wieder flottzumachen, muß für bestmöglichen Komfort für Mannschaft und Boot gesorgt werden? Steht das Boot auf abfallendem Grund, muß schnell dafür gesorgt werden, daß es sich nicht den Hang hinunter legt; bei der nächsten Flut würde es vollaufen (rechts). Ballast und das Crewgewicht auf die sichere Seite bringen. Auch kann man einen Anker ausbringen. Besteht Gefahr, daß sich der Rumpf auf felsigem oder steinigem Grund ein Leck drückt, polstere man ihn mit Kojenpolstern ab, die man mit Leinen festmacht, damit sie nicht aufschwimmen. Es ist auf jeden Fall nützlich, bei Niedrigwasser einen Anker zum tiefen Wasser hin auszubringen, am besten wohl in die Richtung, aus der man gekommen ist, um sich später freizuholen.

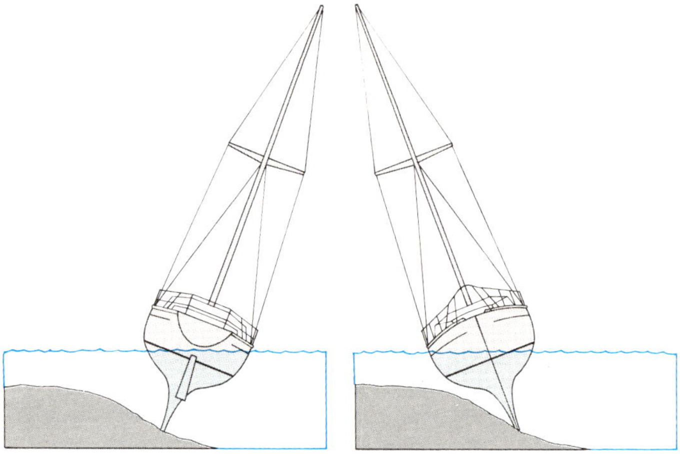

Das Boot links ist am Rand eines Kolks festgekommen und krängt zum tieferen Wasser. Es könnte bei der nächsten Flut vollaufen, wenn es nicht schnell zur anderen Seite gekrängt wird; entweder durch Ballasttrimmen oder durch Abstützen in die Gegenrichtung.

Freikommen

Als erstes ist festzustellen, ob das Wasser steigt oder fällt. Steigt es, kann man mit etwas Glück warten bis es hoch genug ist. Doch muß man aufpassen, daß der Flutstrom das Boot nicht noch weiter auf die Untiefe treibt, und erforderlichenfalls einen Anker zum tiefen Wasser hin ausbringen. Fällt das Wasser, muß sehr schnell alles versucht werden, wieder freizukommen. Wenn die Segel beim Manöver nicht helfen können, müssen sie schnell niedergeholt werden. Sitzt man am Rande eines Fahrwassers, versuche man, den Bug mit Bootshaken oder Spinnakerbaum zum tiefen Wasser hin herumzustaken oder, wenn der Grund gut und fest ist, kann man angeleint über Bord gehen und schieben, während gleichzeitig der Tiefgang verringert wird. Solange das Boot nur mit dem Kiel aufsteht, kann man selbstverständlich auch Maschinenkraft einsetzen. Das empfiehlt sich vor allem dann gleich, wenn man bei fallendem Wasser festkommt.

Eine gestrandete Yacht in Erwartung des nächsten Hochwassers.

Tiefgang verringern

Die grundsätzliche Methode ist, das Boot zu krängen - mit allen Mitteln und Möglichkeiten, die sich gerade zu diesem Zweck anbieten. Das kann der Winddruck in die Segel sein, wenn es sich gerade günstig ergibt - aber dann holen Sie sich auch mit der Maschine frei. Das kann die Mannschaft sein, die das Boot rhythmisch in Rollschwingung bringt, während man mit der Maschine rückwärts geht. Das kann ein Mann sein, der mit Sicherungsgurt am Großfall angeschäkelt und sich an der Dirk haltend mit dem Baum außenbords geschwenkt wird - er bringt mehr als ein Anker am Baum.

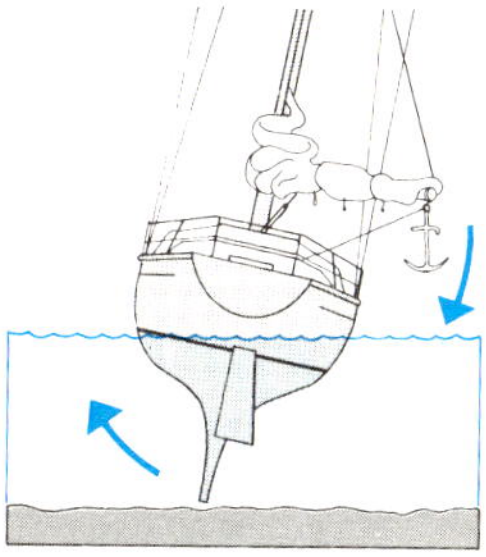

Ein schweres Gewicht am ausgeschwungenen Baum kann das Boot freikrängen.

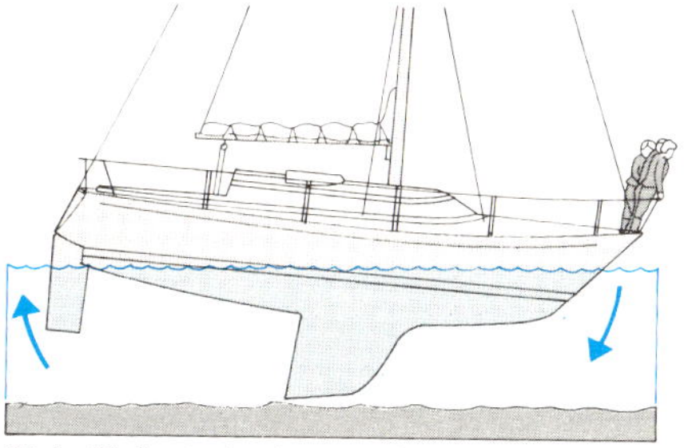

Viele Kiele sind achtern tiefer als vorn. Dann hilft kopflastiges Trimmen.

Abwarpen mit Anker

Es ist schon sehr schwer, ein schwimmendes Boot gegen einen kräftigen Wind mit einem Anker abzuwarpen. Noch viel frustrierender ist der Versuch bei einem auf Grund festsitzenden Boot. Nahezu unmöglich ist es, wenn der Kiel im Schlick sitzt, und der Anker im Schlick nicht hält. Sie können einen Anker wie in der Skizze gezeigt benutzen, um dem Boot Richtung zu geben, wenn man versucht, rückwärts mit Motor freizukommen. Wie auch immer, halten Sie Ausschau nach einem Schiff, das Sie freischleppt.

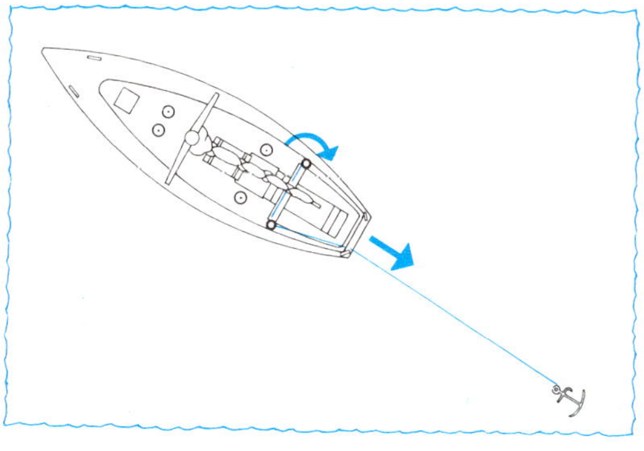

Versuch, sich mit einem Anker in der Richtung abzuwarpen, aus der man kam. Dazu setzt man eine Schotwinsch ein.

Reparaturen auf See

Routinemäßige Unterhaltsarbeiten und Sicherheitsprüfungen mindern beträchtlich die Möglichkeit, daß mal etwas bricht. Bruch gibt es meist in hartem Wetter, und die Schwierigkeit ist dann, daß die Reparatur auf einem sehr unruhigen Boot gemacht werden muß. Vordringlich ist dann, das Boot so schnell wie möglich wieder seetüchtig zu machen, es zu einem Hafen zu bringen, der auch angelaufen werden kann, oder Hilfe herbeizuholen.

Ein zerrissenes Segel sofort niederholen und durch ein anderes ersetzen. Ist das Großsegel gerissen, muß man mit dem Vorsegel allein oder mit Trysegel, bei Zweimastern mit Vorsegel und Besan weitersegeln. Man kann anstelle des Groß- auch ein Vorsegel am Großfall heißen, dessen Hals am Baumlümmel und dessen Schothorn an der Baumnock festgebändselt wird; das Fußliek fährt man lose.

Natürlich muß man alles Reparaturwerkzeug an Bord haben und für den Motor die von dessen Hersteller vorgeschlagenen Ersatzteile. Material zum Segelflicken, Segelmacherhandschuh, Ersatzstagreiter und -mastrutscher, Marlspieker, Segelpflaster und etwas Segeltuchreserve und gewachstes Segelgarn.

Man braucht Ersatzfallen und -schoten, Blöcke, Schäkel, Spannschrauben, Klipps, Splinte und Ringsplinte, ein Nägelsortiment und einen Werkzeugkasten mit Schraubendreher, Drahtschneider, Maulschlüsselsatz, Hammer, Zangen, Gripzange und Metallsäge, Isolierband, Silikonspachtel, Epoxidkleber, kräftige Schere, scharfe Messer, Schäkelöffner, Ölkännchen und Schmierfett. Eins wird seltsamerweise auf den bestausgestatteten Booten häufig vergessen: Ersatzkeilriemen für Lichtmaschine und Wasserpumpe am Motor. Nicht zu vergessen: Schlauchschellen passend zu allen Schlauchverbindungen am Motor und WC und an der Lenzpumpe.

Was man wirklich mitnehmen sollte, hängt vom Geld, von der Länge der geplanten Reise, vom Stauraum und von der Art des Bootes ab.

Ein Leck

Hat der Rumpf kanpp über oder unterhalb der Wasserlinie ein Leck bekommen, muß man sich bemühen, das Leck rasch zu stopfen – wenigstens so weit, daß der Wassereinbruch stark reduziert wird. Jedes Mittel ist recht: Decken, Polster, Bretter zum Halten und Verkeilen. Merke: Der Wasserdruck ist nicht sehr hoch. Ist das geschehen, kann man versuchen, um das Boot herum ein Segel über das Leck zu ziehen; der Wasserdruck drückt es in das Leck. Die Halteleinen müssen recht stramm gespannt sein, und es darf nicht zu schnell gesegelt werden. Die Crew muß zum wechselweisen Pumpen eingeteilt werden. Man kann das Bodenventil der Kühlwasserleitung schließen, den Schlauch davon abschließen und den laufenden Motor sein Kühlwasser aus der Bilge entnehmen lassen; das schafft viel. Kleinere GFK-Lecks kann man mit Unterwasser-Epoxid dichten. (Manche Firmen bieten Leckstopf-Kits an.)

Bei einem Holzboot kann man, nachdem das Lecksegel erfolgreich ausgebracht worden ist, das Leck mit einem innen aufgeschraubten Brett und Silikondichtungsmasse stopfen. Auf jeden Fall versucht man mit einer solchen Havarie den nächsten Hafen zu erreichen. Wenn dies nicht gelingt, dann ist es vielleicht möglich, das Boot an einer geeigneten Stelle auf Grund zu setzen, wo es bei Niedrigwasser genug trockenfällt, um mit mehr Ruhe eine Behelfsreparatur auszuführen oder dazu Hilfe herbeizurufen. Ist das Boot nicht zu retten, dann vielleicht seine Innenausrüstung.

Leider kann man sich auch auf hoher See Lecks stoßen, weil die Berufsschiffahrt Ölfässer, Paletten absichtlich und gelegentlich einen Container unabsichtlich über Bord wirft. Da mag es sein, daß man sein Boot aufgeben muß (Seite 148).

Ruderschaden

Eine solche Havarie verlangt von der Mannschaft etwas ingeniöses Talent, um etwa aus dem Spinnakerbaum und einer Schranktür ein Behelfsruder zu basteln. Es gibt auch Vorschläge, einen Treibanker an einer über Winschen gefahrenen Hahnepot (Doppelleine mit einem Schenkel nach Backbord und einem nach Steuerbord) zu steuern, indem man ihn nach Bedarf zur einen oder anderen Seite holt – mit dem Nachteil, daß er stark bremst. Bei Kurzkielern aber ist dies oft die einzige Möglichkeit, sie einigermaßen auf Kurs zu halten, wenn sie ihr Ruder verloren haben. Ansonsten steuert man durch das entsprechende Trimmen von Groß- und Vorsegel.

Riggschäden, Stagbruch

Manchmal bricht etwas ohne Vorwarnung. Wenn es das Luvwant ist, muß sofort gewendet werden. Ein richtig abgemessenes Reservewant ist hoffentlich an Bord. Auch Spannschrauben brechen mal. Wenn das Vorstag bricht, kann man sich mit dem Fockfall helfen. Bricht ein Stag in Decksnähe, kann man ihm mit Gripzange, Kausch und zwei Seilklemmen ein Behelfsauge machen, und die Verkürzung wird mit Bändselgut behelfsmäßig ausgeglichen (Skizze rechts). Eine Gripzange sollte immer an Bord sein. Ist etwas oben im Mast gebrochen, muß einer mit dem Bootsmannsstuhl (Foto) am Großfall in den Mast gehievt werden; auf See nur ein Experte.

Links: Fertig zum Aufheißen in den Mast, der Bootsmannsstuhl ist am Fall angeschäkelt. Die Sicherungsleine wird um den Mast gelegt, um Pendeln zu vermeiden.

Unten: Behelfs-Auge mit Hilfe einer Gripzange und einer Seilklemme hergestellt. Eine zweite Seilklemme ist in etwa 8 cm Abstand von der ersten erforderlich.

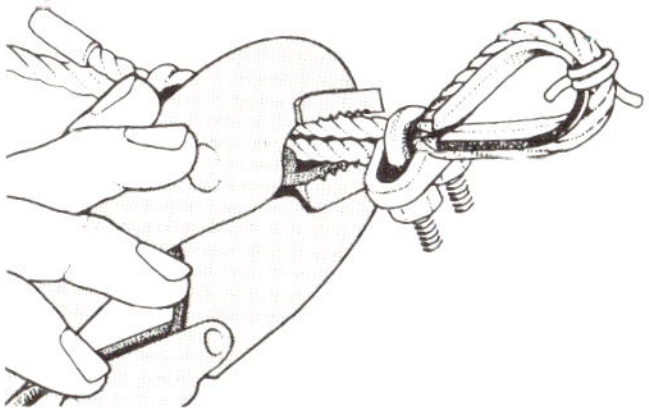

Entmastet

Wer das Achterstag zu sehr spannt, um ein schön gerades Vorliek bei der Genua zu erzielen, setzt den Mast unter sehr hohen Druck, der ihn knicken könnte. Zu geringe ebenso wie zu harte Spannung des Oberwants kann dazu führen, daß der Mast bei der Saling bricht oder knickt - gewöhnlich nach Lee. Man steuert das Boot dann am besten herum, um den Verhau in Luv zu bringen, damit das Boot nicht darüber treibt und sich den Rumpf beschädigt. Man darf auf keinen Fall den Motor starten, denn ein Drahtseil, das sich im Propeller verwickelt hat, ist mit Bordmitteln nicht zu lösen, und zu allem Pech kann es zu verbogenen Pleueln im Motor führen. Man muß versuchen, alle Teile an Bord zurückzuholen und wenn das nicht gelingt, alles über Bord Hängende mit dem Bolzenschneider kappen. Dann muß man ein Notrigg bauen. Das kann mit dem Maststumpf oder dem Spinnakerbaum oder auch dem Baum des Großsegels versucht werden. Verlangt werden Erfindungsgabe und seemännische Geschicklichkeit. Leinen und Drahtreste dienen zum Abstagen des Notmastes. Ist der Maststumpf kurz, kann man vielleicht den Baum anlaschen und daran ein Vorsegel mit losem Fußliek setzen. Zahlreiche Yachten haben mit einem Notrigg einen Hafen erreicht.

Mit einem Notrigg segelt man zwar nicht gut, aber man kommt damit zu einem Hafen.

Notsignale, Notrufe

Sie müssen Mittel an Bord haben, mit denen Sie im Notfall Hilfe herbeirufen, andere Schiffe oder Leute an Land auf sich aufmerksam machen können. In manchen Ländern ist genau vorgeschrieben, welches und wieviel Seenotfeuerwerk an Bord zu führen ist. Auch wer nur vor der heimischen Küste herumschippert, sollte einige Handfackeln der unten gezeigten Art an Bord haben. Sie können bei Tag und Nacht gebraucht werden. Natürlich ist die Sichtweite unterschiedlich, und es hat nur Sinn, sie abzubrennen, wenn auch eine Chance besteht, daß sie gesehen werden.
Wer einen UKW-Sender hat, wird diesen selbstverständlich zum Notruf oder Pannenruf auf Kanal 16 benutzen, was den Vorteil hat, daß man gleich sagen kann, wo man steht und welcher Art das Problem ist, das man hat. Während eines Notfunkverkehrs haben alle nicht Beteiligten strenge Funkstille zu halten. Störer werden durch den Ruf „silence" (sprich „siloonß") zur Ordnung gerufen.

Handfackeln, Raketen

Notfeuerwerk darf nur in unmittelbarer Not verwendet werden, und dann brenne man es nur ab, wenn Aussicht besteht, daß es auch gesehen wird. Rotfeuer, ob als Handfackel, Fallschirmrakete oder Stern aus einer Signalpistole, ist bei Tag und Nacht ein Notsignal. Die Fallschirmrakete steigt am höchsten und brennt am längsten. Bei niedrigen Wolken kann dieses Signal am Tage wegen seiner Steighöhe unsichtbar bleiben. Als Notsignal gilt auch der Rauchtopf, der auf dem Wasser schwimmt und orangefarbenen Rauch verströmt. Natürlich hat es keinen Sinn, dies Mittel nachts einzusetzen, und bei starkem Wind ist es ziemlich wirkungslos. Der Rauchtopf ist mehr ein Markierungssignal für Such- und Rettungsflugzeuge. Bei leichtem Wind kann der Rauch auch von Schiffen bemerkt werden. Weiße Handfackeln oder weiße Leuchtkugeln aus der Pistole werden verwendet, um auf sich selbst aufmerksam zu machen, wenn eine Kollision droht – ein im Nebel wirksameres Mittel als Positionslichter! Die Leuchtkugel schießt man am besten vor die Brücke des Schiffs, aber nur, wenn es kein Tanker ist. Weiß wird auch geschossen für „Notsignal erkannt."

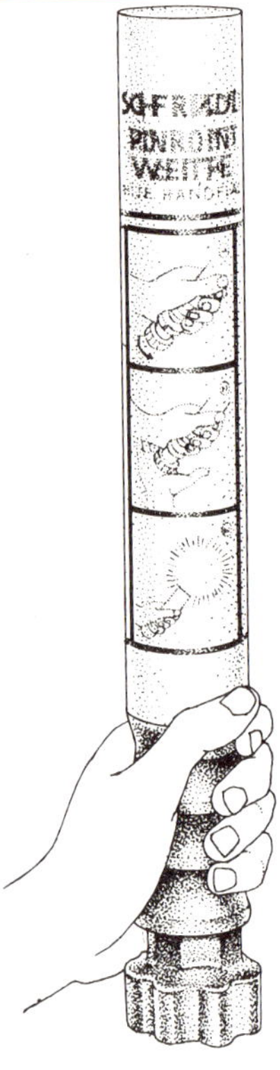

Weißfeuer-Handfackel
Starkes weißes Licht, um bei Kollisionsgefahr auf sich aufmerksam zu machen. Übliche Pakkung: vier Stück.

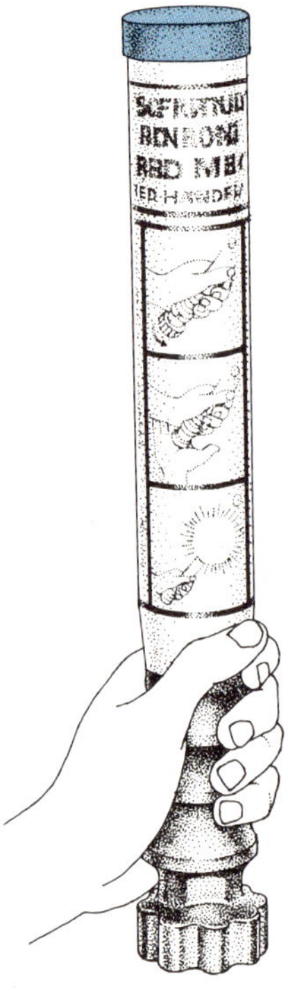

Rotfeuer-Handfackel
Grelles Rotlicht, brennt 1 min, sichtbar auf etwa 2,5 sm.

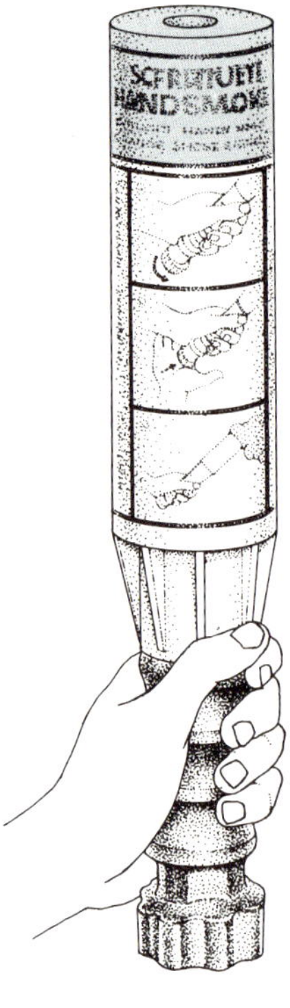

Hand-Rauchpatrone
Entwickelt 40 s lang orangefarbenen Rauch, nur bei guter Sicht und leichtem Wind verwendbar.

Weitere Notsignale

Daß man Hilfe braucht, kann auch auf andere Weise angezeigt werden. SOS mit Scheinwerfer oder Morselampe signalisiert unmittelbare Lebensgefahr, die auch durch das Zweiflaggensignal NC angezeigt werden kann, das aber nur aus geringer Entfernung zu erkennen ist. Da setzte man besser eine rechteckige Flagge und einen Ball darüber oder darunter. Ein Hilferuf ist auch, wenn eine Person die seitlich ausgestreckten Arme gleichmäßig auf- und abbewegt. Das Flaggensignal V bittet um allgemeine Hilfe, W um medizinische Hilfe.

Flaggensignal V

Flaggensignal W

Flaggensignal N

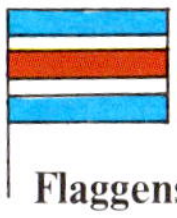

Flaggensignal C

Flagge und Ball

• • • — — — • • •

SOS-Signal

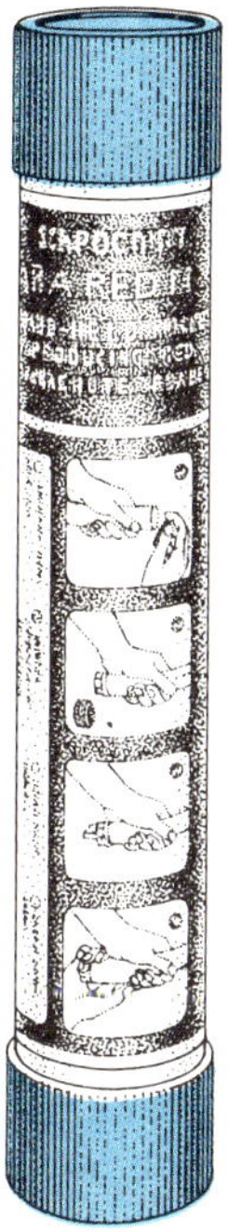

Rotlicht-Fallschirmrakete
Steigt etwa 330 m hoch bei senkrechtem Start, weit sichtbar. Brenndauer 40 s.

Rauchboje,orange
Wird nach dem Zünden ins Wasser geworfen, brennt etwa 3 min. Hauptsächlich zur Positionsmarkierung gegenüber Suchflugzeugen.

UKW-Funktelefon

Zum Betrieb eines Senders braucht man ein Funksprechzeugnis, aber die Mühe und die Ausgabe lohnen sich, weil man auf dem Anruf- und Notkanal 16 sagen kann, wo man ist und was einen bedrängt. Mayday dreimal hintereinander bedeutet lebensbedrohende Gefahr. Pann dreimal hintereinander ruft man, wenn man Schlepphilfe braucht oder ärztlichen Rat. Sseeküritee ruft man, wenn man eine Sicherheitsmeldung durchgeben will, etwa wenn man eine auf Drift gegangene Tonne entdeckt hat. Es gibt Notsender, die nur mit dem UKW-Kanal 16 ausgestattet sind und solche mit der Notfrequenz 2182 kHz, für die man kein Funkzeugnis braucht, die aber auch nur im Notfall benutzt werden dürfen. Man kann sie mit in die Rettungsinsel nehmen, die Gebrauchsanweisung steht drauf.

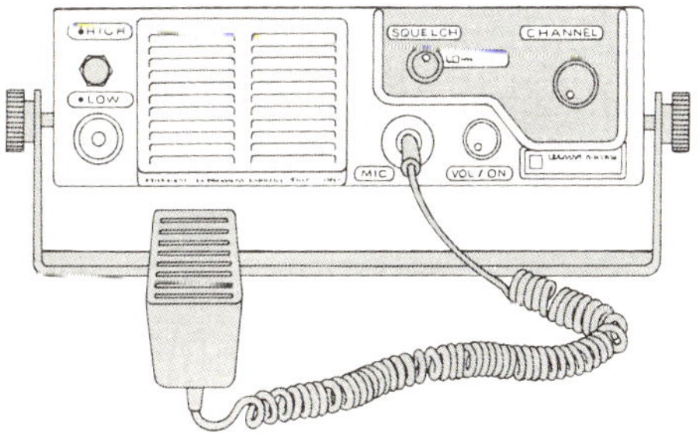

Typische UKW-Seefunkstelle (Funksprechgerät). Rechts: Notfunksprechgerät nur für den Seenotfall. Arbeitet nur auf der Notfrequenz. Kann in die Rettungsinsel mitgenommen werden.

Das Schiff retten

Ein Unfallschaden am Boot mag nicht so gravierend sein, daß man das Boot aufgeben muß, aber doch schwer genug, die Reise abbrechen zu müssen. Es ist Sache des Skippers, den Schadensumfang zu untersuchen und zu entscheiden, was zu tun ist. Es ist in solchem Falle immer richtig, die nächste Küstenfunkstelle oder Schiffe in der Nähe über UKW-Kanal 16 über die Schwierigkeiten, die man hat, zu unterrichten; falls man UKW hat. Sonst muß man mit einem Notsignal (Rotfeuer) versuchen, ein Schiff oder Boot zum Beistand aufzufordern für den Fall, daß etwas schiefgeht, oder es um Schlepphilfe bitten. Ein Leck läßt sich mit Kissen, Decken und Holzstücken des Innenausbaus oft soweit stopfen, daß die Lenzpumpe ausreicht, das noch eindringende Wasser wieder außenbords zu schaffen. Es lohnt sich, um sein Schiff zu kämpfen, denn die Rettungsinsel ist weniger sicher.

Havarierte Segelyacht im Schlepp.

Bergung

Es dauert oft sehr lange, bis auf einen Notruf hin Hilfe kommt, die auch das Boot retten kann. Große Schiffe sind auch bei langsamer Fahrt zu schnell, um ein kleines Boot zu schleppen. Solche Versuche enden meist mit dem Untergang der Yacht. Hilfe aus der Luft kann sehr bald zur Stelle sein – und es ist verführerisch, die Yacht aufzugeben, wenn es gar nicht nötig ist. Immerhin kann man im Funksprechverkehr darum bitten, der SAR-Hubschrauber möge einem eine tragbare Motorpumpe bringen, die er an seinem Heißgeschirr hinabläßt.
Man kann das Schlauchboot unter Deck bringen und als Auftriebskörper aufblasen, wenn Aussicht besteht, daß bald Hilfe kommt, oder wenn es nicht weit bis zum Hafen oder zu einem Strand ist, auf den man sein Boot ohne Schaden setzen kann. Dann kann man auch die Rettungsinsel unter Deck aufblasen, um für zusätzlichen Auftrieb zu sorgen. Ein Diesel kann auch unter Wasser laufen, wenn man sein Luftfilter so dreht, daß der Rüssel nach oben zeigt und man einen Schlauch hat, mit dem man den Rüssel verlängern kann. Er hört aber auf, wenn der Tankatmer unter Wasser kommt. Bergung kostet Geld. Nur die Rettung von Menschenleben ist kostenfrei. Yachtskipper leisten gewöhnlich Schlepphilfe ohne Bergelohn.

Zusätzlichen Auftrieb, mit dem die Yacht eventuell sogar unsinkbar gemacht werden kann, erreicht man, wenn man das Schlauchboot und/oder, wenn das Risiko nicht zu groß ist, auch die Rettungsinsel in der Kajüte aufbläst. Im Hafen kann der Havarist mit Unterfangtrossen an einem größeren Boot (Fischkutter) festgemacht werden.

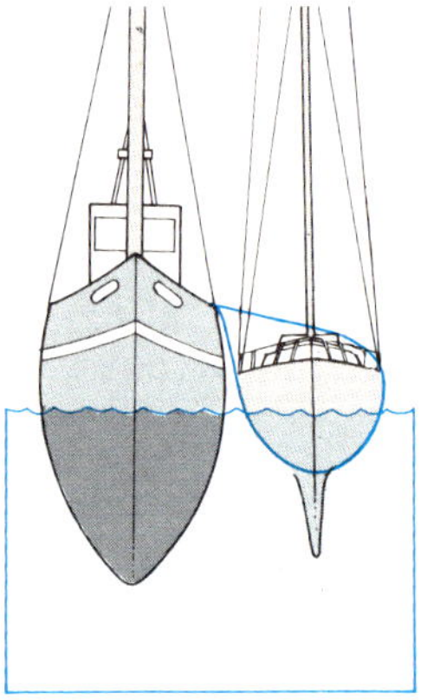

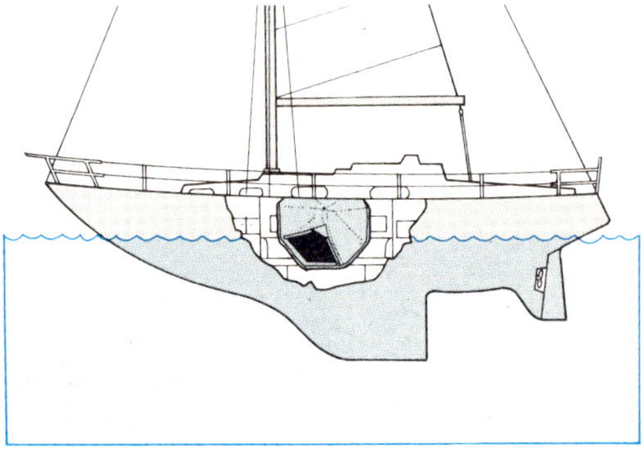

Schlepphilfe

Es sind einige juristische Dinge zu beachten. Lassen Sie sich möglichst mit eigenem Tauwerk abschleppen und lassen Sie keinen vom Schlepper an Bord kommen, sonst müssen Sie dem noch Heuer zahlen. Vereinbaren Sie vor Annahme der Schlepphilfe Schlepplohn, nicht Bergelohn. Versuchen Sie wenigstens mit dem Skipper zu Lloyd's Terms einig zu werden und sagen Sie kein Wort über den Wert ihres Bootes. Beachten Sie, was Ihre Versicherung für den Fall Schleppen und Bergen von Ihnen als Handlungsweise erwartet.

Es genügt, die Schlepptrosse am Mast zu belegen, denn der überträgt ja auch sonst die Antriebsleitung, aber vorne muß sie über die Ankerrolle geführt und in dieser gesichert werden, damit sie nicht herausspringt. Die Trosse sollte aus Nylon oder Perlon sein, der guten Ruckdämpfung wegen. Hat das Boot eine Ankerwinsch und Ankerkette, kann man den Anker abschäkeln und die Trosse an die Kette schäkeln, sofern sie einen Augspleiß mit Kausch hat. Dann gibt man drei bis vier Meter Kette aus, die aber mit dem Kettenstopper gesichert werden muß, weil Ankerwinschen die Schleppkräfte gewöhnlich nicht aushalten. Das gilt übrigens auch für Schotwinschen, die für Schotkräfte, aber nicht für Schleppkräfte berechnet sind.

Beim Schleppen muß das eigene Boot im Kielwasser des Schleppers gesteuert werden. Ist das wegen Ruderbruch nicht möglich, muß wenigstens eine Leinenbucht zum Bremsen achtern ausgebracht werden (Seite 122), um das Boot am Gieren zu hindern, das übergroße Kräfte im Schleppgeschirr verursacht und zur Kenterung führen kann. Vereinbaren Sie ein Signal mit der Schleppercrew, um sie gegebenenfalls zum sofortigen Stoppen aufzufordern. Auf dem geschleppten Boot soll sich keiner unnötig auf dem Vordeck aufhalten. Brechende Trossen schlagen ganz fürchterlich zu. (Die Zeichnung zur Sicherung und Verteilung der Schleppkraft auf das Boot enthält einige Fehler. Es hat keinen Sinn, Leinen um die Aufbauten zu legen, wenn die Aufbauten schräge Wände haben. Ein grober Fehler ist es, diese Leinen auch noch achtern um das Cockpit herumzuführen. Sollte die Trosse zum Mast brechen, könnten die Schotwinschen abgerissen und die Besatzung im Cockpit geköpft werden.)

Damit das geschleppte Boot die Schlepptrosse nicht überläuft, schleppe man einen Treibanker oder Eimer achteraus oder halte ihn wenigstens einsatzbereit am Heck.

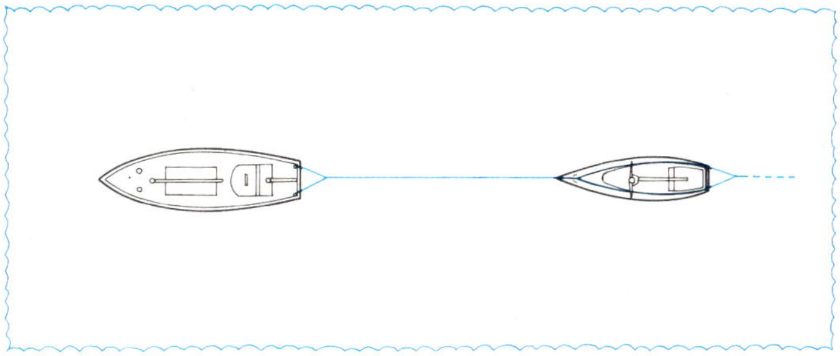

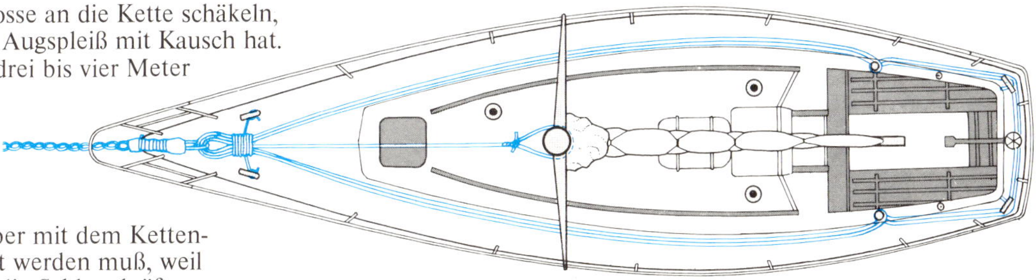

Yacht im Schlepp. Die Schlepptrosse ist zusätzlich um den Mastfuß herum gesichert.

Das Schiff aufgeben

Mit etwas Glück werden Sie Ihr Boot nie aufzugeben brauchen, aber Sie sollten auf diese Situation vorbereitet sein; ebenso das Boot. Seit dem Desaster beim Fastnet Race 1979 werden Qualität und Art der Rettungsinseln kritisch betrachtet, und man weiß seitdem, wie wichtig Wartung und Überholung aller Rettungsmittel ist. Es zeigte sich nach dem Rennen, daß Boote, die von ihren Besatzungen aufgegeben worden waren, als sie manövrierunfähig wurden, zum größten Teil noch schwammen und geborgen werden konnten, nachdem sich der Sturm gelegt hatte. Nach Ansicht einiger Segelexperten eignet sich in Küstennähe und in Flußmündungsgebieten das Beiboot besser zum Absetzen vom Boot als die Rettungsinsel.
Hat man sich entschlossen, das Boot aufzugeben, muß man ausreichend Vorräte in die Insel oder das Beiboot mitnehmen, um überleben zu können. Die Rettungsinseln haben gewöhnlich eingepackten Notproviant und Hilfsmittel (nächste Seite), aber zuverlässiger ist wohl ein „Panikbeutel", der an einer Stelle aufbewahrt wird, wo man ihn schnell greifen kann. Er sollte alles enthalten, was auf der nächsten Seite verzeichnet ist, dazu noch Wasser und Proviant, und alles sollte in einem wasserdichten Behälter gestaut sein. Wenn keine Eile geboten ist, sollten an Bord alle losen Teile gezurrt, die Seeventile geschlossen und der Niedergang verschlossen werden. Das Boot könnte geborgen werden. (Nur, warum sollte man es dann aufgeben?)
Wird man von Bord gerettet, sei es durch ein großes oder kleines Schiff oder von einem Hubschrauber, ist das bei rauher See oft nicht einfach. Die Schiffe haben große Schwierigkeit längsseits heranzukommen. Man kann dann die Wurfleine der Rettungsmänner am Dingi festmachen und sich mit diesem hinüberholen. Gewöhnlich sagen die Rettungsmänner einem, was man tun soll. Hubschrauber bergen einen nicht vom Boot ab, weil die Gefahr besteht, daß sich der Heißdraht im Rigg oder an der Reling verfängt. Man muß die Rettungsweste anlegen und ins Wasser springen. Bleiben Sie als Skipper ruhig und besonnen, und gehen Sie erst von Bord, wenn Ihre Crew versorgt ist.

Aufgabe des Schiffs. Die Rettungsinsel liegt, von der Fangleine gehalten, in Lee des Havaristen, so daß ihr Einstieg für die von Bord gehende Mannschaft gut erreichbar ist.

Rettungsinseln

Die Rettungsinsel ist das letzte Mittel zum Überleben, und keineswegs ein ideales. Das Leben in ihr hängt von der Qualität des Produkts ab, für die es noch keine Normen gibt. Die für Yachten angebotenen Inseln sind für kleines Maß und geringes Gewicht konstruiert, aber einen doppelten Boden sollten sie aus Isolationsgründen haben. Am Ende jeder Saison sollte die Insel zur Inspektion gebracht werden. Achten Sie darauf, daß die Einstiegleiter weit genug ins Wasser reicht; auch dann ist der Einstieg noch schwierig.

Die Rettungsinsel rechts ist für vier Personen und komplett mit Notpäckchen ausgerüstet.

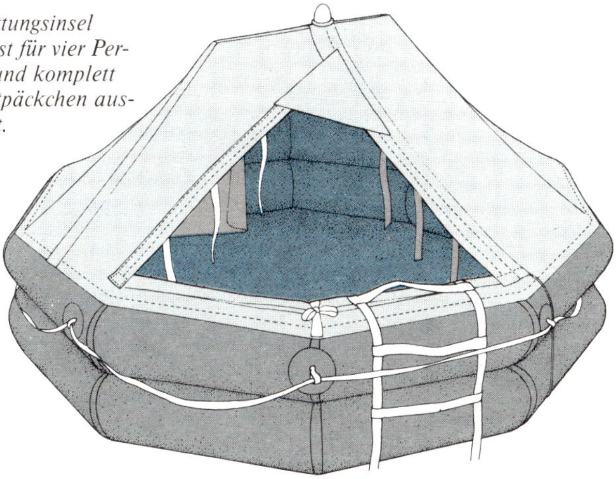

All dies ist im Notpäckchen enthalten. Vor allem Trinkwasser sollte man jedoch zusätzlich mitnehmen.

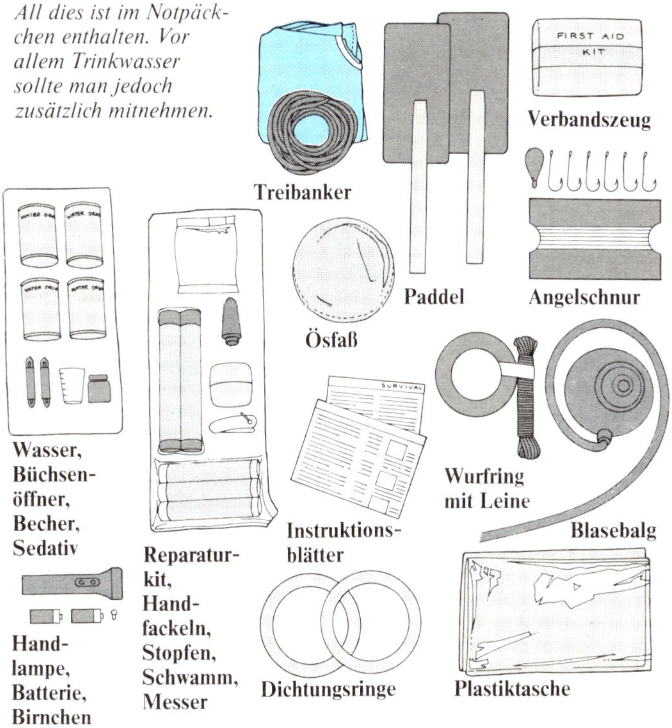

Überstieg in die Insel

Vor Aufgabe des Bootes soviel warme Kleidung anziehen wie möglich. Notsignale, Notsender, Personalpapiere, Logbuch, und soviel Trinkwasser und Proviant wie möglich hinüber nehmen. Die Insel wird auf der Leeseite des Bootes ausgesetzt, aber erst wenn die Fangleine an der Reling befestigt ist, damit die Insel nicht abtreibt. Sollte die Yacht sinken, macht sich die Insel von selbst los und schwimmt wieder auf. Der Überstieg in die Insel geschicht auf ähnliche Weise wie der Einstieg ins Beiboot.

1 *Erst die Fangleine an der Reling festmachen, dann den Kasten oder das Paket über Bord werfen.*

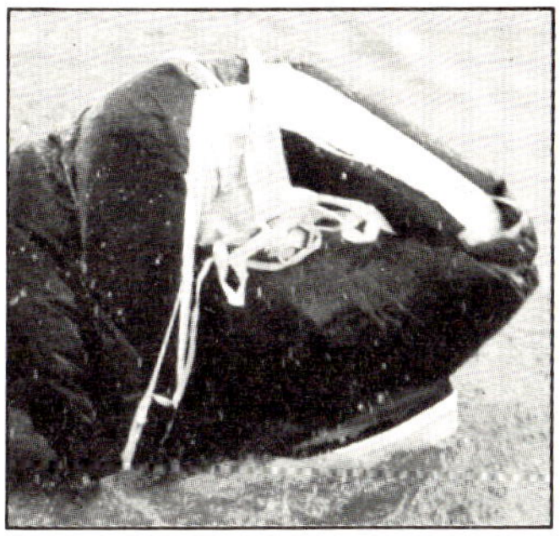

2 *Warte, bis die Insel voll aufgeblasen ist – es dauert etwa 30 s nach dem Aufschlag aufs Wasser.*

3 *Der erste in der Insel übernimmt, was mitzunehmen ist, dann steigen die anderen über. Der letzte löst oder kappt die Fangleine.*

Knoten und spleißen

Leinen spielen eine wichtige Rolle im Handwerk des Seemanns und kosten viel Geld; pfleglicher und geschickter Umgang mit ihnen gehört zur Seemannschaft. Vor allem muß man immer darauf achten, daß die Leinen nicht an scharfen Kanten schamfilen (scheuern); ist's doch passiert, kann man das Stück herausschneiden und die beiden Enden verspleißen (Seite 155). Das Ende einer Leine heißt Tamp(en) und muß einen Takling bekommen (Seite 155), damit es nicht aufdröselt.
Über die Jahrhunderte hinweg haben die Seeleute ein großes Repertoire an Knoten entwickelt. Die Auswahl auf den folgenden Seiten zeigt die gebräuchlichsten. Einige sind Vielzweckknoten, manche nur für einen Spezialzweck brauchbar, wie beispielsweise der Stopperstek, der nur in einer bestimmten Richtung belastbar ist. Üben Sie das fleißig. Mit Geschicklichkeit in dieser Sparte gewinnt man Achtung in jedem Hafen – und eines Tages könnte sogar die Sicherheit davon abhängen.

Teile des Knotens

Die Knoterei hat eine eigene Terminologie. Eine Biegung im Tau wird Bucht genannt, das unter Last stehende Ende heißt stehende oder feste Part.

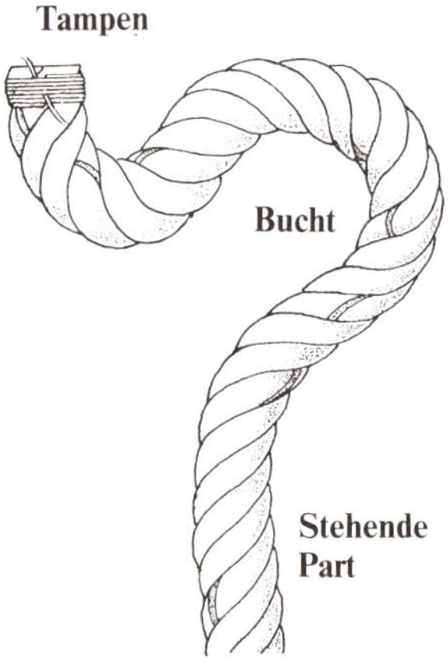

Achtknoten

Seine Aufgabe ist die Verdickung des Tampens, damit er nicht aus einem Block oder Auge ausrauschen kann.

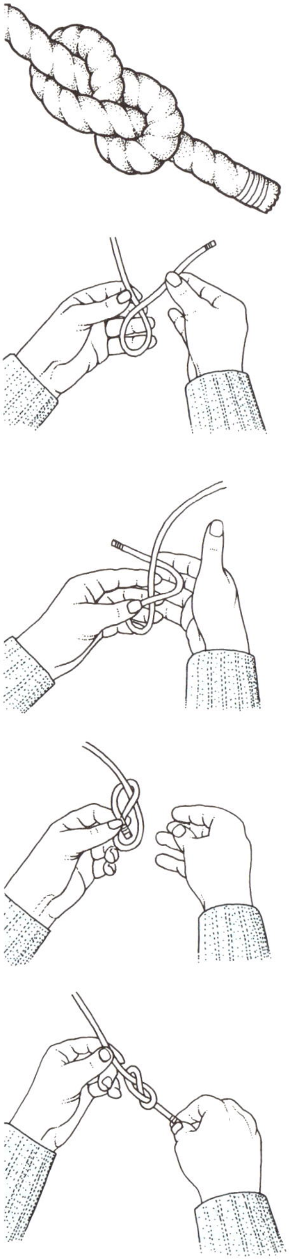

Tauwerksarten

Naturfaser wird nur noch selten für Tauwerk verwendet, denn Kunstfaser ist fester und verrottet nicht so schnell; manche wird zwar glitschig, wenn sie naß ist, und einfache Knoten halten dann nicht. Nylon ist UV-empfindlich, man lasse es nicht unnötig in der Sonne liegen. Tauwerk ist entweder geschlagen, gewöhnlich aus drei Kardeelen, die umeinandergedreht sind, oder geflochten. Festmacher und Schlepptrosse sind gewöhnlich geschlagen, Schoten geflochten. Der Seemann hat viele Namen für die verschiedenen Tauarten und Leinendicken.

Polypropylen 3-kardeelig

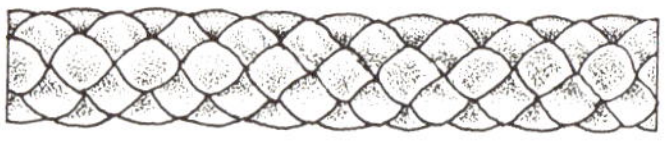

Nylon 8-geflochten

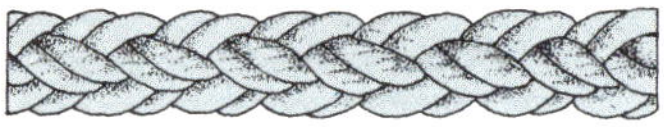

Nylon doppel-4-geflochten

Polyester 3-kardeelig

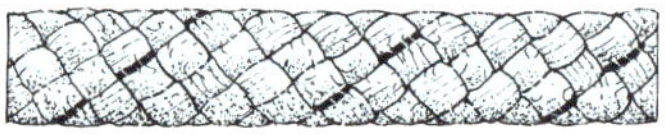

Nylon Mantelgeflecht

Kreuzknoten

Er wird so gemacht, daß die Tampen entgegengesetzt auf derselben Seite herauskommen. Kommen sie auf verschiedenen Seiten heraus, gibt es einen „Altweiberknoten“, der sich wieder aufzieht.

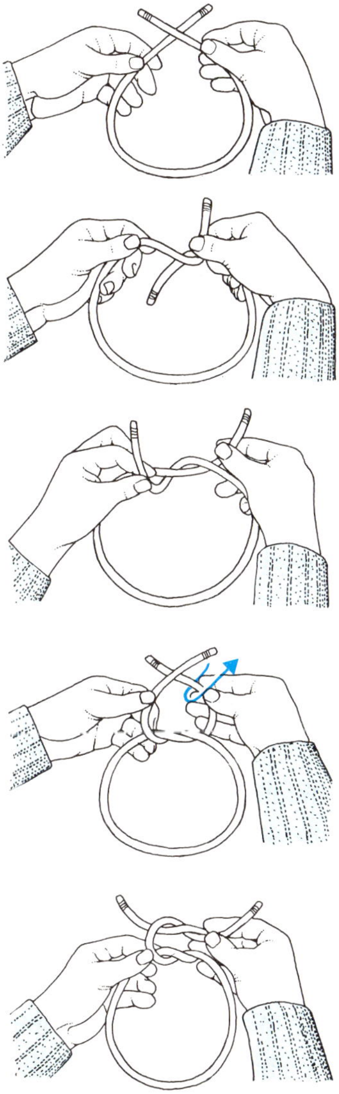

Der Kreuzknoten löst sich schnell, wenn man Tampen und stehende Part auf derselben Seite des Knotens packt und beide mit einem Ruck auseinanderzieht.

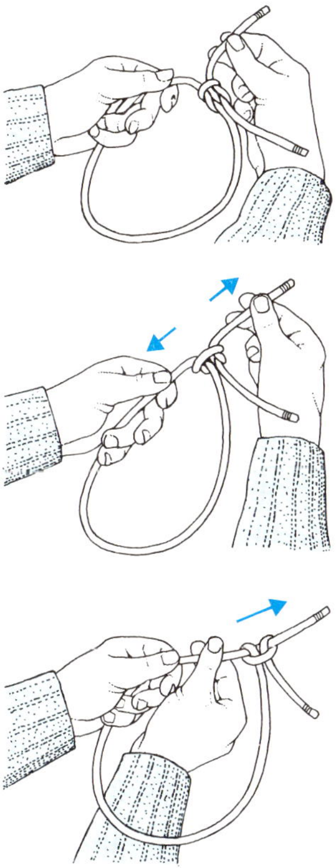

Schotstek

Mit ihm verbindet man Leinen unterschiedlicher Dicke. Um ihn zu lösen schiebt man die stehende Part in die Bucht der anderen, dickeren Leine.

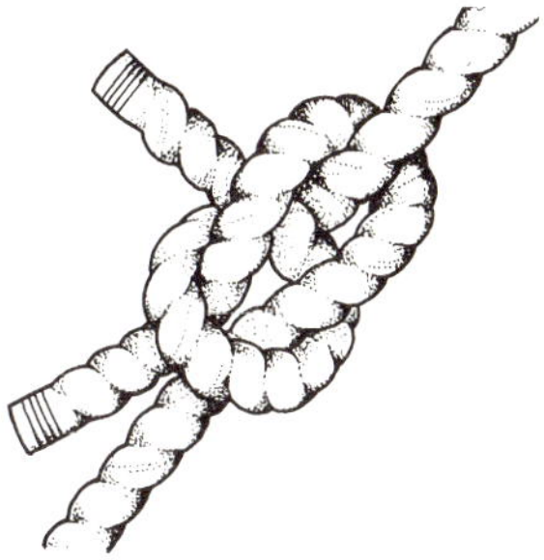

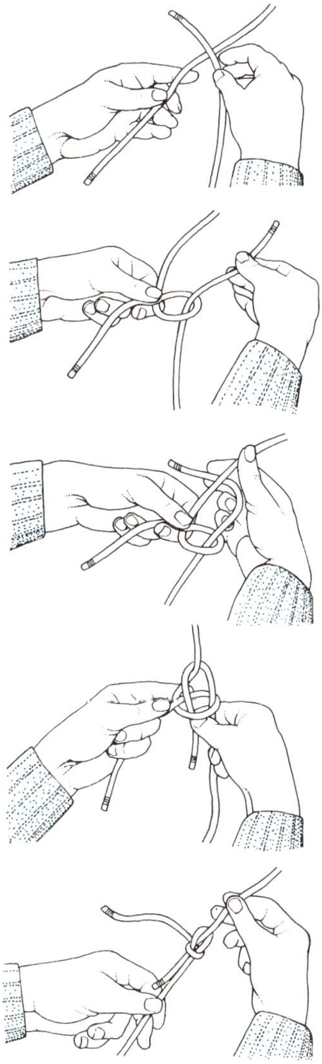

Rundtörn mit zwei halben Schlägen

Viel verwendeter Knoten zum Festmachen mit schweren Leinen. Der Rundtörn verhindert, daß sich der Knoten zuzieht. Zwei halbe Schläge genügen zur Sicherung der Leine.

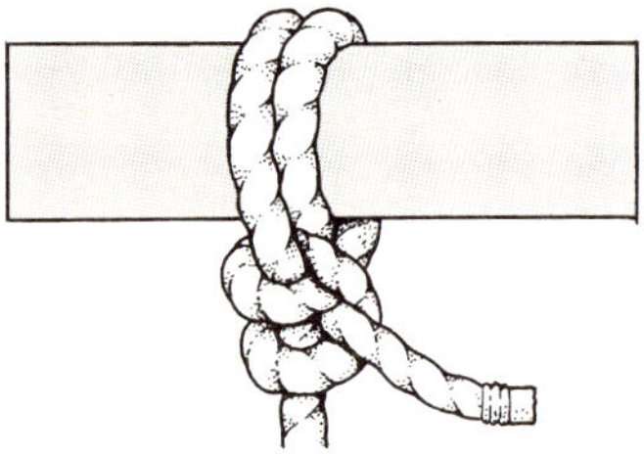

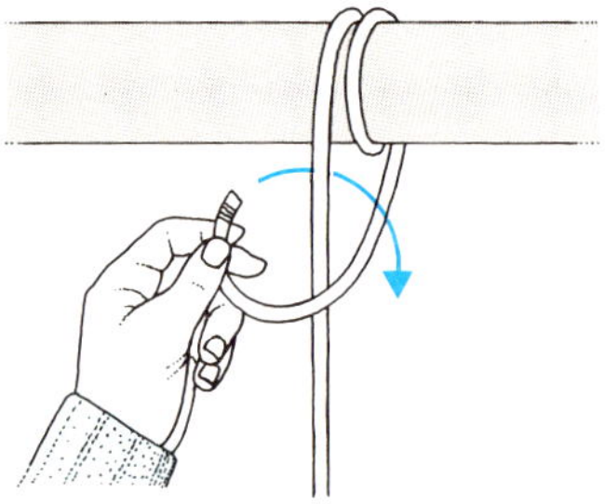

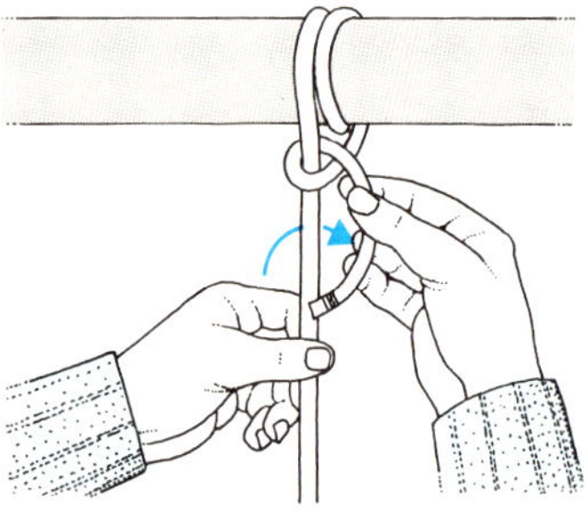

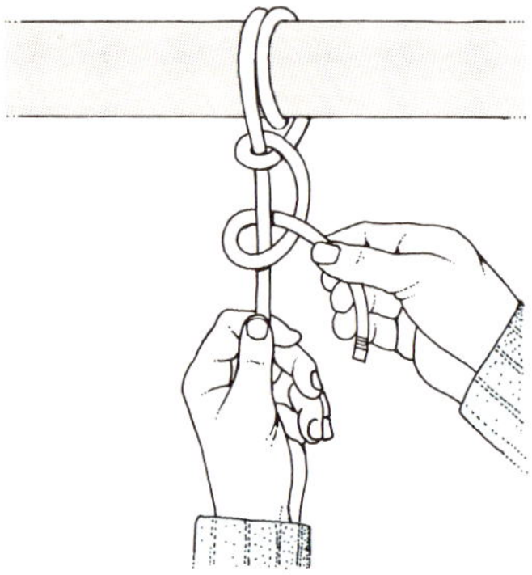

Webeleinstek

Der Stek hält nur unter senkrechtem Zug der stehenden Part, drum macht man gewöhnlich noch einen halben Schlag drauf. Wird viel zum Festmachen von Fendern verwendet.

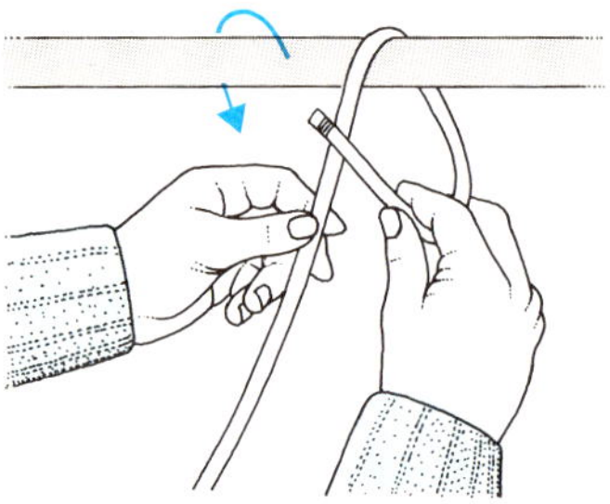

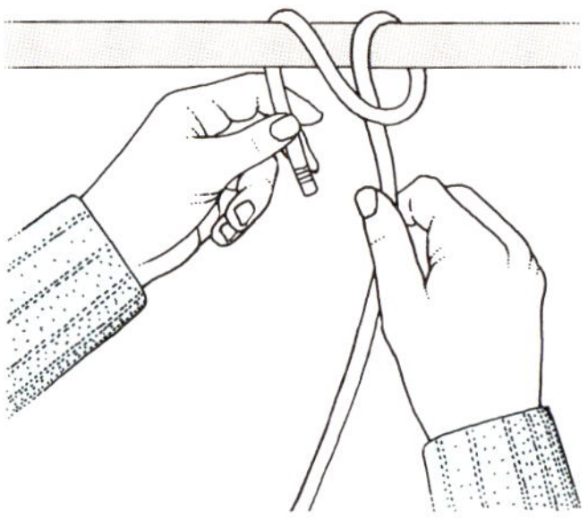

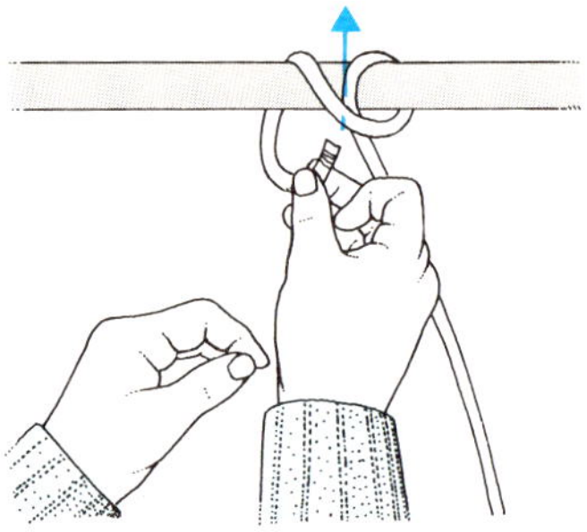

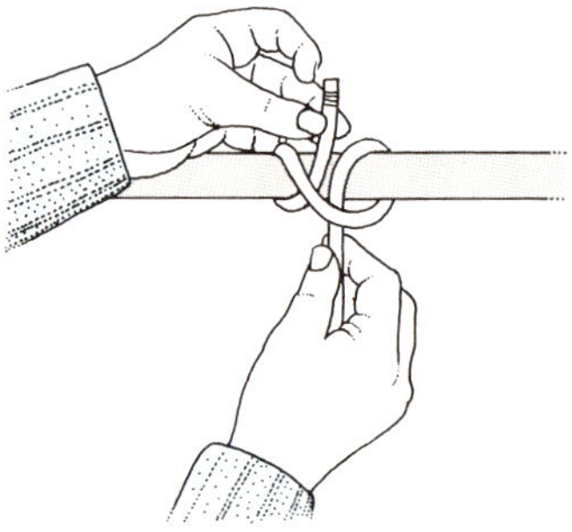

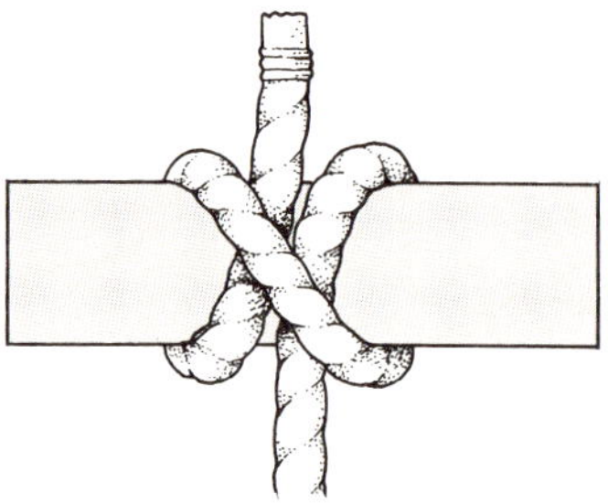

Zum vorübergehenden Festmachen an Poller oder Pfahl macht man, wie in der Zeichnung, zwei genügend große Augen, wirft sie über den Pfahl und macht einen halben Schlag auf die stehende Part zur Sicherung.

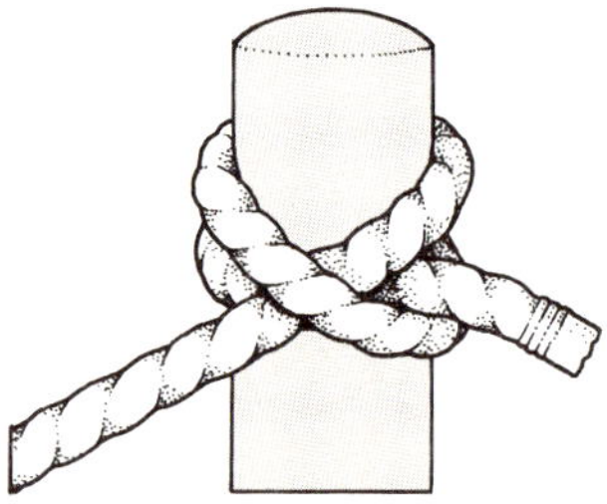

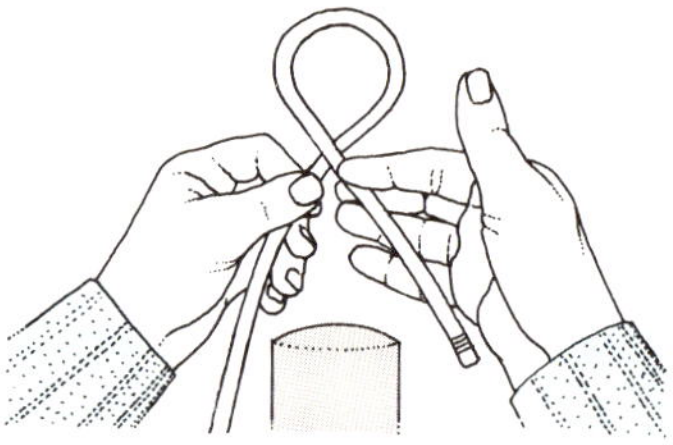

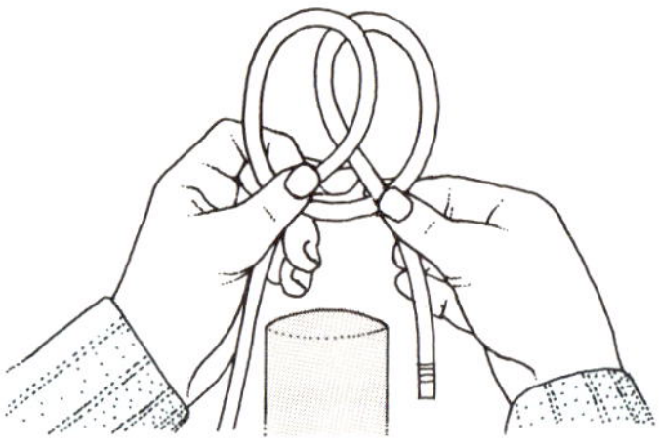

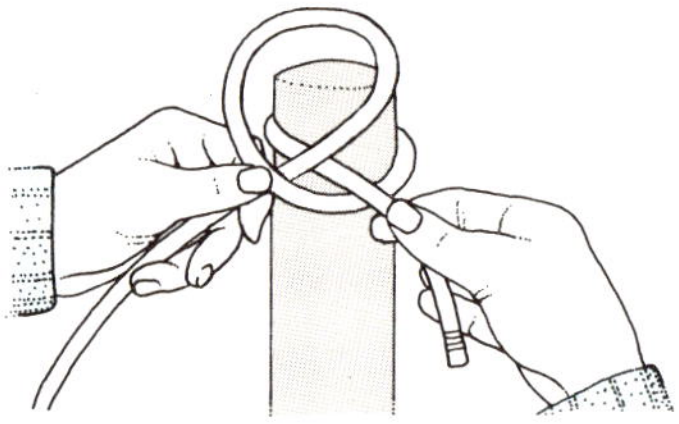

Palstek

Er bildet ein Auge im Tampen, das sich nicht zusammenziehen kann. Hier wird er mit dem Tampen im Auge gezeigt. Bei uns macht man ihn anders herum, mit dem Tampen außerhalb des Auges.

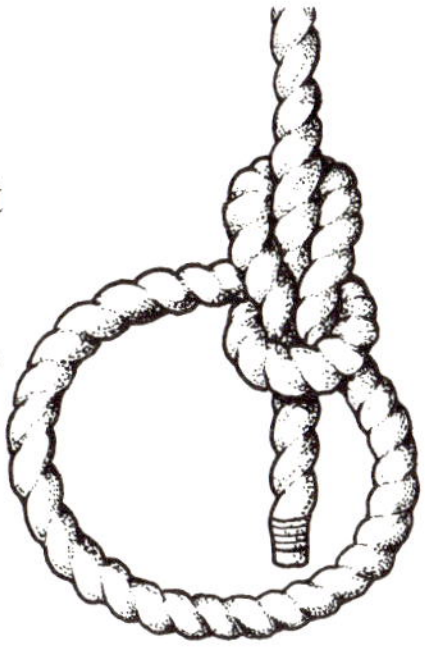

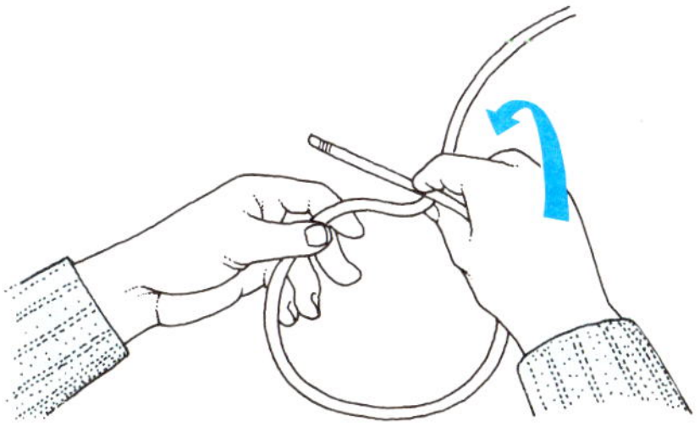

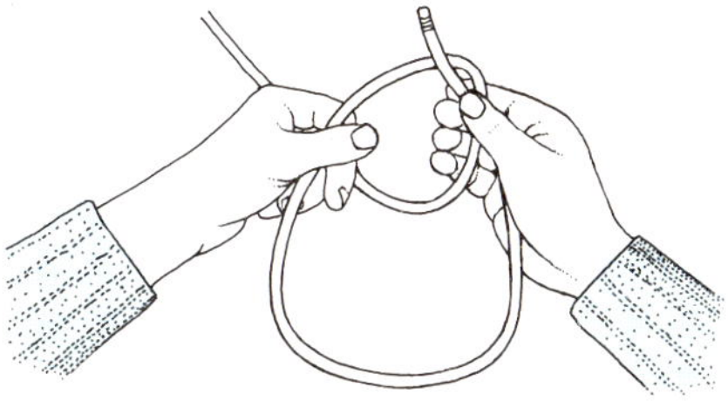

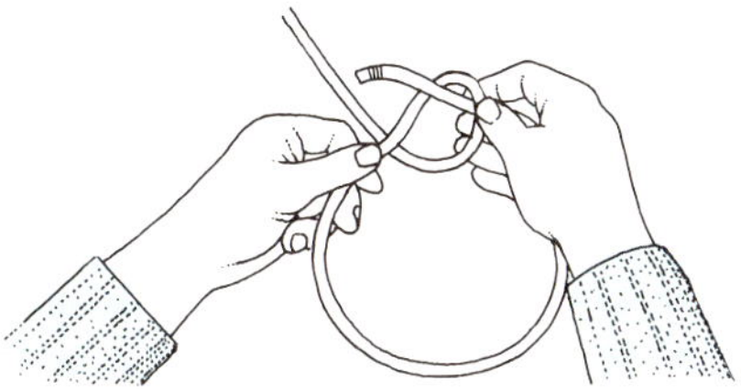

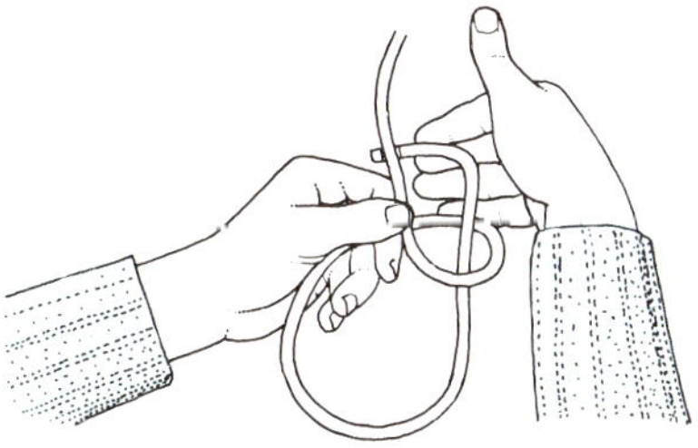

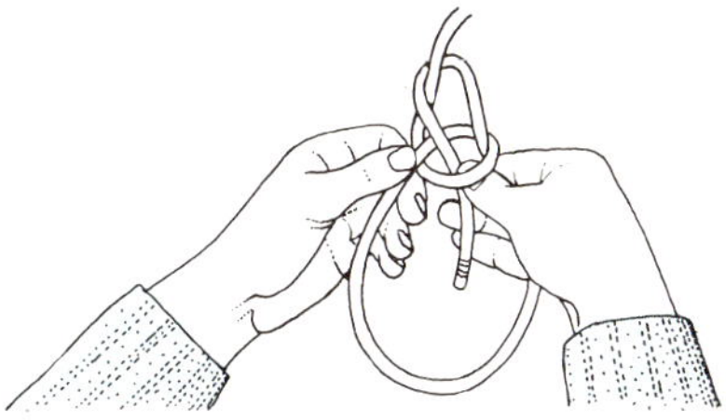

Stopperstek

Er überträgt Kräfte parallel zum festgemachten Teil. Je größer die Kraft, um so fester hält er. Bei Entlastung geht er auf.

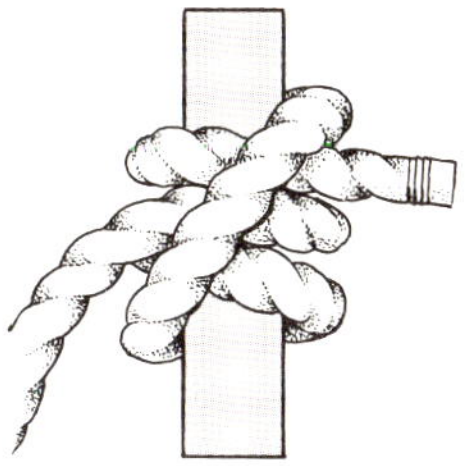

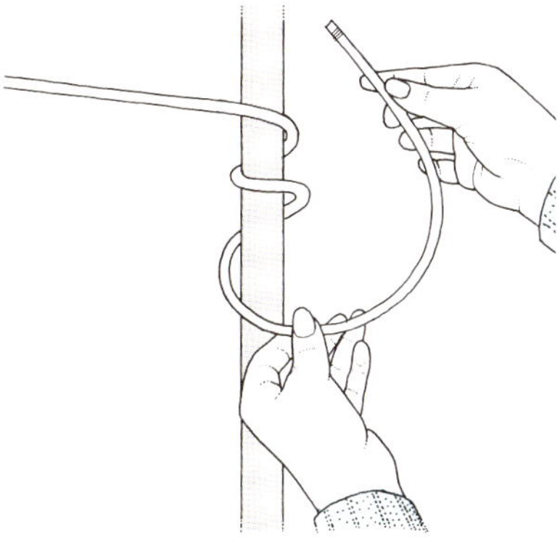

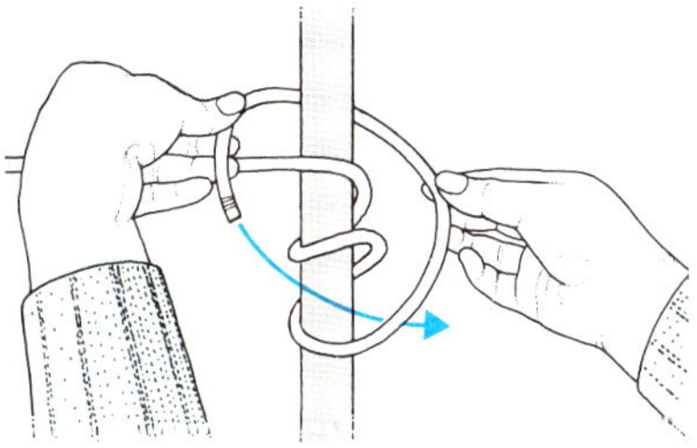

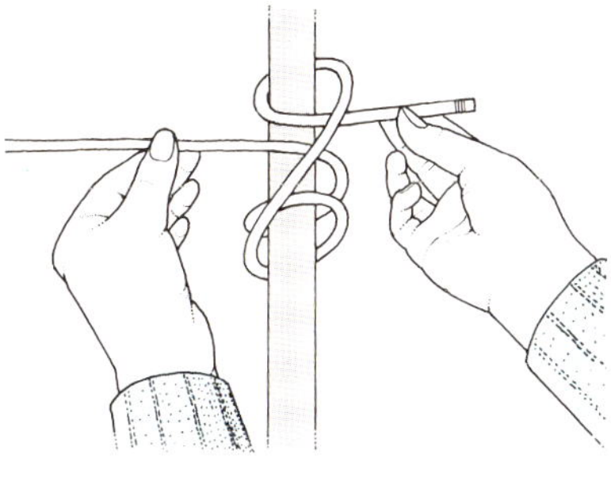

Doppelter Schotstek

Zum Festmachen einer Leine an einem Auge oder Haken. Bis zum Schritt 3 gleich dem einfachen Schotstek, Schritt 4 macht ihn zum doppelten, der größere Kraft trägt.

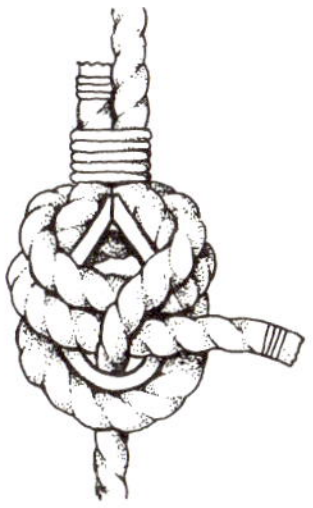

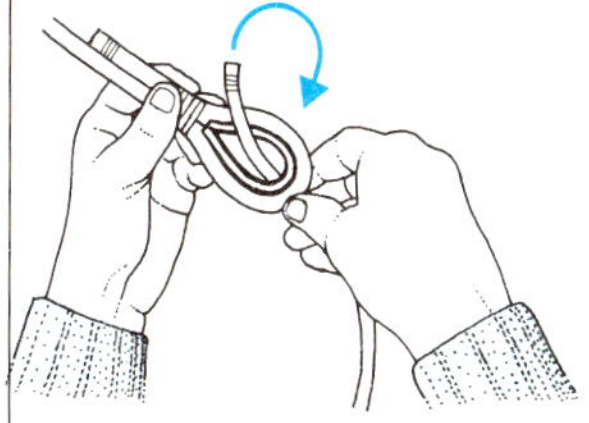

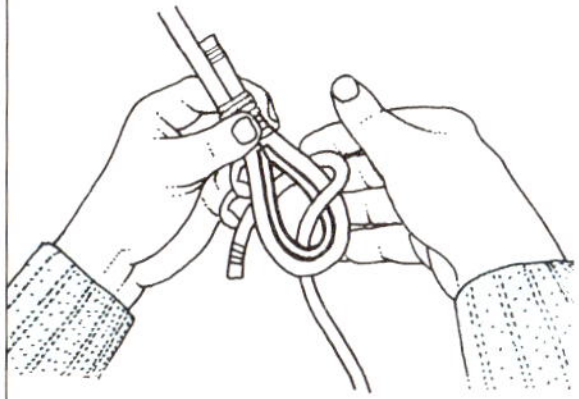

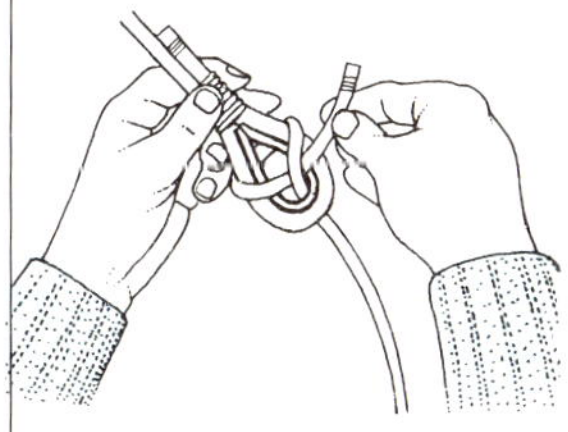

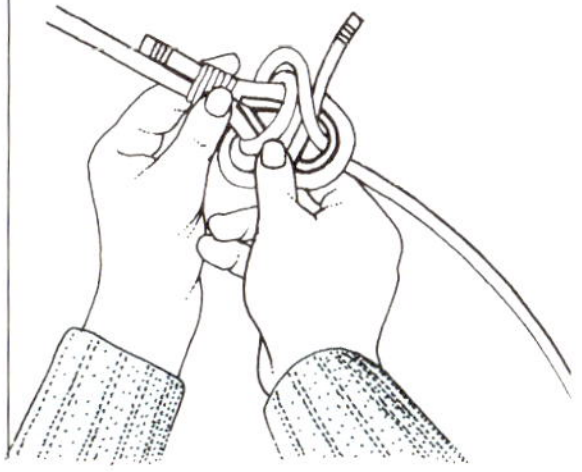

Webelein-Slipstek

Alle Slipsteks beruhen darauf, daß man nicht den Tampen durchsteckt, sondern eine aus ihm gebildete Bucht. Zieht man am Tampen, slipt die Bucht durch und gibt den Knoten frei. Der hier gezeigte Stek wird gerne zum Festmachen der Fangleine des Beibootes gebraucht.

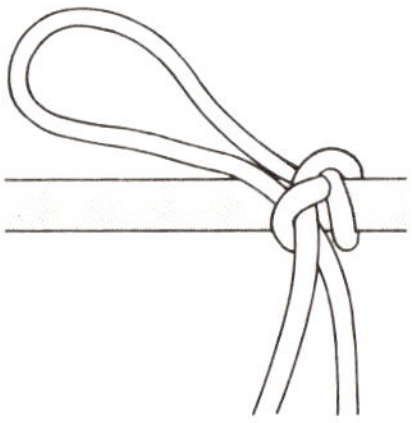

1 *Mach einen üblichen Rundtörn.*

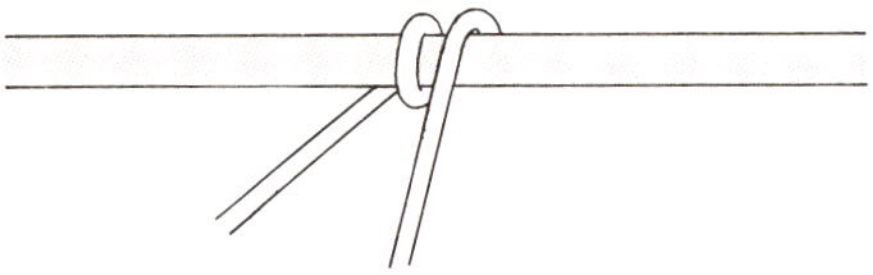

2 *Nimm die lose Part doppelt zur Bucht und lege sie über die stehende Part.*

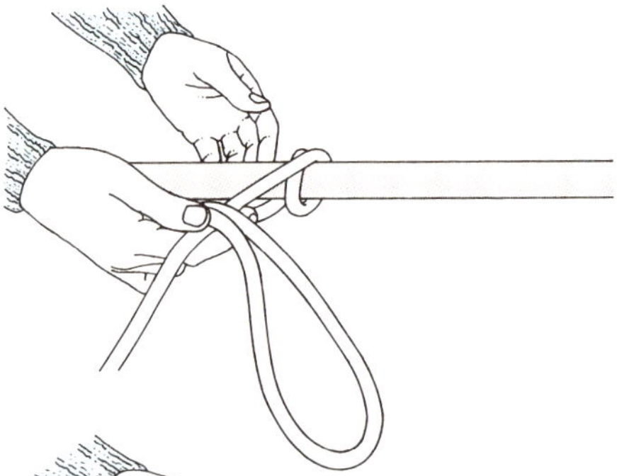

3 *Mache mit der Bucht einen halben Schlag um die stehende Part und ziehe ihn fest.*

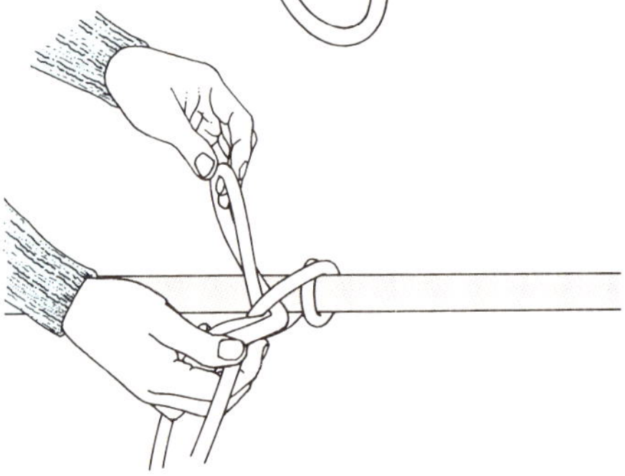

4 *In diesem Stadium kann der Knoten schnell durch den Zug am Tampen gelöst werden.*

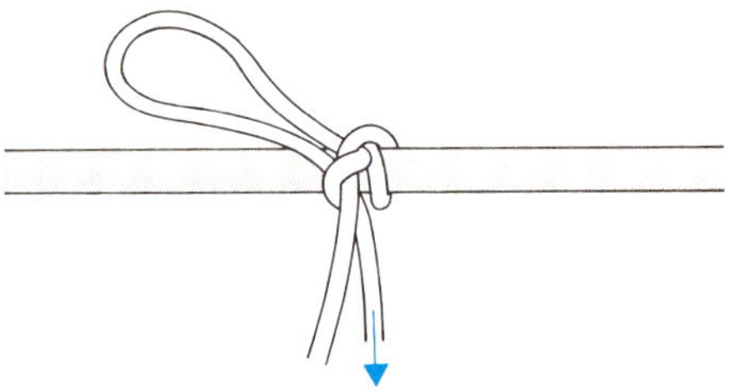

Zur besseren Sicherung kann mit der Bucht noch ein halber Schlag drauf gemacht werden, aber dann ist es kein Slipstek mehr.

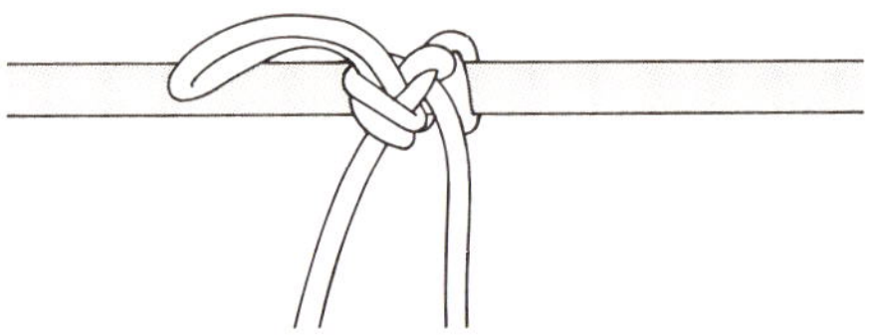

Notrigg-knoten

Wird über den Topp eines Behelfsmastes gemacht. Bildet vier Augen, wenn man die offenen Parten durch einen Palstek verbindet, zum Anstecken einer Notverstagung.

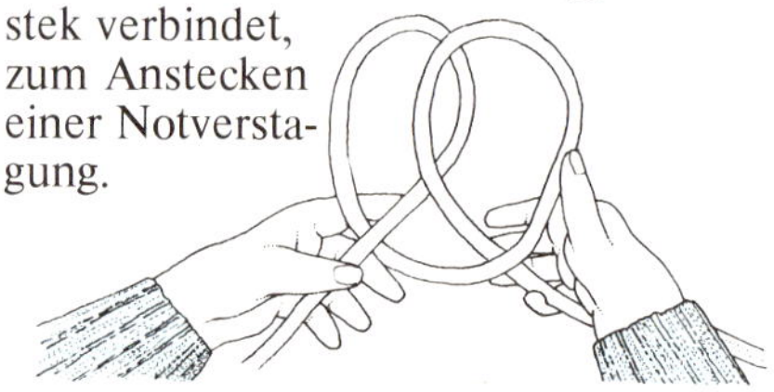

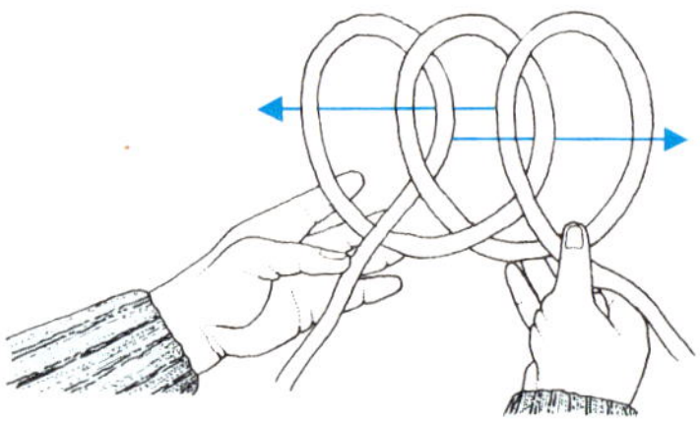

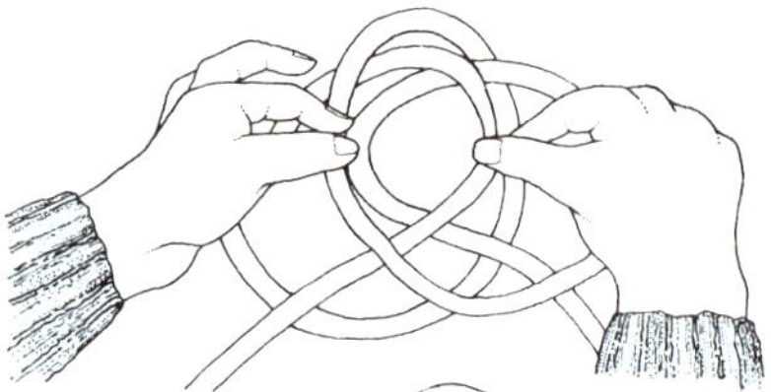

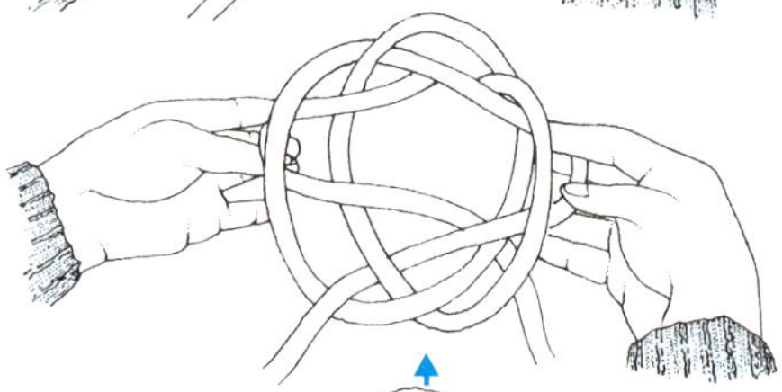

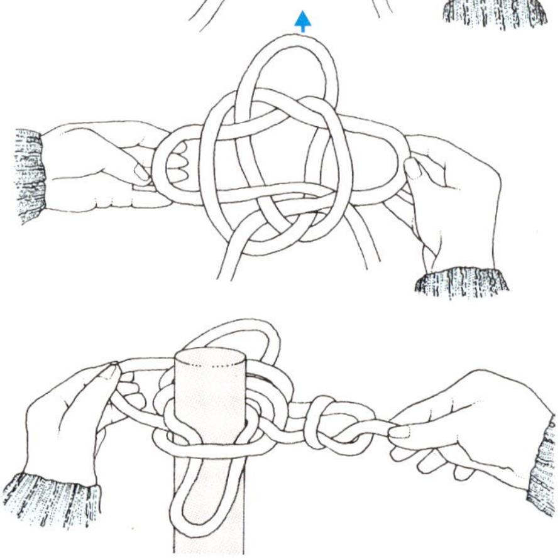

Takling

Mit Bändselgut wird der Tampen stramm umwickelt, damit die Leine nicht aufdröselt. Die Zeichnung zeigt einen Behelfstakling, den einfachsten.

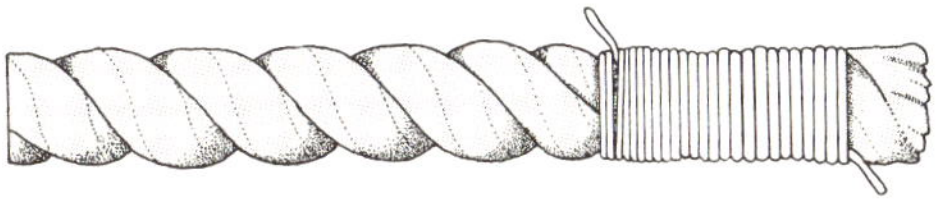

Fertiger Takling

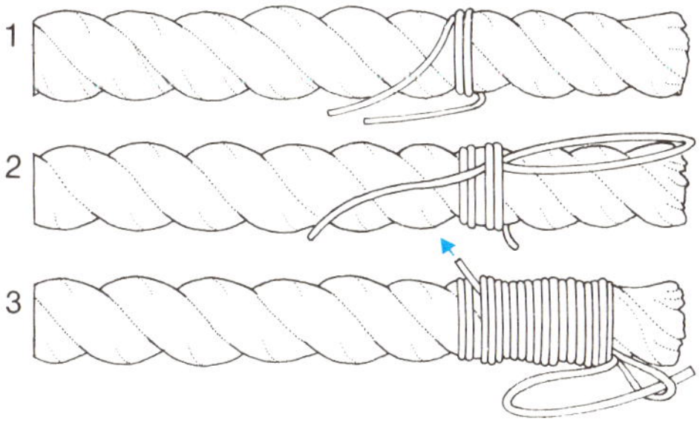

Spleissen

Das ist das Verbinden geschlagener Leinen durch Verflechten der Kardeele. Gebraucht werden Bändsel zum Betakeln der Tampen und Enden und ein Marlspieker zum Öffnen der Keepen.

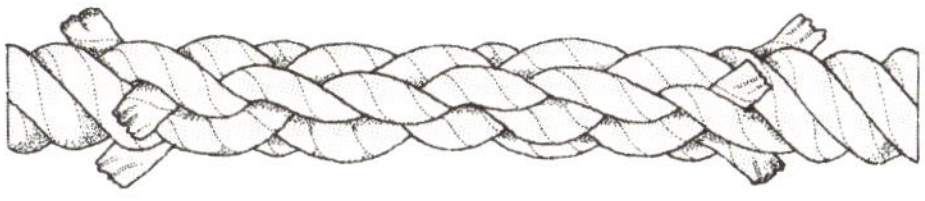

Fertiger Kurzspleiß

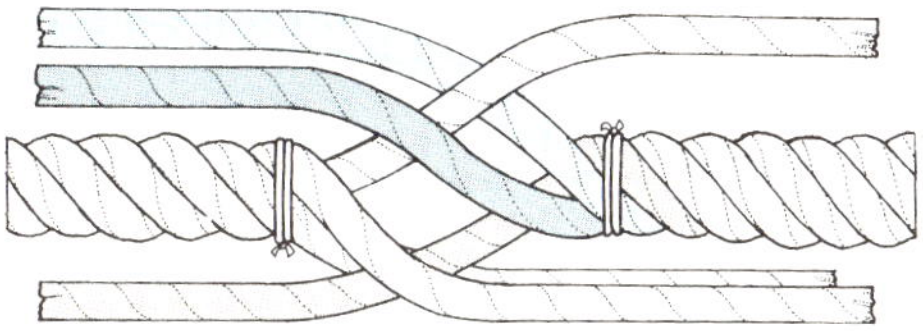

1 *Binde 15 cm jedes Tampens mit Bändselgut ab. Dreh dann die Kardeele auf und bringe beide Enden zusammen wie gezeigt.*

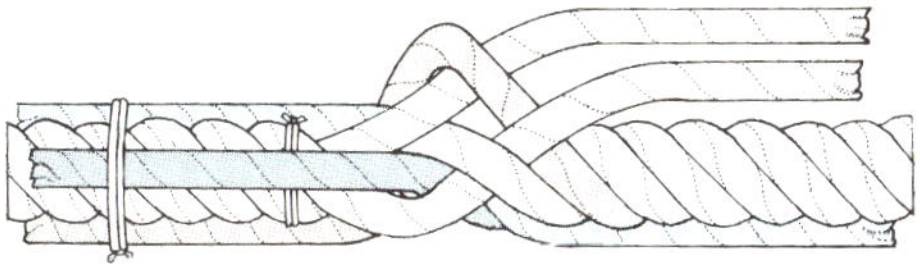

2 *Binde die losen Kardeele eines Taus auf das andere und nimm das Bändsel vom ersten Tau weg. Steck nun ein Kardeel nach dem anderen, das Tau entsprechend drehend, durch, bis jedes Kardeel wenigstens dreimal durchgesteckt ist. Mach dasselbe nun mit dem anderen Tau und glätte dann die Enden.*

Augspleiß

Da ein Spleiß besser hält als ein Knoten, sollten die Festmacher an einem Ende einen Augspleiß bekommen. Dazu müssen die Kardeele lang genug aufgedreht werden, um jedes fünfmal durchstecken zu können. Der Spleißanfang wird durch einen Takling gesichert, damit die Leine nicht weiter aufdreht.

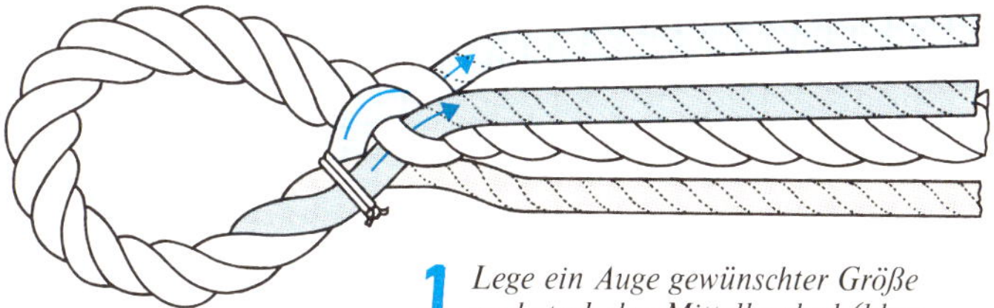

1 *Lege ein Auge gewünschter Größe und steck das Mittelkardeel (blaugrau) unter das oberste Kardeel der stehenden Part am Kreuzungspunkt. Nun das linke Kardeel (blau) links unter das nächstweitere Kardeel. Hole beide Steks dicht, aber nicht zu fest.*

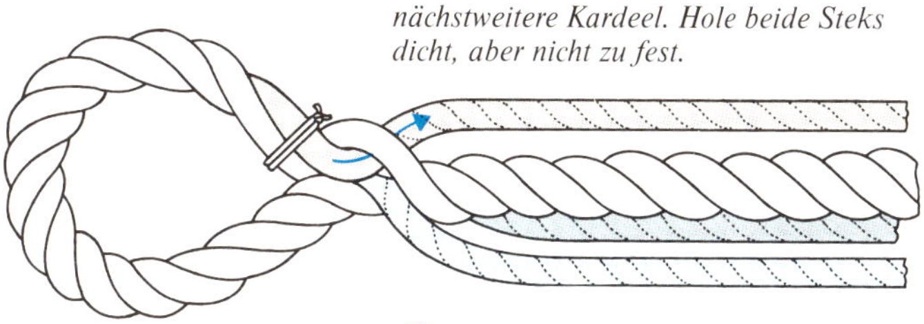

2 *Nun stecke das rechte Kardeel unter das stehende Kardeel rechts vom stehenden Kardeel, unter dem das mittlere Augkardeel steckt.*

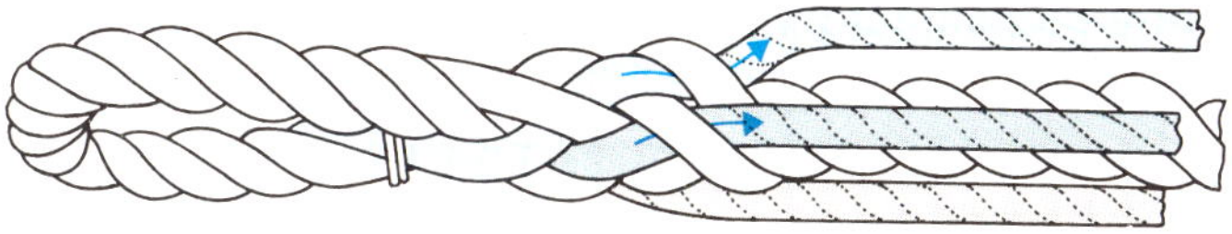

3 *Nun werden die Kardeele der Reihe nach immer von rechts nach links gegen den Schlag durchgesteckt, je fünfmal, und jede Steckrunde wird dichtgeholt.*

4 *Der Anfängerfehler wird immer beim ersten Stecken des rechten Kardeels gemacht. Merke: rechts und rückwärts vom ersten Stek. Zum fünften Stek kann man die Kardeele etwas verjüngen. Überstehendes abschneiden.*

Kleines Segellexikon

A

abfallen Eine Kursänderung vom Wind weg.
abschlagen Das Abnehmen der Segel.
absetzen Das Boot von Steg oder Mauer abdrücken.
achteraus Alles, was hinter einem Boot liegt.
Achterholer Jeweils die Spinnakerschot, die sich in Luv befindet, also am Spinnakerbaum.
Achterleine Festmacherleine, die vom Heck eines Bootes nach achtern an Land oder zu einem Pfahl führt. Auch als Heckleine bezeichnet.
Achterstag (das) Vom Masttopp zum Heck verlaufendes Stag, das die nach vorne gerichteten Kräfte des Mastes aufnimmt.
andirken Den Baum mit der Dirk anholen, so daß er nicht mehr vom Segel gehalten wird.
anluven Eine Kursänderung höher an den Wind heran.
anschlagen Ein Segel am Baum oder Stag befestigen.
auffieren Dem Zug auf einer Leine nachgeben, ohne sie ausrauschen zu lassen. Häufig auch nur: fieren.
aufklaren 1. Das Wetter „klart auf", wird besser. – 2. An und unter Deck Ordnung schaffen.
auflandig Wenn der Wind von See in Richtung Land weht. (Gegenteil: ablandig)
aufschießen 1. Mit dem Boot in den Wind drehen, um es zum Stehen zu bringen. – 2. Eine Leine in regelmäßigen „Buchten" zusammenlegen.
auftuchen Ein Segel oder eine Abdeckplane ordentlich zusammenlegen.
Auge Seemännische Bezeichnung für verschiedene Arten von Ringen, Ösen, Löchern oder Schlingen. In Wortverbindungen entfällt das „e": Augbolzen, Augspleiß.

B

back Zurück, rückwärts. Wird ein Segel back geholt, fällt der Wind von der „Rückseite" ein.
Backbord In Fahrtrichtung gesehen die linke Seite eines Schiffes.
Backskiste In die Cockpitbank eingebauter, von außen zugänglicher Stauraum.
Baumniederholer Unten am Mast angreifende Talje, die ein Steigen des Baums auf raumen oder Vorm-Wind-Kursen verhindert.
bekneifen Festklemmen (von Leinen).
belegen Eine Leine festmachen.
bergen 1. Die Segel herunternehmen. – 2. Einen Gegenstand, auch ein in Seenot geratenes Schiff, in Sicherheit bringen.
Bermuda-Rigg Bezeichnung für die moderne Hochtakelung, die von Fischerbooten der Bermudas stammt.
Besan (der) Auf Zwei- und Mehrmastern der hintere kürzere Mast. Aber auch das Segel daran wird als Besan bezeichnet.
Beschlag Alle Einrichtungen, die zum Verbinden, Führen und Festmachen an Bord dienen.
Bilge (die) Der Raum im Bootsboden zwischen Kiel und Bodenbrettern.
Bitt, Bitter (der) Kräftiger Augbolzen oder Poller, an dem das Ende der Ankertrosse im Schiff festgemacht wird.
brechen 1. Semännischer Ausdruck für das Reißen von Leinen und Ketten (nicht jedoch für Segel). – 2. Das „Überkämmen" von Wellen, wenn sich eine Schaumkrone bildet.
Bucht Eine Schleife in einer Leine. Sie wird „in Buchten" aufgeschossen.
Bug (der) Das vordere Ende eines Schiffes. Steuerbord-, bzw. Backbordbug bezeichnet jedoch jeweils die Seite einer Yacht, auf der der Großbaum geführt wird.
Bugkorb (auch Bugkanzel) Fest auf dem Vorschiff montiertes Schutzgeländer. Entsprechend auf dem Achterschiff der Heckkorb.

C

Crew (die) Die Mannschaft einer Yacht mit Ausnahme des Skippers, Wachführers und Navigators.
Cunningham-Hole (auch C.-Kausch) Nach seinem Erfinder benannte Vorliekstreck-Einrichtung am Großsegel.

D

Deckpeilung (die) Zwei Objekte (Landmarken) werden in Deckung gebracht.
Dingi (das) Ein kleines Beiboot, auch als Tender bezeichnet.
Dirk (die) Ein Drahtseil, das vom Masttopp zum Ende des Baumes führt und ihn hält, wenn das Großsegel abgeschlagen ist.
Ducht (die) Quer oder längs liegendes Sitzbrett in einem offenen Boot.
dwars Rechtwinklig zur Fahrtrichtung.

E

Ende Leine, Tau. Die Enden eines „Endes" bezeichnet man als Tampen oder Tamp.

F

Fahrwasser An engen Stellen oder zwischen Untiefen die meist durch Seezeichen markierte Fahrrinne mit tiefem Wasser.
Fall (das; Mehrz. **Fallen**) Leinen oder Drähte zum Setzen der Segel. Entsprechend Groß-, Fock- oder Spinnakerfall.
Fender (der) Polster aus unterschiedlichen Materialien zum Schutz der Bordwand.
Fockroller Mechanische Vorrichtung, um die Fock vom Cockpit aus auf das Vorstag aufzurollen.

G

Gat (das) Ein Stauraum, z.B. Kabelgat.
Gatchen (auch Gattchen) Kleines, meist mit einer Metallkausch eingefaßtes Loch in Segeln oder Planen, durch das Bändsel, Strecker oder ähnliches gezogen werden.
geigen Rollschwingung eines Bootes um die Längsachse.
gieren Seitliches Ausscheren eines Bootes aus seinem Kurs.

H

Heck (das) Das hintere Ende eines Schiffes.
heißen Hochziehen eines Segels.
hieven Hochholen einer schweren Last, z.B. des Ankers.
Hochwasser (HW) Höchster Wasserstand bei einer Gezeit, oft fälschlich als „Flut" bezeichnet.
holen An einer Leine ziehen.
Hundekoje Eine überdeckte, nur vom Kopfende her zugängliche Schlafgelegenheit.

K

Kausch (die) Eine ring- oder auch herzförmige Metall- oder Kunststoffverstärkung für ein Auge.
Keep (die) Rille, Hohlkehle, Nut, Kerbe; z.B. im Baum zum Einziehen des Segels.
killen Flattern der Segel.
Kinken (die) Eine in sich verdrehte Leine hat Kinken.
Knoten (kn) Nautische Geschwindigkeitsbezeichnung für Seemeilen pro Stunde.
Kopfschlag Beim Belegen auf einer Klampe wird das letzte Ende so über Kreuz gelegt, daß es sich bekneift.
Krängung Schräglage (eines Bootes).
kreuzen Mit Zickzack-Kurs auf ein Ziel in Windrichtung zusegeln.

L

Lee Die dem Wind abgekehrte Seite.
leegierig Ein Boot, das die Eigenschaft hat, ständig abzufallen.
Leeküste Ein in Lee vom Schiff gelegene Küste, auf die der Wind steht.
Legerwall Eine Yacht liegt vor einer Küste oder einem anderen Hindernis, auf die Wind und See setzen. Stets eine gefährliche Situation.
lenzen 1. Ein Boot leerpumpen oder ausschöpfen. - 2. Unter kleinster Beseglung vor einem Sturm herlaufen.
Lippe, Lippklüse Klauenartige Durchführung für Leinen im Schanzkleid.
Log (das) Meßinstrument für die Geschwindigkeit, dem Tachometer des Autos entsprechend.
Lot (das) Meßinstrument für die Wassertiefe.
Lotspeise Talg, der in eine Vertiefung des Lotbleis beim Handlog geschmiert wird, damit Grundproben daran kleben bleiben.
Lümmel (der) Die Verbindung zwischen Baum und Mast, bestehend aus Lümmelbeschlag und Lümmellager.
Luv Die dem Wind zugekehrte Seite. Die Richtung, aus der der Wind kommt. Analog: Stromluv.
luvgierig Ein Boot, das die Eigenschaft hat, ständig in den Wind zu drehen.

M

Muring (die; auch Mooring) Festmachemöglichkeit im freien Wasser. Meistens eine sicher verankerte Boje. Auch eine Ankermethode mit zwei entgegengesetzt zum Tidenstrom ausgebrachten Ankern.

N

Niedergang Alle Treppen auf Schiffen; auf Yachten meist vom Cockpit in die Kajüte.
Nock (die) Das Ende des Baumes, nicht aber des Mastes. Das heißt Topp.

O

Ösfaß Gefäß zum Wasserschöpfen (ösen).

P

Pall (das) Sperrklinke an einem Zahnkranz, beispielsweise an einer Ankerwinsch, um ein Ausrauschen der Kette zu verhindern.
Pantry Koch- und Wirtschaftssektion auf kleineren Yachten.
Part (die) Bei einer Talje das Ende, das durch die Blöcke läuft. Das Ende, das von Hand oder mit Winde geholt wird, ist die holende Part; das andere, an dem die Kraft angreift, die stehende oder feste Part.
Patenthalse Unfreiwilliges Halsen, verursacht durch Unaufmerksamkeit des Rudergängers oder starkes Gieren oder Rollen des Bootes.
Persenni(n)g (die) Eine wasserdichte Abdeckplane für Segel, Cockpit oder Boot.
Piek (die) Ecke, Spitze. Entsprechend an den Schiffsenden die Vor- und Achterpiek.
Plicht (die) Seltenere Bezeichnung für das Cockpit.
pullen Seemännische Bezeichnung für „rudern".
Pütting (das; auch Rüsteisen) Beschlag, mit dem die Wanten am Bootsrumpf befestigt sind.

R

raumen Eine günstige Winddrehung mehr nach achtern. (Gegensatz: schralen)
Reep (das) Bezeichnung eines abgemessenen Endes für einen bestimmten Verwendungszweck, z.B. das Bojereep oder Taljereep.
Riemen Seemännischer Ausdruck für „Ruder".
Rigg (das) Moderne Bezeichnung für Takelage. Sammelbegriff für Masten, Bäume, stehendes und laufendes Gut. Entsprechend wird eine Yacht „geriggt".
rollen Die Bewegung eines Schiffes um seine Längsachse.
Ruder Seemännische Bezeichnung für das Steuer eines Schiffes.
Rutscher Die Gleitstücke, mit denen das Großsegel am Mast und manchmal auch am Baum befestigt wird.

S

Saling (die) Die Wantspreizen am Mast.
Schäkel (der) Durch Schraub- oder Steckbolzen verschließbarer Metallbügel. Ein Universalverbindungsmittel an Bord.
schamfilen scheuern, reiben.
scheren Eine Leine durch einen Block, eine Leitöse oder ähnliches führen.
schiften Den Baum von einer Seite auf die andere nehmen.
Schothorn Die hintere Ecke eines Segels.
schralen Eine ungünstigere Winddrehung mehr nach vorne. (Gegensatz: raumen)
schwojen Das Pendeln eines Bootes um seinen Anker oder seine Muring, hervorgerufen durch Wind oder Strom.
Seemeile (sm) Sie ist 1852 m lang. In der Seefahrt werden alle Entfernungen in Seemeilen angegeben.
Skipper kurz **Skip** Der verantwortliche Führer einer Yacht.
slippen 1. Das Zuwasserbringen eines Bootes auf einer Bootsrampe (Slip). - 2. Schnelles Loswerfen einer Leine.
Spring (die) Zusätzliche Festmacheleinen zu der Vor- und Achterleine, die eine Bewegung des Bootes in der Längsrichtung verhindern.
Stag (das) Drahttauwerk zum Abstützen und Versteifen des Mastes nach vorne und achtern. - Über Stag gehen, dasselbe wie wenden.
stampfen Die Schwingung eines Schiffes um seine Querachse.
Stander 1. Für bestimmte Zwecke fertig gespleißtes Drahtende, z.B. der Bojenstander. - 2. Kurze, dreieckige Flagge (Vereinsstander).
Steuerbord In Fahrtrichtung gesehen die rechte Seite eines Bootes.
Steven (der) Vorderer und hinterer Abschluß des Bootsrumpfes, entsprechend Vor- und Achtersteven.
Stützruder Das Legen des Ruders, am Ende einer gesteuerten Kurve, zur Gegenseite, um die Drehbewegung abzufangen.

T

Tamp(en) Die beiden Enden einer Leine.
Terminal Endbeschlag an Drahttauwerk. Es gibt verschiedene Arten von Klemmen und Pressen, um Terminals haltbar auf dem Draht anzubringen.
Toppnant (der) Aufholer für den Spinnakerbaum.
Törn 1. Eine Segelfahrt (von mehreren Tagen). - 2. Eine Umrundung von Winsch, Poller, Klampe etc. mit einer Leine. Auch ein ungewollt in eine Leine eingedrehtes Auge.
Traveller Genaugenommen der Schlitten, an dem der Großschot-Fußblock auf einer Schiene gleitet. Inzwischen aber Bezeichnung für die gesamte Einrichtung, die dem besseren Trimm des Großsegels gilt.

V

verholen Ein Schiff mit Leinen von einem Platz zu einem anderen bringen.
Verstagung Dasselbe wie „stehendes Gut". Sammelbegriff für die Masthalterungen: Vor-und Achterstag und Wanten.
Vorschiff Der vor dem Mast liegende Teil eines Bootes. Entsprechend das Vordeck.

W

Want (das; Mehrz. Wanten) Das stehende Gut rechts und links vom Mast, je nach ihrer Anbringung als Topp-, Ober- und Unterwanten bezeichnet.
Wuling (die) Durcheinander.

Z

Zeising (auch Zeiser) Schmale Segeltuchstreifen oder Bändsel zum Festbinden (zeisen) des aufgetuchten Segels.
zurren Zusammenschnüren, festbinden; etwas seefest zurren.

Diese Aufstellung ist nur ein kleiner Ausschnitt aus dem seemännischen Vokabular, das von Seglern verwendet wird. Wer mehr wissen möchte, dem empfiehlt sich das „Segler-Lexikon" von Joachim Schult mit über 4000 Stichwörtern. (Verlag Klasing + Co. Bielefeld)

Stichwortverzeichnis

Quellenhinweise

Fotos
(O = oben, M = Mitte, U = unten, L = links, R = rechts)

Avon Inflatables Ltd: 149
R. R. Baxter: 120
Beken: Titel, 13, 14R, 15
Alastair Black: 10, 11, 14L, 27, 46, 47, 49, 71R, 108UR, 109, 111, 113, 117, 119, 121O, 129
Bob Bond: 41U
Jack Coote: 19L
Dick Everitt: 18OR
Bob Gordon: 53
Ambrose Greenway: 146
Colin Jarman: 18BR, 19BR, 75, 114, 115U, 121U, 135
National Maritime Museum: 12
Mike Payton: 140
Sue Rawkins: 143O
RNLI: 147
Stephen Sleight: 37, 99, 128
M. A. Stock: 18L
John Watney: 17, 19OR, 20, 21, 29, 71L, 100, 103, 104, 125, 127, 143U, 148
Rodger Witt: 141
Steven Wooster: 7, 23, 25, 33, 35, 36, 39, 40OR, 40OL, 41, 42, 43, 44, 45, 50, 51, 52, 54, 56, 57, 58, 59, 60, 61, 63, 64, 65, 66, 67, 68, 72, 73, 74, 76, 77, 79, 80, 81, 83, 84, 86, 87, 88, 92, 93, 96, 98, 101, 107, 108UL, 108M, 110, 112, 115OL, 115OR, 115ML, 115MR, 118, 124

Illustrationen
David Ashby
David Etchell
Andrew Farmer
John Ridyard
Les Smith
Venner Artists